日本語を学ぶ
子どもたちを育む
「鈴鹿モデル」

多文化共生をめざす鈴鹿市
＋
早稲田大学協働プロジェクト

川上郁雄
編著

明石書店

発刊に寄せて

鈴鹿市教育長
中道　公子

　ある朝、駅で電車を待っていると、私の隣に外国人の女子高生グループがやってきた。ポルトガル語で賑やかに談笑している。聞くともなしに聞いていると、彼女たちの会話には時折日本語が飛び出す。「……（ポルトガル語）……」「まじで？」「……（ポルトガル語）……」「違うよ、昨日だよ」「……（ポルトガル語）……」というふうだ。彼女たちに違和感はまったくないようで、ごく自然に会話が続く。聞いている私の口元は自然にほころぶ。そこへ同級生らしい日本人の女子生徒がやってきて会話に加わる。「おはよう」「○○ちゃんは？」「今日はお休み」。今度はすべて日本語だ。日常に多文化共生が根づいている。私の心に幸せな気持ちが広がった。

＊　　＊　　＊

　思い起こせば15年前（2005年当時）、私が初めて教頭として赴任した市内の小学校では、外国人児童の転入が急増していました。受け入れ体制は十分とは言えず、前任者が作ったマニュアルのようなメモを傍らに、通訳さんを交え、毎回大わらわで転入手続きを行いました。当時の市内の日本語教育は各校の「国際担当者」の努力と工夫に委ねられ、学校間格差が顕著でした。外国人児童生徒と学校生活を共にする私たちにとって、外国人児童生徒に対する教育支援の充実が切実な願いとなっていました。その後、早稲田大学大学院日本語教育研究科との「教育的支援に関する協定[*]」が結ばれたことで、「JSL バンドスケール」が導入され、多くの方々のご努力に支えられ、鈴鹿市の日本語教育は飛躍的に進化しました。
　本書は、この「協定」後に展開された本市の日本語教育の歩みがつぶさに記録された貴重な書です。今後いかに時代が変わろうとも、「鈴鹿モデル」と呼ばれる支援システムの歴史や精神は脈々と継承されていきます。

そして、この「鈴鹿モデル」が日本各地の外国人児童生徒への教育支援の有効なモデルとなると確信します。

　最後になりましたが、私たちのつたない取り組みに対して常に愛情深く的確にご指導くださった川上郁雄先生をはじめとする早稲田大学大学院日本語教育研究科の皆様の情熱とご努力にあらためて敬意を表しますとともに、本市の日本語教育の推進に関わっていただきました皆様方に心より感謝申し上げます。

　今後ますます多文化共生の輪が広がり、すべての子どもが自分らしく幸せに生きられることを願ってやみません。

　　　＊正式名称は「鈴鹿市教育委員会と早稲田大学大学院日本語教育研究科との教育
　　　　支援に関する基本協定書」。

はじめに

　なぜ鈴鹿市で、「鈴鹿モデル」と呼ばれるプロジェクトが始まったのでしょうか。

　2007年6月頃、鈴鹿市立桜島小学校の国際教室で日本語指導を担当していた吉川恵先生から、早稲田大学大学院日本語教育研究科の私（川上）の研究室に1本のメールが届きました。そのメールには、「『JSL バンドスケール』を送ってほしい」という内容が書かれてありました。

　吉川先生は、その頃のことを、次の文章に綴っています。

　　JSL バンドスケールとの出会い

　　　　　　　　　　　　　　　　　　　　　　　　吉川　恵

　　　国際教室の担当になってから、2校目。外国につながりのある子どもたちに日本語を指導するようになって約10年が過ぎていた。そんな時、他校の担当者から、「先生は、どうやって子どもが在籍学級に戻るタイミングを決めているんですか」と聞かれたことがあった。

　　　当時の私は、国際教室で見られた子どもの日本語の力、そして在籍学級で学習したいという意欲を見て判断し、担任に「そろそろ在籍学級で学習してはどうですか」と切り出していた。それは、あくまで私の基準で判断し、国際教室での子どもの姿を見て決めていた。「その判断基準は、何ですか」と聞かれると、「長年の勘」としか答えることができなかった。

　　　私が最初に国際教室担当になったのは、M小学校。3家族の受け入れからスタート、その後10年の間に60人を超える在籍数まで膨れ上がった。鈴鹿市も、その間に拠点校方式から分散方式に、国際教室設置校も少しずつ増えてきていた。しかし、拠点校から地元の中学校に戻らなければいけない子どもたちには、さまざまな困難が待ち受けていた。転校した先での友だち関係、通訳や国際担当もいない中で思

いを伝えられないストレス。そのため、何人の子が不登校になったり学校をドロップアウトしたり、誤った道に行ってしまったりしたのだろうか。私は、その時、子どもの涙も、保護者の涙もたくさん見てきた。「先生、私はこんな思いをするために子どもを母国から連れてきたのではない」。そう言って泣く母の姿を見て、二度とこのような思いを親や子どもに持たせたくないと思い、国際担当を続けてきた。だから、国際担当が代わっても、誰が担当したとしても同じように外国人児童生徒を受け入れる体制が必要だと思っていた。先の質問は、そんな時に他校の先生からの質問であった。

　必死にいろいろ調べた。インターネットでも検索した。そこで初めて「JSL バンドスケール」という文字を目にした。インターネットで、早稲田大学大学院の川上先生の文を読み、「これだ」ととっさに思った。そして、すぐ川上先生にメールを送信した。ありがたいことに、先生から鈴鹿に来て下さると返事をいただいた。

　私は、吉川先生のメールを読み、「『JSL バンドスケール』をお送りできますが、読んだだけではわかりにくいかもしれません。私が行って、説明しましょうか」とお返事をしました。間もなく、吉川先生から、「それなら、ぜひ鈴鹿に来てください」というお返事が来ました。

　そこで、私はその年の 9 月に、吉川先生が当時、勤務されていた鈴鹿市立桜島小学校を訪ねました。私が桜島小学校を訪ねると、驚いたことに、待っていたのは吉川先生だけではなく、桜島小学校の校長先生、さらに教育委員会の人権教育課（当時）の職員も揃っていました。国際教室の授業を見せていただいた後、先生方と懇談をしました。その中で、私は先生方に「子どもたちに、どのような日本語の力をつけさせたいと思っていますか」と尋ねました。その質問に先生方は動揺し、明確に答えられませんでした。後で聞いたところ、先生方は「授業で何を教えるか、授業をどう成り立たせるかは考えてきたが、いざ、どのような力かと問われると、これまで考えてこなかったと気づきました」と説明されました。

　この 1 回の学校訪問がきっかけとなり、その半年後、鈴鹿市教育委員会

と早稲田大学大学院日本語教育研究科の間で「教育的支援に関する協定」が締結され、翌年度 2008 年 4 月から、市内の学校すべてに「JSL バンドスケール」が導入され、鈴鹿市の多文化共生教育が新たに展開されていきました。

　本書は、このような経緯で始まった、「鈴鹿モデル」と呼ばれる「教育支援システム」の 12 年間の協働的実践を検証するものです。先の吉川先生の文章の最後に、次の言葉が綴られています。

　　　あれから 12 年。鈴鹿では、しっかり日本語教育が根づいてきた。先生のご指導の下、「鈴鹿の日本語教育」の基盤ができてきた。しかし、当時いた国際（教室）担当も代わり、教員も新しくなってきている。今、もう一度初心に戻って「鈴鹿の日本語教育」のめざすところを再確認する時に来ているように思う。

　　　　　　　　　　　　　　　　　　　（吉川恵先生の文章から）

　このように、三重県鈴鹿市においては、教育委員会、学校、大学が一体となって、日本語を学ぶ子どもたちを育み、多文化共生教育を目指して実践してきました。そして、この「教育支援システム」を振り返りながら、常に新たな課題に挑戦する姿勢が見られます。

　「鈴鹿モデル」という「教育支援システム」を支えて来られた先生方がどのようなことを考え、どのような実践を積み重ねてきたのか、その思想と理念を振り返る作業は、鈴鹿市だけではなく、今、全国で「日本語指導が必要な児童生徒」の教育的課題に向き合い奮闘している多くの自治体やたくさんの教員や支援者に希望の光となるのではないかと考えます。

　本書は、そのような考えから編まれました。「鈴鹿モデル」は全国のどの地域においても実現でき、かつ持続可能な「教育支援システム」になりうると考えます。そのことを、読者の皆様と共に考えることが、本書の目的なのです。ぜひ、本書をご一読の上、忌憚のないご意見、ご批判をお寄せいただきたいと思います。

　　　　　　　　　　　　　　　　　　　　　　　　川上　郁雄

日本語を学ぶ子どもたちを育む「鈴鹿モデル」

多文化共生をめざす鈴鹿市＋早稲田大学協働プロジェクト

目　次

第1部

「鈴鹿モデル」とは、何か

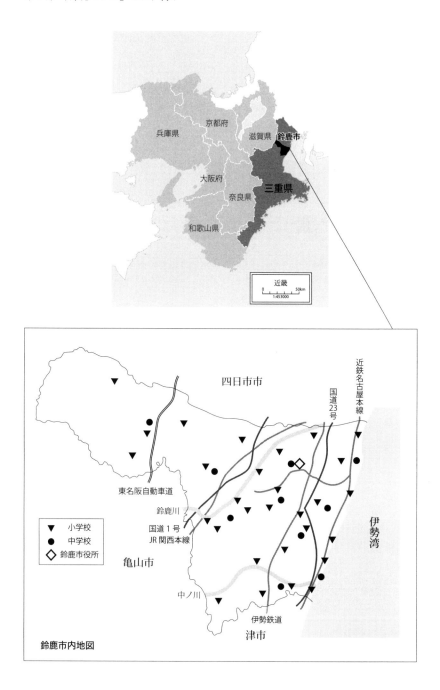

1 鈴鹿市は、
どのような教育を目指しているのか

1-1 鈴鹿市の概況

　鈴鹿市とはどのような町なのでしょうか。また、なぜ外国人居住者が多くなったのでしょうか。

　鈴鹿市教育委員会では毎年、市の教育全般を記録する『教育要覧《教育すずか》』（鈴鹿市教育委員会編）を発行しています。その第1章「総説」に、鈴鹿市の地理的概況と産業、そして市政の方向性がコンパクトに述べられています。平成30年度版（2018）から、「総説」を見てみましょう。

　　本市は、三重県の北中部に位置しており、海岸線は伊勢湾に面し、山間部は鈴鹿山脈を境に滋賀県に接し、周囲は四日市市、亀山市及び津市に接しています。また、気候は温暖で四季折々の自然に恵まれた風光明媚な場所にあり、鈴鹿国定公園や伊勢の海県立自然公園等があります。

　　本市が誕生したのは、昭和17年12月で、当時の人口は5万2千有余人でした。その後、自動車産業をはじめ数多くの企業を誘致し、現在では、20万人の人口を擁する都市となっています。

　　交通においては、国道1号、国道23号、東名阪自動車道、近鉄名古屋線、JR関西本線、伊勢鉄道等を中心に、中部・近畿圏の要衝としての機能を果たしています。また、かつて、海上交通の要衝として開かれた港は、今では漁港として栄え、コウナゴ、アナゴ、ノリ等、四季折々の魚介類が水揚げされています。

　　農業においては、県内屈指の農業生産地となっており、市を貫流す

　る鈴鹿川右岸側の東南部地域では、肥沃な大地と豊かな水という条件を生かして稲作や野菜栽培が、左岸側南部地域ではサツキやツツジといった植木栽培が行われています。また、茶栽培も盛んに行われ、中でも「かぶせ茶」は、上質なお茶として人気があります。

　製造業においては、戦後、旧軍跡地を利用して企業誘致に努めた結果、自動車関連産業をはじめ、繊維、化学、薬品等の工場が進出し、伊勢湾岸地域有数の内陸工業地帯となっています。また、先端技術産業やモータースポーツを中心としたイベント産業等の次世代産業も育ってきています。

　また、鈴鹿は、古くから伊勢の国の国府や国分寺が置かれ、政治や文化の中心として栄えてきました。そのため市内には、97件の指定文化財をはじめ、数多くの歴史遺産が存在しています。また、名匠たちによって、技と美しい心が引き継がれてきている「伊勢形紙」と「鈴鹿墨」は、伝統工芸品として国の指定も受けています。

　さらには、国際交流も盛んで、アメリカ合衆国オハイオ州のベルフォンテン市及びフランスのルマン市と友好都市提携関係にあります。また、自動車関連企業の海外進出や様々な国際的イベントの開催等により、市民の国際社会に対する意識の高まりがみられ、特に近年は外国人の集住が進み、**国籍や文化の異なる外国人と日本人とが、ともに快適に暮らすための多文化共生社会の実現に向けた取り組みを進め**ています。

　さらに、本市では、明るい未来を実現するため、まちづくりの基本原則を定めた「鈴鹿市まちづくり基本条例」に基づき、将来のまちづくりの方向性や、具体的な手法などを明らかにした「鈴鹿市総合計画2023」を平成28年3月に策定しました。この総合計画では「みんなで創り　育み　成長しみんなに愛され選ばれるまちすずか」を将来都市像とし、市民の皆様と行政が「オール鈴鹿」でスクラムを組んで、新たな時代に対応するまちづくりに取り組んでいくことを基本として、将来都市像の実現をめざしています。（鈴鹿市教育委員会編『教育要覧2018《教育すずか》』p. 1。ゴシック体は引用者）

　ここにも、すでに「国籍や文化の異なる外国人と日本人とが、ともに快適に暮らすための多文化共生社会の実現」が目標として掲げられています。この視点は、子どもたちの学校教育においても基本的な視点として貫かれているのです。

　ただし、ここで述べられている「多文化共生社会」という目標がいきなり設定されたわけではありません。特に、教育においては、戦後の人権教育の歴史がその背景にあるのです。

1-2　鈴鹿の教育の底流──人権教育の歩み

　鈴鹿市は、市内にいわゆる同和地区があったことから、これまで同和教育あるいは人権教育に関する施策や教育実践に積極的に取り組んできました。以下で、それらの教育実践について見てみましょう。

　鈴鹿市では、国の「同和対策事業特別措置法」（昭和44年・1969）に基づく諸施策が昭和48年（1973）からはじめられ、「生活環境の改善」「経済生活の向上」「教育文化・啓発活動の充実」を柱とする同和対策事業が展開されました。

　特に教育に関しては、「人権尊重の意識を高め、同和問題の正しい認識と、その解決に必要な実践力を育成する教育」を目指した「鈴鹿市同和教育基本方針」が昭和54年（1979）に定められ、実践されました。

　具体的には、「同和教育指導資料の作成」「人権作文の募集と作文集の作成」「啓発ポスターの募集」などです。鈴鹿市内の教職員で構成する「鈴鹿市同和教育推進協議会」（略称、鈴同教）が発足し、教職員の研修の場として活動しました。子どもの健全な育成を図る教育集会所、児童センターなどにおける実践は、現在も続けられています。

　鈴鹿市は、これらの施策や教育実践の積み重ねを背景に、「人権尊重都市宣言」（平成5年・1993）、「鈴鹿市人権擁護に関する条例」（平成8年・1996）、「鈴鹿市人権擁護に関する施策方針」（平成12年・2000）を公布しました。

1　鈴鹿市教育委員会編（1989）『鈴鹿市史』第3巻、pp. 503–506。
2　鈴鹿市教育委員会編（2004）『教育要覧《教育すずか》』鈴鹿市教育委員会事務局。

　21 世紀に入った平成 14 年度（2002）、国の「同和対策事業特別措置法」
が期限切れで終了した後も、鈴鹿市では、それまでの実績を踏まえ、差別
をなくし、人権を尊重する施策が継続されました。特に、鈴鹿市教育委員
会においては「同和教育室」が「人権教育課」に変更され、それに伴い、
同和教育係が人権・同和教育グループに変更されました[3]。さらに、鈴鹿市
教育委員会は、それまでの市政の経緯を踏まえ、同和教育を柱とする人権
教育を推進するために「**鈴鹿市人権教育基本方針**」（平成 15 年・2003）を
策定しました。
　では、この「鈴鹿市人権教育基本方針」には何が書かれているのでしょ
うか。

1-3　「鈴鹿市人権教育基本方針」

　この「鈴鹿市人権教育基本方針」（以下、「方針」）の第 1 ページに「策定
の経緯」として、以下のように、「人権」に関する国連の動向、日本政府、
三重県、鈴鹿市の施策の経緯が述べられています。

　〈国連〉
　1948 年　国連の「世界人権宣言（Universal Declaration of Human
　　　　　　Rights）」の採択
　1994 年　「国連人権教育の 10 年」決議
　〈日本政府〉
　2000 年　「人権教育及び人権啓発の推進に関する法律」の公布・施行
　〈三重県〉
　1990 年　「人権県宣言」に関する決議
　1997 年　「人権が尊重される三重をつくる条例」の制定
　1999 年　「三重県同和教育基本方針」改定の「三重県人権教育基本方
　　　　　　針」の策定

　3　以下、鈴鹿市教育委員会編（2004 〜 2018）『教育要覧《教育すずか》』鈴鹿市教育委員会
事務局を参照。

〈鈴鹿市〉

1993 年　「人権尊重都市宣言」

1996 年　「鈴鹿市人権擁護に関する条例」の制定

2000 年　「鈴鹿市人権擁護に関する施策方針」の策定

　そして、以上の経緯を踏まえて、鈴鹿市教育委員会は、「同和教育の理念や成果を重要な柱として人権教育を推進するために『鈴鹿市人権教育基本方針』を策定しました」(「方針」p. 1) と、述べています。

　続いて、「人権教育の現状と課題」を説明する中で、次のように述べています。

　　学校においても様々な人権問題が発生しています。被差別部落や障がい者、外国人に対する偏見に基づく差別事象が後を絶ちません。

(「方針」p. 2)

　こうした現状認識をもとに、この「方針」の「基本的な考え方」が以下のように述べられています。

　　人権とは、人々が生存と自由を確保し、それぞれの幸福を追求する権利です。すべての人は、人間として皆同じ人権を有しており、一人ひとりがかけがえのない存在であるということを認識するとともに、個性や価値観、生き方などの違いを認め合い、尊重することが必要です。

　　鈴鹿市教育委員会は、「世界人権宣言」「人権教育のための国連 10 年」そして、日本国憲法の「基本的人権の尊重」「個人の尊重」「平等の原則」を受けて、人権教育の基本的な考え方を、「差別の現実に深く学び、人権問題を自己の生き方と深く関わる重要な問題ととらえ、積極的な実践や行動を通して差別をなくそうとする主体的な人間づくりをめざす」ことととらえました。

　　現在、鈴鹿市においても様々な人権侵害が存在します。鈴鹿市教育委員会はこうした人権侵害に対して、すべての人が人権尊重の精神を

身につけ、日常生活の中で主体的かつ具体的にその解消に向けて行動することを目的とした取り組みを進めてきました。

　そこでは、部落差別をはじめとするあらゆる差別事象から、人権侵害の事実を受け止め、その事実から学ぶことや、人権に関する学習の機会をあらゆる場で充実させることや、人権を核に据えた学習の過程を大切にすること、また人権が尊重される社会の実現に深く関わる立場にある者が、常に人権尊重の意識や態度をもって人権教育を進めることなどを重要な取り組みとしてきました。

　様々な差別によって、生き方の可能性が不当に侵害され、制約される状況があってはなりません。

　そして、差別を主とする人権問題の解決に向けて、学校・家庭・地域社会の連携の中で、主体的に人権を尊重しようとする態度や行動力をもった人づくりを推進しなければなりません。

　このようなことを踏まえて、鈴鹿市教育委員会では同和教育の「差別の現実に深く学ぶ」「一人ひとりの自己実現を図る」という基本理念を柱に据えた、人権教育を積極的に推進します。(「方針」p. 3)

　さらに、「方針」は〈重要な分野〉として、「子ども」「同和問題」「障がい者」「国籍・民族」「女性」「高齢者」「様々な課題」を挙げています。うち、「子ども」の分野では、次のような記述があります。

　国連は、1989年に「児童（子ども）の権利に関する条約」を採択し、日本は1994（平成6）年に批准しました。この条約は、子どもは保護の対象であるだけではなく、権利行使の主体であるという認識に立ち、子どもの最善の利益を優先するという精神で貫かれています。学校、家庭、地域社会において、子どもの人権が尊重され、子どもが自己肯定感、充実感を得ながら生活できるよう支援していくことが強く求められています。

　しかし、まだ、その趣旨が生かされていない現状にあります。近年、少子化や核家族化などが進み、家庭の教育力の低下や地域社会に

おける人間関係のつながりの希薄化など子どもを取り巻く環境が大きく変化しています。

　さらに、偏差値重視による受験競争、学歴偏重傾向が子どもたちの心の豊かさを失わせているという指摘もあります。

　また、同質指向や横並び意識が根強くあり、個性を尊重し、一人ひとりの違いを認め合うことが十分になされていない状況もあります。

　そこで、このような現実をしっかり踏まえ、子どもの個性や人権を尊重し、一人ひとりの子どもの自己実現を図るための教育を推進していきます。(「方針」p. 4)

また、「国籍・民族」の分野では、次のような記述があります。

　国籍や民族にかかわらず、すべての人間の基本的人権を尊重することは、日本国憲法や教育基本法においても、国際人権規約や「児童(子ども)の権利に関する条約」においても保障されています。

　鈴鹿市には、近代以降の植民地政策などの歴史的経過により日本で定住することになった在日韓国・朝鮮人など、1990(平成2)年の出入国管理及び難民認定法の改正以降に南米諸国やアジアから日本に来た人々、結婚や様々な事情により日本に暮らしている人など多くの外国人が生活しており、その子どもが市内の学校で学んでいます。

　しかし、地域社会、学校などにおいても、国籍・民族に係わって制度的・社会的な差別があります。また、それぞれの国の文化・習慣などの理解が十分になされていないこともあり、それらの人々に対する偏見や差別意識が存在し、人権侵害につながる事象も発生しています。多くの在日韓国・朝鮮人が母国や民族を明らかにできずに生活している事実や国内におけるアイヌの人々の問題にも目を向ける必要があります。国籍・民族の違いをこえ、同じ地域社会に生活する人間として共に考え、行動することが鈴鹿市においても急務となっています。

　そこで、学校教育、社会教育などの場で、互いの違いを認め尊重し合うことのできる多文化共生社会の実現をめざし、国籍や民族に係わる差

別を解消することを目的とした教育を推進していきます。(「方針」p. 7)

　以上の「方針」をもとに、鈴鹿市ではこれまで人権教育の流れが生ま
れ、その実践が現在も継続され、それが底流となって鈴鹿市の多文化共生
教育へ発展しているのです。

1-4　鈴鹿市における外国籍人口の動向

　一方で、鈴鹿市は外国人集住都市として発展してきました。平成に入っ
た頃から、鈴鹿市に外国籍居住者が増加し、人口構成に変化が出てきまし
た。特に、平成 2 年（1990）の「出入国管理及び難民認定法」の改定後、
ブラジルやペルー出身の外国籍居住者が増加しました。しかし、平成 20
年（2008）のリーマンショック以後、帰国や他市への移動などから減少傾
向に入りましたが、近年は横ばい状況にあります。ただし、市全体の外国
人登録者数はやや増加の傾向にあります（図 1 参照）。その背景には多様
な国籍の外国人が増えてきていることが挙げられます（図 2 参照）。

図 1　鈴鹿市の総人口と総人口における外国人登録者数比率（1990 〜 2019 年）

各年 3 月末現在

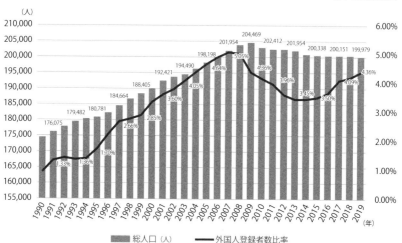

図2 鈴鹿市の国籍別外国人登録者数（2000 〜 2020 年）

各年 3 月末現在

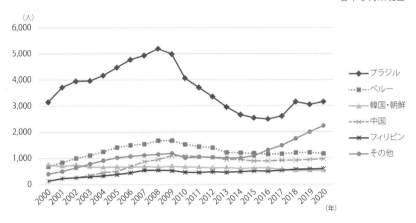

図3 鈴鹿市の外国人登録者数比率と公立小中学校在籍外国人児童生徒比率
（2001 〜 2019 年）

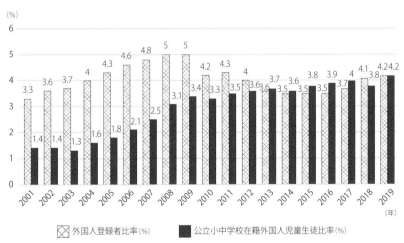

　図 3 は、過去 20 年ほどの間に、鈴鹿市全体の人口に占める外国人登録者の比率の変化と公立小中学校在籍外国人児童生徒の比率を示すものです。ここで注目するのは、大人の比率より、子どもの比率が増加していることです。特に、過去 10 年あまりは高い比率を維持しています。

図 4 鈴鹿市立小中学校に在籍する外国人児童生徒数の推移（鈴鹿市教育委員会資料より作成）

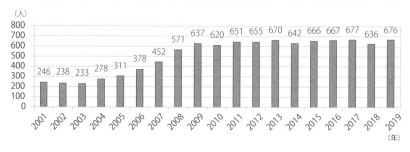

　図 4 は、その小中学校在籍外国人児童生徒の実数を示しています。過去 10 年あまり、市内の公立学校に常に 600 名以上の外国人児童生徒が在籍し、その数は横ばいとなっていることがわかります。

1-5　外国人集住都市としての発展

　鈴鹿市で外国人登録者が増加した頃は、全国でも同様に外国人登録者が増加する傾向があり、各地に「外国人集住都市」が生まれました。その地方自治体が平成 13 年（2001）に設立したのが「外国人集住都市会議」です。会議では、外国人の雇用や居住、子どもの教育など、地域社会の課題が話し合われました。この会議には、各地の首長が参加することも特徴でした。

　鈴鹿市はこの「外国人集住都市会議」に平成 16 年（2004）から参加しています。当時の川岸光男鈴鹿市長[4]はこの会議で次のような発言をしています。このときの会議のテーマは、「労働」でした。

　　労働を考える以上に教育という部分がどうなっているかなと憂慮しております。（中略）
　　子どもの教育という関係で言いますと、実際就学していない外国人の子どもはたくさん調査の中に出ております。その子どもたちが大人

4　2 期（2003 〜 2011 年）務める。

になったときに日本に定住することになると、果たしてどういう社会になっていくのかという心配をしております。肌の色が違っていても、あるいは話す言葉が違っていても、同じ子どもであり、日本の子どもも外国人の子どもも同じであると私は思っております。

（『外国人集住都市会議 in 豊田　報告書』2004 年、p. 22）

　また、鈴鹿市の取り組みとして、「国際交流協会の事業として、外国人の子どもを対象にした、ボランティアによる学習支援教室」「指導助手（通訳）の配置」などを説明しました。

　平成 18 年（2006）に東京で開催された「外国人集住都市会議」では、鈴鹿市の取り組みとして、「外国籍生徒保護者向けの進路ガイダンス事業」や「人権教育センターと市内の高校との間で、月に 1 回ネットワーク会議」（入学後の生徒の様子など意見交流）、「ブラジル人学校への支援」などが報告されました（『外国人集住都市会議　東京 2006　報告書』2007 年）。

　さらに翌年、平成 19 年（2007）の「外国人集住都市会議」では、川岸市長は、次のような発言をしています。

　　近ごろ外国人の多くが定住化傾向にある中、その家族である外国人の子どもも同じく定住化し、近い将来、日本社会の重要な一員となり、また住民の一人となって日本人とお互いが協力し合って、よりよい地域づくり、まちづくりを担っていくことになります。しかし、現在の教育の制度は日本人のみを対象にして、外国人児童生徒に対する配慮が不十分な状況でございます。外国人児童生徒の成否が将来の日本社会に大きな影響を及ぼすことになろうことは確かですし、教育による人づくりは非常に重要なことであると思われます。

（『外国人集住都市会議　みのかも 2007　報告書』2008 年、p. 19）

　川岸市長は、具体的な取り組みとして「不就学を生まない就学対策の充実」「初期指導の充実」「学習言語としての日本語指導の充実」「確かな進路保障の取り組みの充実」を挙げながら、「JSL バンドスケールを活用し

た実践を、早稲田大学年少者日本語教育研究室[5]と協働して進めておりま
す」と述べています。

　また、外国人児童生徒教育に対する基本的な考え方として、川岸市長は、
- 子どもの教育を受ける権利を保障していくこと
- 共に生きる多文化共生社会をつくるための教育（多文化共生教育）
  の一環として進めること
- 学校、家庭、地域、国や地方自治体、民間企業、市民団体と連携
  し、社会全体で取り組んでいくこと

の 3 点を指摘しました。

　その上で、子どもの教育に関して、「推進体制の早急な整備」「日本語指
導と適応指導体制の充実」「就学促進体制の整備」が課題であると指摘し、
- 国としての外国人児童生徒の教育に関する基本方針を早急に策定し
  充実を図る
- 子ども一人ひとりに応じた的確な、かつ有効な日本語指導を行うた
  めには、日本語力を把握する方法が必要である
- 不就学にならないように、就学案内や就学援助制度を多言語で行う
  こと、国は保護者の就学意識の向上に積極的に取り組んでいく必要
  がある

ことから、外国人児童生徒教育が行われる環境整備の必要性を訴えました。
さらに、ディスカッションの中で川岸市長は、次のように発言しました。

　　言語の支援というのをぜひ集住都市だけでなくて、子どもたちは移
　　動していきますので、全体的なネットワークをつくっていただければ
　　大変ありがたいと思っております。
　　（以上、『外国人集住都市会議　みのかも 2007　報告書』2008 年、pp.
　　19–28 より要約。下線は引用者）

　この頃は、まだ、後述する早稲田大学大学院日本語教育研究科との協定

　5　早稲田大学大学院日本語教育研究科・川上郁雄研究室のこと。

は正式に締結されておりませんでしたが、鈴鹿市が市内の子どもたちの教育に強い問題意識をもち、様々な施策を通じて、深い考察を行っていたことがわかります。

　そのような時期に、平成 20 年（2008）2 月に鈴鹿市教育委員会と早稲田大学大学院日本語教育研究科が子どもの日本語教育に関する協定を締結し、平成 20 年（2008）4 月より協働実践が始まりました。そのことは、平成 20 年（2008）の「外国人集住都市会議」でも公開されました。

　この会議の冒頭で、「外国人の子どもの教育について」として、川岸市長は、次のような発言しています。

　　近年、グローバル化が進み、多くの外国人が日本に在住するようになりました。それに伴い、必然的に外国人の子どもも増加してまいりました。さらに、国籍という枠組みではとらえきれない様々な文化的背景を持った子どもが存在するようになりました。多くの保護者は、日本に就労目的で来日した外国人で、その子どもたちにとって、学校生活は言葉や習慣、教育制度等の大きな違いを実感する場となっています。また、保護者が定住するのか帰国するのかはっきり決めているわけでもなく、子どもも不安を感じた状況でいると思われます。また、保護者は長時間労働で子どもの教育を考える余裕がない状況にもあります。親が子どもに対して、この大切な時期に教育の重要性をしっかりと認識させることも必要であると思います。<u>外国人の子どもが日本の学校で安心して生活ができ、学習のできる環境を整備し、人づくりをしていくことが教育の喫緊の重要な課題と思われます。</u>（『外国人集住都市会議　東京 2008 報告書』2009 年、pp.15–17。下線は引用者）

　この鈴鹿市の姿勢は、その後も一貫して引き継がれました。この年は、国も「子どもの架け橋基金」（37 億円）を用意し、国際移住機関（IOM）がそれを受託し、不就学、自宅待機の子どもへの日本語学習の場の提供を、3 年間の緊急措置として実施しました。

1–6　教育委員会の方針（1999〜2008 年）──多文化共生教育

　鈴鹿市教育委員会は、1990 年代から増加する外国籍居住者の子どもたちに対する教育に関心をもって取り組んで来ました。

　すでに平成 10 年度（1999）の『教育要覧』には、「国際化に対応する教育」という目標に「外国人児童生徒に関する教育の充実」が挙げられ、「急増している外国人児童生徒が日本の生活や学校教育活動に適応できるよう、指導、援助する」と記されていました。

　鈴鹿市教育委員会は、平成 14 年（2002）に「同和教育室」を「人権教育課」に変更し、平成 15 年（2003）に「鈴鹿市人権教育基本方針」を策定し、そして平成 16 年（2004）には、「国際化に関する教育」として「国際理解教育の推進」「外国語指導助手の招致」「外国人児童生徒に関する教育の充実」を挙げました。

　さらに、平成 17 年（2005）の「目指す子ども像」は「豊かな心をもち、たくましく生きる子ども」となっており、同年の『教育要覧』のいくつかの教育方針の中に、「国際化に関する教育」として「国際理解教育の推進」「外国語指導助手の招致」「外国人児童生徒に関する教育の充実」が挙げられました。

　その後も、鈴鹿市教育委員会は、市政の経緯を踏まえ、同和教育を柱とする人権教育を推進していきました。そして、鈴鹿市教育委員会は、平成 19 年（2007）に「多文化共生教育総合推進事業」を決め、「外国人児童生徒や保護者に対する就学・進路ガイダンスや初期支援、体系的な日本語指導を実施するとともに、外国の人の文化を尊重する自立と相互理解が図られる多文化共生教育を実施します」と明記し、同年の『教育要覧』に以下のような具体的な内容を記載しています。

　　①就学・進学ガイダンスの開催
　　②就学初期支援教室の開設
　　③親子日本語教室・子育て講座の開催
　　④体系的日本語指導の研究推進の実施

⑤多文化共生ひろば（大人向け読み書き交流会）の開催
⑥就学・子育てパンフレットの作成

　また、平成19年（2007）の「外国人集住都市会議」に参加した川岸市長（当時）は、「外国人児童生徒教育」を「共に生きる多文化共生社会をつくるための教育（多文化共生教育）の一環として進める」と述べました。
　その後、外国人児童生徒数が漸増していく中、鈴鹿市は日本人の児童生徒を含む多文化共生教育の推進を強く進めていくことになります。

1-7　まとめ

　以上をまとめると、鈴鹿市においては、人権教育の長い歴史と実践があるのです。鈴鹿市の主な施策は、以下の通りです。

①国の「同和対策事業特別措置法」（昭和44年・1969）に基づく諸施策が昭和48年（1973）からはじめられ、「生活環境の改善」「経済生活の向上」「教育文化・啓発活動の充実」を柱とする同和対策事業が展開され、「鈴鹿市同和教育基本方針」が昭和54年（1979）に定められ、実践されました。
②鈴鹿市内の教職員で構成する「鈴鹿市同和教育推進協議会」（略称、鈴同教）が発足し、教職員の研修の場として活動しました。子どもの健全な育成を図る教育集会所、児童センターなどにおける実践は、現在も続けられています。
③鈴鹿市は、「人権尊重都市宣言」（平成5年・1993）、「鈴鹿市人権擁護に関する条例」（平成8年・1996）、「鈴鹿市人権擁護に関する施策方針」（平成12年・2000）を公布しました。
④平成14年度（2002）、国の「同和対策事業特別措置法」が終了した後も、鈴鹿市では、それまでの実績を踏まえ、差別をなくし、人権を尊重する施策が継続されました。
⑤鈴鹿市教育委員会においては「同和教育室」が「人権教育課」に変更され、それに伴い、同和教育係が人権・同和教育グループに変更

されました。

⑥鈴鹿市教育委員会は、それまでの市政の経緯を踏まえ、同和教育を柱とする人権教育を推進するために「鈴鹿市人権教育基本方針」（平成15年・2003）を策定しました。

⑦鈴鹿市教育委員会は、平成19年（2007）に「多文化共生教育総合推進事業」を決め、多文化共生教育を推進しました。

　鈴鹿市は平成2年（1990）の「出入国管理及び難民認定法」の改定後、ブラジルやペルー出身の外国籍居住者が増加し、外国人集住都市として発展してきました。増加する外国籍の大人や子どもへの対応も、長年鈴鹿市で実践されてきた差別をなくす人権教育の観点から行われてきました。

　したがって、鈴鹿市で目指されたのは、「国籍や文化の異なる外国人と日本人とが、ともに快適に暮らすための多文化共生社会の実現」だったのです。この視点は、その後の鈴鹿市の学校教育においても基本的な視点として貫かれています。

2 「鈴鹿モデル」の構築
(2008 ～ 2013 年)

2-1　早稲田大学との協定

　「はじめに」で述べたように、平成 20 年（2008）2 月、鈴鹿市教育委員会は、早稲田大学大学院日本語教育研究科と「教育的支援に関する協定」（以下、「協定」）を締結し、日本語教育支援システムの構築という新たなステージに入りました。

　前章で見たように、鈴鹿市は戦後一貫して同和教育、人権教育を進めてきていました。そして、1990 年代から増加する市内の外国籍の大人や子どもたちを含めた多文化共生教育を市内全体で本格的に推進しようとしていたタイミングに、東京の早稲田大学から日本語教育の専門家がやってきて、両者の合意により「協定」が締結されたのです。

　「協定」の締結にあたり、早稲田大学側は 3 つのことを鈴鹿市側に提案しました。「日本語教育コーディネーターの設置」「JSL バンドスケールの導入」「プロジェクト会議の開催」の 3 点でした。当時の水井健次教育長はそれを全面的に受け入れました。これが、のちに言われた「鈴鹿モデルの 3 つの柱」でした。以下、その趣旨を説明します。

(1) 日本語教育コーディネーターの設置

　鈴鹿市全体の日本語教育支援システムを推進するには、「子どもの日本語教育の専門性」を有した専門家が必要なのです。その「専門性」とは以

6　川上郁雄・中川智子・河上加苗（2009）「教育委員会と大学の協働的実践ネットワークの構築――年少者『日本語教育コーディネーター』の役割を視点に」『早稲田日本語教育学』4 号、pp. 1-14。

下の 5 点です。

①年少者の第一言語（母語）と第二言語能力の捉え方についての知識と理解
②「JSL バンドスケール」の理解とその使用経験
③年少者のことばの発達段階と認知発達の知識と理解
④子どもの「ことばの力」と発達段階を踏まえた授業づくりの構成力と実践力
⑤自らの実践を内省し、かつ他者の実践へ助言指導を行う力

　つまり、「ことばの力」を基点にした子どもの第二言語教育の実践力と専門性を備えた専門家が必要であるということです。

（2）JSL バンドスケールの導入

　「JSL バンドスケール[7]」とは、川上郁雄研究室が開発した「第二言語としての日本語」（Japanese as a Second Language: JSL）の発達段階を把握する「ものさし」です。バンドスケール（bandscales）とは、「目盛りの束、ものさしの束」という意味です。

　「JSL バンドスケール」では、以下のように、発達段階により 3 つの年齢集団に分けています。①小学校低学年、②小学校中高学年、③中学高校。

　さらに、それぞれの年齢集団に、「まったく日本語がわからない段階」（日本語の力が弱い段階：レベル 1）から「日本語で十分にコミュニケーションできる段階」（日本語の力が十分にある段階：レベル 7、8）までレベルを設定しています（表 1 参照）。

　この「JSL バンドスケール」には、JSL の子どもが日本語を使用した際の特徴や様子が詳しく記述されています。子どもを指導する教員は、日頃の実践を通じて見える子どもの様子を、「JSL バンドスケール」に書かれ

7　『JSL バンドスケール【小学校編】』『JSL バンドスケール【中学・高校編】』は 2020 年に明石書店より刊行された（川上 2020a, 2020b）。

表 1 「JSL バンドスケール」のフレームワーク

年齢集団	4 技能	見立て（レベル）
小学校低学年	聞く	1・2・3・4・5・6・7
	話す	1・2・3・4・5・6・7
	読む	1・2・3・4・5・6・7
	書く	1・2・3・4・5・6・7
小学校中高学年	聞く	1・2・3・4・5・6・7
	話す	1・2・3・4・5・6・7
	読む	1・2・3・4・5・6・7
	書く	1・2・3・4・5・6・7
中学高校	聞く	1・2・3・4・5・6・7・8
	話す	1・2・3・4・5・6・7・8
	読む	1・2・3・4・5・6・7・8
	書く	1・2・3・4・5・6・7・8

た記述内容と照らし合わせながら、子どもの日本語力の発達段階を見立てます。子どもに関わる複数の教員（国際教室の教員や指導員、担任の教員など）それぞれが「JSL バンドスケール」で見立てた結果を持ち寄り、協議を行い、子どもの日本語力の発達段階（レベル）を判定します。これを、複数視点による協働的把握と呼びます。

「JSL バンドスケール」は、第 4 部で詳述するように、子どもの日本語力の把握だけではなく、指導者の実践を振り返り、実践力を高めることにも役立ちます。そのため、鈴鹿市のシステム構築には欠かせない「柱」として提案されました。

(3) プロジェクト会議

「日本語教育コーディネーター」と「JSL バンドスケール」を導入しても、市全体のシステムを構築するのは「推進本部」が必要です。このことを提案すると、水井教育長は「すでに会議体があるので大丈夫だ」と言われました。当時、鈴鹿市教育委員会の内部には教育長をトップに次長、参

与、各課長を集めた会議がすでに常置されていたからです。

　このように始まった「鈴鹿モデル」は全国的に見ても、先進的な取り組みでした。当時の水井教育長は、文部科学省で鈴鹿市の取り組みを「外国人児童生徒の急増に対応する日本語教育の支援システム構築」(図5参照)として全国に発信しました。[8]

図5　鈴鹿市における「日本語教育の支援システム構築」(水井2008)

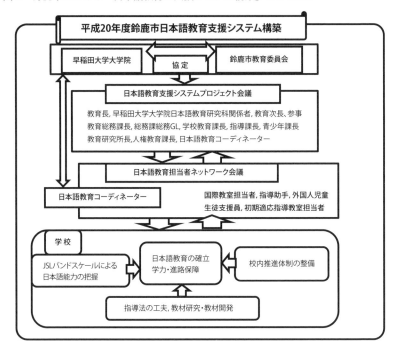

2-2　教育長のリーダーシップ

　地方の教育委員会と大学(大学院)との連携は、両者のトップ(水井健

8　水井健次(2008)「提言『外国人児童生徒の急増に対応する日本語指導のシステム構築による受入体制の整備』」(文部科学省全国市町村教育委員会研究協議会第1ブロック口頭発表資料)。

次教育長、川口義一研究科長：いずれも当時）による教育的および学術的な判断があったからです。特に、水井教育長は、この「日本語教育支援システム」を推進する上で強力なリーダーシップを発揮されました。水井教育長は、このシステムを動かしていくときのビジョンとして、このシステムが「日本語教育コーディネーター」「JSL バンドスケール」、さらに教育委員会と学校現場を連携させていく持続可能な「循環型システム」（図6参照）として機能させることが重要であると強調しました。

　川上・中川・河上（2009: 12）は、この点について次のように述べています。

　　このような「日本語教育支援システム構築」を突き動かしたのは、すべての子どもの「学力保障」を実現しようとする教育長の強い信念と、その「学力保障」の実現に、子どもの「ことばの力」の育成が不可欠であるという教育委員会の判断があったからである。

図6　鈴鹿市における「循環型システム」（水井 2008）

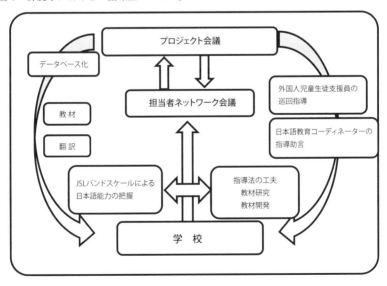

2-3 「鈴鹿モデル」の発展

　鈴鹿市教育委員会が平成 20 年（2008）に早稲田大学大学院日本語教育研究科と「協定」を締結したのち、同年 4 月より「日本語教育支援システム」の構築が動き出しました。まず、この「協定」に基づき、早稲田大学大学院日本語教育研究科修士課程で「年少者日本語教育」の研究を行い、修士号を取得した中川智子先生が初代の「日本語教育コーディネーター」として採用されました（当初は非常勤講師として、のちに教員として採用）。

　以下、『教育要覧』から、「日本語教育支援システム」の第 1 期の発展の過程を見てみましょう。なお、「協定」は 3 年間を 1 期として締結され、両者の同意により、次の 3 年間の 2 期へ進む取り決めになっています。

　平成 20 年度（2008）の『教育要覧』には、それまでと同様の「鈴鹿市教育基本方針」のもと、この年より、「第 8 章　人権教育」には、「5. 多文化共生教育総合推進事業」の記述が加わりました。その内容は、以下の通りです。

　5.　多文化共生教育総合推進事業

　　外国人児童生徒や保護者に対する就学・進路ガイダンスや初期支援、体系的な日本語指導を実施するとともに、外国の人の文化を尊重する自立と相互理解が図られる多文化共生教育を実施します。
　　　①多文化共生教育推進指針の策定
　　　②早稲田大学大学院日本語教育研究科との協働による日本語教育
　　　　支援システムの構築
　　　③初期適応指導教室の開設及び適応指導のための巡回訪問
　　　④就学・進学ガイダンスの開催
　　　⑤子育て講座の開催
　　　⑥共生交流ひろばの開催

　これ以降の『教育要覧』には「第 8 章　人権教育」に具体的な内容の詳細が記載されるようになりました。たとえば、以下のように、平成 21 年

版（2009）の『教育要覧』には、④日本語教育担当者ネットワーク会議の開催、⑤多文化共生教育管理職等研修会の開催が追加され、日本語教育および多文化共生教育の組織化が明記されました。その内容は、以下の通りです。

第8章　人権教育
3　多文化共生教育の総合的な推進

外国人児童生徒や保護者に対する就学・進路ガイダンスや初期支援、体系的な日本語指導を実施するとともに、外国の人の文化を尊重する自立と相互理解が図られる多文化共生教育を実施します。

①早稲田大学大学院日本語教育研究科との協働による日本語教育支援システムの構築

②初期適応指導教室の開設及び適応指導のための巡回訪問

③就学・進学ガイダンスや子育て講座の開催

④日本語教育担当者ネットワーク会議の開催

⑤多文化共生教育管理職等研修会の開催

さらに、鈴鹿市は平成23年（2011）に「鈴鹿市多文化共生推進指針」（鈴鹿市生活安全部市民対話課）を発表します。その指針の冒頭（p. 1）に、当時の川岸市長の言葉が記載されています。

川岸市長は、市内の外国人登録者数がこの20年間で10倍に急増したことを踏まえ、「外国人市民の定住化が進み、国籍や文化的背景の異なる人々が、同じ地域社会の構成員として、ともに協力し合い、心豊かに暮らせる多文化共生のまちづくりが大切となってきました」と述べ、「多文化共生の推進を図るための指針を策定」したと、この「多文化共生推進指針」を作成した理由を述べています（下線は引用者）。

市長の、この施策の説明の中で、外国人児童生徒が在籍する学校については、次のように説明されています。

在籍校は、市内小中学校40校中31校と、市内広域にわたってい

ます。これは、地域の子どもが地域の学校に通うことを大切にしている本市の特徴であり、日本の子どもと外国人の子どもがともに学校生活を過ごすことにより、多文化共生の意識の醸成にもなっています。

　（中略）

　鈴鹿市教育委員会では、外国人児童生徒教育を市全体の重要課題として、鈴鹿市第 5 次総合計画の戦略事業に位置づけ、人的配置と日本語指導支援システムづくりを軸に推進を図って行きます。

（「鈴鹿市多文化共生推進指針」鈴鹿市生活安全部市民対話課、pp. 27–28、下線は引用者）

　以上のように、鈴鹿市では「外国人児童生徒教育」を「多文化共生教育」の一環として位置づけて、市全体の取り組みとして進めてきているのです。

2-4　「日本語教育コーディネーター」の役割

　初代「日本語教育コーディネーター」として採用された中川智子先生は、「鈴鹿モデル」を構築する上で、「日本語教育コーディネーター」がどのような働きをしたのかについて、その詳細を次のように述べています。

　鈴鹿市は 2008 年度に採用した日本語教育コーディネーターを、市内の牧田小学校に常駐させ、実際に日本語指導を行う体制を作った。以下、その実践を記述する。牧田小学校は 2008 年 7 月現在 61 名の外国籍児童が在籍し、市内でも児童在籍率の高い学校である。しかし、児童の転入・転出が頻繁で、継続して日本語教育を行うことが難しい現状にある。学校としてどのように児童の日本語教育に取り組んでいくのか、子ども達の「ことばの力」を育て、学力に繋げていくためにはどのような支援体制を確立していけばよいかが、実践の大きなテーマとなっている。そのため、牧田小学校が 2008 年度に行ってきた取り組みは、教育委員会や管理職を含めた日本語指導教室担当者打ち合せ、日本語教育に関する校内研修、そして日本語指導教室と在籍

学級の連携である。主にこの三つを必要な時にその都度行うことで、実践の基盤を作ってきた。

　日本語指導を行うにあたり、日本語指導教室に通級している児童一人ひとりの成育歴や言語背景等の情報を学期はじめの家庭訪問を利用して把握し、日本語の力は学校生活の中でバンドスケールを活用しながら一人ひとり判定していった。これらの把握した情報をもとに時間割や学習グループ分け、どのような教材でどのような授業を展開するかの話し合いを重ねた結果、1学期の早い段階で児童1年生については週5時間国語の時間に取り出し一斉授業を行うこと、また2年生以上の児童については、個に応じた柔軟な体制で多様な支援を展開していくことを日本語指導教室担当者間で確認することができた。

　その後、話し合いによって決定した指導方法や指導内容を日本語指導教室で実践し、校内研修の機会を利用しながら学校全体で交流を行ってきた。4月の校内研修では牧田小学校の日本語教育の方向性の提案を行い、できるだけ早い段階から、1.日本語指導教室担当と学級担任の双方が子どもを把握すること、2.授業の中で教科内容とことばに留意した丁寧な指導を行うことの2点を確認した。6月には日本語指導教室での実践を紹介するとともに、全教職員でバンドスケールを活用して児童全員の日本語能力を把握するための校内研修、7月には学年ごとに専科や管理職を含め、61名の児童のバンドスケール判定を行った。そして8月には、その判定をもとに在籍学級でどのような授業を展開するかという具体的な話し合いに入ることができた。

　ただし、このように学校全体での取り組みとして共通理解ができても、どの学年も在籍学級の学びと繋がるよう日本語指導教室担当と学級担任の連絡や報告、相談は頻繁に行う必要があった。牧田小学校では各日本語指導教室担当が受け持った授業の記録をつけ、次の担当者に引き継ぐとともに学級担任にも学習の様子を報告している。例えば「問題の意図をつかむことはまだ難しいが、言い換えれば理解できる」「気もちを表現できるように、表情カードを使いながら支援している」というような、日々の子どもの頑張りや発言、支援の様子など、気付

いたことを伝え合い記録していく作業が、日本語指導教室担当と学級担任を繋ぎ、それぞれの教室で子ども達にどのような教育をしていけばいいかという具体的な話し合いを生んでいる。共有した情報を児童への支援に反映させていくというこれらの連携も、教員の日々の授業に対する意識を変化させ、「ことば」に留意した授業づくりや子ども理解に繋がっている。

　このような取り組みによって、牧田小学校では 1 学期の早い段階で、どの学年も在籍学級の進度に合わせながら教科内容を重視した学習を行っていくという共通理解が得られた。その結果、日本語指導教室が児童の教育について学校全体に対して発信することが可能になった。また、8 月、9 月には教育委員会や市内の学校の担当者、および大学との協議により、具体的な教材作成を進めることができた。さらに、これらの研修会や教材研究を通して授業改善を重ね、11 月には学校全体で「公開授業」を実施して学力保障としての日本語教育の取り組みの一端を公表することかができた。

　このような一連の取り組みは、教員だけでなく牧田小学校の児童にも変化をもたらしている。欠席しがちであった児童が授業を楽しみに登校するようになったこと、児童自身が日本語指導教室と在籍学級の学びの繋がりを意識し、クラスの友達と共に学ぶことや考えることの面白さを実感し始めたこと、在籍学級や日本語指導教室で児童が自信をもっていきいきと学習する姿が見られるようになったことなど、様々な変化が表れ始めている。

　このような子ども達の姿を見ることで、多くの教員が日々の授業の中で「ことばの力」を育てる工夫をし、学力に繋げていくことの大切さや意義を実感している。牧田小学校でこのような取り組みが可能になったのは、日本語教育コーディネーターの常駐と自らの実践の公開が大きい。年少者日本語教育の専門家としての日本語教育コーディネーターは牧田小学校に常駐するかたわら、市内の学校を回り、助言・指導を行い、かつネットワーク作りを行った。

（川上・中川・河上 2009: 4–5）

　その上で、中川先生は、「日本語教育コーディネーター」の貢献を次のように総括しています。

　　鈴鹿市の日本語教育コーディネーターは牧田小学校の日本語指導教室担当として授業を 18 時間もち、実際に児童への教育に携わり、授業実践を公開している。そのことが市内の学校で実践をする教員や指導員との連携構築に大きな影響を与えている。また、日本での定住を考え、家庭でどのように子どもを支えていけばよいか、子どもの母語保持や日本語の習得などに悩む保護者も多いが、その保護者に対しても、日本語教育コーディネーターは専門的な立場から助言を行い、学校と家庭両方で子どもの学びを支える体制を作っていくことに貢献している。そのような専門性と実践力が教員や指導者および保護者との信頼関係を醸成し、それが基礎となるネットワークが機能してきている。孤立することの多かった日本語指導教室担当が実践交流や教材研究を一緒に行うことで、お互いの経験から学び合う姿が見られるようになったのは、その例である。以上のように、バンドスケールによる児童生徒の日本語能力把握を軸に、実践の中身の議論と実践交流が活発に行われるようになった。そのような意味の「連携の実質化」において、日本語教育コーディネーターの果たした役割は極めて大きい。

（川上・中川・河上 2009: 6-7）

2-5　実践と連携

　さらに、中川智子先生は、教員研修と JSL バンドスケール、そして連携について、次のように述べています。

　　鈴鹿市教育委員会は子ども一人ひとりの学力保障、進路保障を目指して教育に取り組んでいるが、児童生徒は日本語が十分に運用できないことから、教科内容が理解できず学力に繋がっていかない現状があった。市全体で児童生徒の学力を付けていけるような日本語教育支援体制の必要性は理解できても、実際にどのように授業を創り、子ど

も達を支援していけばよいかを見つけることができず悩む先生は多い。このような悩みを受け止めて共に考えるため、日本語教育コーディネーターは児童生徒の在籍数が多い学校に出向き、日本語教育に関する研修を行っている。

　研修は、園児・児童生徒への支援のあり方、バンドスケールを活用した支援のあり方といった教員の意識向上を目指す研修（第一次）、それを踏まえ、具体的な活動の紹介や教材検討会といった実践交流を目指す研修（第二次）である。日本語教育に関わる理論を学ぶ研修（第一次）の後に、理論をどのように自身の授業に取り入れ実践していくかを実践者同士がともに考え深めていくこと（第二次）が必要である。各学校で抱える課題は異なるが、具体的な教科、単元、対象の子どもを設定し協働で話し合うことで、今までの教員経験と日本語教育が結びついた授業展開や活動案を考えてくることができた。鈴鹿市の全教員とともに鈴鹿市の日本語教育を創っていくこと、これが重要である。

　一方、児童生徒一人ひとりの日本語能力、成育歴、おかれている言語環境、今まで受けてきた日本語教育といった子どもの実態を把握することは指導の前提である。そのため、バンドスケールによる子どもの日本語能力調査を鈴鹿市のすべての小中学校で行った。第1回バンドスケール調査は、1学期末までに鈴鹿市教委員会および日本語教育コーディネーターの指導のもと、各学校の学級担任、日本語指導教室担当などの教職員によって行われた。この調査は、教育委員会と各学校の教職員が、児童生徒の聞く・話す・読む・書くといった四技能の力を把握することで、今まで曖昧な基準で判断されてきた「日本語指導の必要な児童生徒」についての見直しを図ることを可能にした。「日本語指導の必要な児童生徒」とはどのような児童生徒なのかを各学校の先生が認識することで、児童生徒への指導方法や指導内容が改善され、全学校の児童生徒の学力向上へつながったと言える。実際にバンドスケール調査の結果をもとに、すでに「日本語指導の必要な児童生徒」の見直しを行い、日本語指導教室や在籍学級の授業の改善を

している学校もあり、小中学校における日本語教育のあり方が変化してきている。

　またバンドスケール調査の結果は、必要度の高い学校への人的な配置、学習環境整備といった教育行政支援システム構築のための資料として活用することもできる。校種を越え継続的な日本語教育を行っていくためにも、年3回のバンドスケール調査を実施し、情報を引き継いでいくことが望まれている。(川上・中川・河上 2009: 5–6)

2-6 「協定」第2期（2011〜2013年度）

　「協定」により「鈴鹿モデル」の基礎は第1期で出来上がりましたが、鈴鹿市教育委員会と早稲田大学大学院日本語教育研究科は、「協定」を継続し、第2期目も協働的実践を継続することを決定しました。以下、平成23年（2011）5月の「プロジェクト会議」の「議事録」には、水井健次教育長の発言が残っています（以下、平成23年度〈2011〉のプロジェクト会議の「議事録」より抜粋して転載）。

　「鈴鹿市日本語教育支援システム構築　第2期進行計画」（平成23〜25年度）

- 鈴鹿市教育振興計画にある「鈴鹿五策」の一つ、「多文化共生のまちづくりにつながる外国人児童生徒の推進」を提案、「中長期的な視点」として「外国人児童生徒教育」と「多文化共生教育」を挙げた。
- 具体的には、「市内のどの学校に在籍しても一定水準の日本語教育を受けられる教育環境づくり」を提唱し、「鈴鹿市日本語教育支援システムの構築の第2期進行計画」とした。
- そのためには、「循環型推進体制の強化・充実」として、「循環型支援システム」の改善を指摘した。プロジェクト会議の出席者を拡大し、JSL児童生徒在籍学校の校長、JSL教員の出席。
- 「日本語教育コーディネーター」2人体制。「小学校担当コーディネーター」と「中学校担当コーディネーター」を加えた。

- 日本語教育担当者ネットワーク会議
  「日本語教育コーディネーター」2人のもと、小学校部、中学校部で、リライト教材、JSLカリキュラム、ポイント教材を作成活用
- 学校における重点的な取り組み
  校内体制の確立、国際教室と在籍学級との連携
  外国人児童生徒教育を「学校経営計画」に位置付ける。
  職員会議で取り組みを全員で協議する。
  保護者との連携……保護者の教育方針や願いを把握する。
- 外国人児童生徒の実態に即した人的配置と派遣
  定数12、臨時5、非常勤14、合計31……19校に配置
- 「国際教室未設置学校　14校、
- 外国人児童生徒指導助手の配置……スペイン語対応の指導助手
- ミャンマーからの第三国定住の受け入れ

「プロジェクト会議」では、以下のことが話し合われました（議事録より転載）。

- JSLバンドスケールの課題として、判定に時間がかかる点、判定結果を日本語指導に生かすための改善が必要
- 日本語指導のガイドラインを作成することを提案
- 中学校の指導のために、「日本語教育教材の体系化」を提起
- 教職員の資質向上
  「学力保障」から「わかりやすい日本語指導、教科指導のための指導力」
  管理職研修、指導者研修
- 人的配置

　以上のように、「プロジェクト会議」では、教育委員会の作成した「鈴鹿市日本語教育支援システム構築　第2期進行計画」（平成23～25年度）

の年度ごとの目標と課題について活発な意見交流がありました。この頃から、年2回の「プロジェクト会議」が定例となりました。年度はじめの「プロジェクト会議」で3年間の計画を確認しつつ、その年の取り組む課題を検討し、その年の年度終わりの「プロジェクト会議」では、その年に行った実践や実績を見定め、かつ、次年度の課題を共有するというスタイルが定着していきました。

2-7 「鈴鹿市教育振興基本計画」

　鈴鹿市は、平成23年（2011）に川岸市長から末松則子市長[9]に交代しましたが、「外国人集住都市会議」には引き続き参加しています。平成23年（2011）の「外国人集住都市会議」に出席した末松市長は、「第三国定住によるミャンマー難民受け入れ」に触れて、子どもに対する教育に関しては、「『鈴鹿市教育振興基本計画』の中で、『鈴鹿五策』の一つとして位置づけをし、全市的な推進体制を進めてまいりました」と発言をしています（『外国人集住都市会議　いいだ2011報告書』2012年、pp. 30–32）。末松市長は、この後も、「外国人集住都市会議」に参加するのですが、子どもの教育についての発言は、川岸市長に比べ、少なくなりました。

　以下、平成23年度（2011）の『教育要覧』から、「鈴鹿市教育振興基本計画」がどのようなものかを見てみましょう。

　「鈴鹿市教育振興基本計画」（以下、「基本計画」）には「つなぎ　つながる鈴鹿の教育」と副題がついており、この基本計画が平成23年（2011）から平成27年（2015）までの5年間の計画として立てられたことが記されています。

　その中には、3つの「基本的方向」が示されており、その第1の基本的方向では、「子どもたちの『生きる力』を育みます」として、「幼児期から義務教育期まで、子どもたちの『生きる力』を育むために、発達段階に応じた連続性のある教育に努めます」とあり、その中に、「10　多文化共生の教育を進めます」が含まれています。

9　2011年より現職。

　さらに第 2 の基本的方向には、「家庭・学校（園）・地域の連携を促進します」、第 3 の基本的方向には、「教育に関わる環境や条件の整備を進めます」が明記されています。

　その上で、この「基本計画」とともに鈴鹿市の教育で重点化する 5 つの教育施策を「鈴鹿五策」と呼び、以下の 5 点を推進していくこととして、掲載されています。

- 家庭・学校・地域が主体的に協働する地域ぐるみの教育の推進
- 一人一人を大切にし、学ぶ意欲とわかる喜びを高める少人数教育の推進
- 多文化共生のまちづくりにつながる外国人児童生徒教育の推進
- ものづくりを基盤として、夢を育むキャリア教育の推進
- 途切れない支援をめざした特別支援教育の推進

　この「基本計画」は次年度以降も、引き継がれ、具体的な施策や教育実践が展開されていきます。その様子を、次年度の平成 24 年（2012）5 月の「プロジェクト会議」の会議資料から見てみましょう。

　「協定」2 期目の 2 年目（「協定」締結から 5 年目）として、長谷川正人教育長[10]は、以下の説明をしました（会議資料より転載）。

　平成 24 年度（2012 年 5 月）の「プロジェクト会議」
　1　今年度の日本語教育の推進について
　　• 今年度のねらい
　　　①外国人児童生徒の学力保障に全校で取り組む体制づくりを進める。
　　　②中学校における日本語指導方法を確立する。
　　• 文部科学省開発の「日本語力評価方法試案」の研究に協力する。

10　長谷川正人教育長の任期は 2011 年 7 月から 2015 年 6 月。

- 日本語指導方法の充実

  JSL カリキュラムを取り入れた授業研究に取り組む。
- 推進体制の強化

  学校運営計画及び校務分掌表に「外国人児童生徒教育」を位置づける。

  日本語教育コーディネーターが在籍校を訪問し指導助言にあたる。

  全国学力学習状況調査を活用する。

2 小学校における日本語教育の推進について

  日本語教育ネットワーク会議
- 日本語教育を担当するのが 2 年以下という指導者が増えている。
- 中学校部の担当者も、公開授業および事後検討会にも参加する。
- 日本語指導の評価について検討

  評価項目、評価基準、評価方法
- JSL バンドスケールの活用

  JSL バンドスケールの判定結果が指導にどのように活かされているかを検証する場を設ける。

  校内研修の学習指導案に JSL バンドスケールの判定結果および支援について明記し、事前検討会および事後検討会で話し合う。
- サポート会議の開催

  常勤担当者のいる教室を対象に、外国人児童の日本語学習および学力保障について

  検討するためのサポート会議をもつ。

  目的、方法、内容を記載

3 中学校における日本語教育の推進について

  日本語教育ネットワーク会議

  ポイント教材、カリキュラムシート（指導展開例）の作成

　　　受験対策
　　　校内の推進体制の強化
　　　JSL カリキュラムに基づいた授業研究および公開授業

　平成 24 年（2012）5 月の「プロジェクト会議」の「議事録」には、以下
の諸点についても意見交流があったことが記録されています。

- 国際教室の担当（教諭）は原則 3 年
- 2 人体制で、一人が主担当、交代で主担当を行う引き継ぎのロー
  テーション
- 国際教室を、担任が見に行く機会を持った
- JSL バンドスケールは、子どもの課題を共有する有効なツールだ
- 不登校の子がいる
- 高校進学が 100％というが、希望する高校へ入学できているかが重要
- 「アクアレラ[11]」も有効
- 日本語能力不足か、発達障害か、見極めが難しい
- 日本滞在が長く、日本語がしゃべれる子に、学習で使う言語をどう
  獲得させていくかが課題

　さらに、その年度の第 2 回目の「プロジェクト会議」（2013 年 2 月）に
は、次の事項が報告されました（会議資料より転載）。

　平成 24 年度（2013 年 2 月）の「プロジェクト会議」
　(1) 日本語教育の進捗状況
　　①人的配置
　　②日本語教育コーディネーターの活動
　　　小学校訪問 128 回、中学校訪問 66 回
　　　1) JSL バンドスケール判定会議

11　教育委員会に設置された「就学支援を行う日本語教室」。

- 判定基準の標準化を図る
- 判定材料となる児童の資料を準備する

  （例：作文、日記、ノート、テストのコピー、指導記録など）

2）国際教室運営委員会への出席

- 1年間の国際教室の運営方法について
- 取り出し児童生徒の確認
- 時間割の組み方、予算の使い方など

3）校内研修

③日本語教育担当者ネットワーク会議の活動

年12回　開催（ほぼ、毎月開催）

- 小学校部、中学校部、小中合同部会
- 国際教室公開授業について

  小学校部　JSL カリキュラムに基づいた授業研究

  中学校部　カリキュラム・シートを活用した授業研究

④ JSL カリキュラムの普及

- 県の事業を受けて研究

  神戸中学校、創徳中学校

  （神戸小学校　国際教室での指導、椿小学校の取組）

⑤日本語教育ガイドラインの作成

(2) 外国人児童生徒の状況

① JSL バンドスケールによる日本語能力判定結果

②全国学力学習調査による学力状況

(3) 日本語教育の今後の方向について

- JSL バンドスケールの判定：原則、年1回　データを集約する
- 文部科学省の日本語能力測定方法は、日本語学習の中で取り組んでいく

  その他の基本方針・課題

　このように、「鈴鹿市教育振興基本計画」（つなぎ　つながる鈴鹿の教育）と「鈴鹿五策」は次年度（2013）へ継承され、発展していきます。

2-8　まとめ

　以上のように、平成20年（2008）から平成25年（2013）の6年間は、鈴鹿市における「日本語教育支援システム」、いわゆる「鈴鹿モデル」の構築期と言えます。

　平成20年（2008）に鈴鹿市教育委員会が早稲田大学大学院日本語教育研究科と「協定」を締結したことを契機として、当時の水井教育長のリーダーシップのもと、「鈴鹿モデル」が立ち上がりました。すでに前章で述べたように、鈴鹿市における長年の同和教育、人権教育の実績をもとに、平成20年（2008）には、「多文化共生教育総合推進事業」が開始されました。

　「鈴鹿モデル」では、3つの柱があります。それらは、「日本語教育コーディネーターの設置」「JSLバンドスケールの導入」そして「プロジェクト会議の開催」です。「日本語教育コーディネーター」が学校現場に「JSLバンドスケール」を導入し指導することにより、JSL児童生徒の日本語力を把握し、協働的実践をはじめる体制が出来上がりました。

　この「鈴鹿モデル」の基本方針の1つは、「地域の子どもは地域の学校で」です。鈴鹿市教育委員会は、「JSL児童生徒」を1か所に集めて日本語を教える「センター校方式」をとりませんでした。それは、子ども同士のつながり、地域と子どものつながりを大切にする同和教育、人権教育の実践を踏まえた考え方でした。また、「市内のどの学校に在籍しても一定水準の日本語教育を受けられる教育環境づくり」も、すべての子どもの人権を考えた方針でした。

　「協定」は、2期目（2011～2013年）に継続されました。鈴鹿市は平成23年（2011）に「鈴鹿市多文化共生推進指針」を発表し、それをもとに鈴鹿市教育委員会は「鈴鹿市教育振興基本計画」（つなぎ　つながる鈴鹿の教育）と「鈴鹿五策」を掲げ、多文化共生教育を総合的に推進しました。

3 「鈴鹿モデル」の発展
(2014 〜 2019 年)

3-1 「協定」第 3 期（2014〜2016 年度）

　鈴鹿市教育委員会と早稲田大学大学院日本語教育研科は、平成 26 年 (2014) 春、「鈴鹿モデル」を構築してきた 6 年間を振り返り、さらに「協定」を継続し、第 3 期目を継続することにいたしました。以下、年に 2 回行われた「プロジェクト会議」の資料と『教育要覧』から、そのプロセスを見てみましょう。

　平成 25 年度（2014 年 5 月）の「プロジェクト会議」

　　　　　　　　　　　　　（プロジェクト会議資料より抜粋し、転載）

Ⅰ　今年度の日本語教育の推進について
　取り組みの重点
　　①校内ならびに小中学校が連携し、外国人児童生徒の学力保障に取り組む体制づくりを進める。
　　②日本語能力と学力の実態に基づく日本語指導のあり方を構築する。
　　③適応支援体制の改善に向けた調査研究を進める。
　1、推進体制づくり
　　• 多言語化に対応する支援体制づくり
　　平成 25 年度に調査研究を行い、26 年度以降のあり方について検討する。
　2、日本語能力の把握と判定結果の活用
　　(1) JSL バンドスケール判定

53

⑵ 文部科学省の日本語能力測定方法

　JSL バンドスケール判定を中心とする

3、日本語指導

⑴ 教科指導と日本語指導を統合した授業づくり

　JSL カリキュラムを活用

⑵ 授業実践研究

⑶ 学力の把握と分析

⑷ 系統的で一定水準の日本語指導

II　小学校における日本語教育の推進について

III　中学校における日本語教育の推進について

　進路ガイダンスを利用し、生徒・保護者に向けた進路支援を行う。

　これらの計画で進めた 1 年を振り返り、平成 27 年（2015）2 月の「プロジェクト会議」で次のような内容が報告され、また、議論が重ねられました。

2015 年 2 月の「プロジェクト会議」（プロジェクト会議資料より抜粋し、転載）

I　日本語教育の進捗状況

1、人的配置

2、日本語教育コーディネーターの活動

①JSL 児童生徒在籍校への訪問

・小学校 76 回、中学校 50 回

　日本語指導に関する観察・指導・助言

②JSL バンドスケール判定会議への出席

③国際教室運営会議への出席

④「全国学力学習状況調査」の聞き取りと分析

3、日本語教育担当者ネットワーク会議の活動

23 人（うち、国際教室設置 18 校）

国際教室公開授業について

　　4、JSL カリキュラムの普及
　　　「県の事業を受けた研究」　玉垣小、椿小、創徳中学校
　　　校内研修
　Ⅱ　JSL 児童生徒の状況
　　　JSL バンドスケールによる日本語能力判定の結果
　　　「全国学力学習状況調査」による学力状況
　Ⅲ　今後の方向について
　　1、日本語能力の把握
　　　文部科学省の「日本語能力測定方法」……DLA の部分的活用

　この年度（平成 26 年度[12]）以降も、『教育要覧』には、「鈴鹿市教育振興基本計画」（つなぎ　つながる鈴鹿の教育）と「鈴鹿五策」が引き続き、再掲され、「人権教育」（第 7 章に変更）も明記されていました。

第 7 章　人権教育
3　多文化共生教育の総合的な推進

　外国人児童生徒や保護者に対する就学・進路ガイダンスや初期支援、体系的な日本語指導を実施するとともに、外国の人の文化を尊重する自立と相互理解が図られる多文化共生教育を実施します。
　　　①日本語教育支援システムの構築
　　　②国際教室の設置及び巡回訪問による適応指導
　　　③就学・進学ガイダンスの開催
　　　④日本語教育担当者ネットワーク会議の開催
　　　⑤多文化共生教育研修会の開催

　鈴鹿市は、さらに、平成 28 年度（2016）から 4 年間に、新たな「鈴鹿市教育振興基本計画」を立てました。その概要が、その年度の『教育要覧』に掲載されています。

12　玉川登美男教育長の任期は 2015 年 7 月から 2017 年 6 月。

「鈴鹿市教育振興基本計画の概要」

　　　　　　　　　（平成 28 年度〈2016〉から令和元年度〈2019〉の 4 年間）

• 計画策定の趣旨

　本市ではこのたび、鈴鹿市まちづくり基本条例に掲げるまちづくりの実現をめざすための計画である鈴鹿市総合計画 2023 が、平成 28 年度からスタートすることから、国の第 2 期教育振興基本計画、そして本市の総合計画との整合と連動を図るため、新しく鈴鹿市教育振興基本計画を策定します。

　その計画の中で、「1　幼稚園教育・学校教育の振興と充実」には、以下の 6 本の柱が明記されました。

「グローバルな視点で主体的に学び、社会に発信する子ども」

「基礎・基本を身に付け、自ら表現する子ども」

「豊かな感性をもち、自律した子ども」

「健康への意識を高め、健やかな体をもつ子ども」

「命を尊重し、人の多様性を認め合える子ども」

「学校、家庭と共に子どもを育む地域」

　また、その年度の『教育要覧』には、引き続き、「人権教育」が明記されました。

第 7 章　人権教育

4　多文化共生教育の総合的な推進

　外国人児童生徒や保護者に対する就学・進路ガイダンスや初期支援、体系的な日本語指導を実施するとともに、外国の人の文化を尊重する自立と相互理解が図られる多文化共生教育を実施します。

　　①日本語教育支援システムの構築

　　②国際教室の設置及び巡回訪問による適応指導

　　③就学・進学ガイダンスの開催

　④日本語教育担当者ネットワーク会議の開催
　⑤多文化共生教育研修会の開催

　このように平成 26 年（2014）から始まった「協定」3 期目は、鈴鹿市の教育において確実に定着し、発展していきました。

3-2 「協定」第 3 期の実践

　「鈴鹿モデル」の 9 年目を迎える平成 28 年（2016）に、初代「日本語教育コーディネーター」の中川智子先生は、「鈴鹿市の日本語教育支援システムの現状について」、次のような文章を表しています。

　以下、中川智子（2017）「第 6 章　子どもたちへの日本語教育——鈴鹿の実践」（川上郁雄編『公共日本語教育学——社会をつくる日本語教育』くろしお出版）より、「鈴鹿市の概況」を除いて、抜粋して掲載します。

　2008 年からの 8 年間で教育長をはじめ、教育委員会事務局の多くのメンバーが替わりました。各学校の管理職や日本語指導担当も同様に入れ替わっていますので、取組を継続するためには、毎年、日本語教育支援システムの意義や役割等を丁寧に伝えながら進める必要がありました。鈴鹿が市全体でこの取組を進めてこられたのは、推進体制としての「プロジェクト会議の設置」と「日本語教育コーディネーターの配置」そして、「学校での日本語教育の実践」という、教育行政と学校現場の教職員が共に考える仕組みがあったからだと言えます。

3　推進体制づくり

3.1　プロジェクト会議の設置

　プロジェクト会議は教育長、教育次長、参事、教育委員会事務局の関係課長、市内の外国人児童生徒在籍校代表校校長、そして有識者で組織されています。市全体での JSL バンドスケールの導入や外国人児童生徒等が多く在籍する学校を中心に国際教室運営会議を設置するなど、鈴鹿の日本語教育推進の役割を担ってきました。年 2 回開催される会議では、

鈴鹿市の日本語教育で大切にしている視点を共通理解し、その年の取り組みについて協議しています。プロジェクト会議は日本語教育に関する基本方針の決定や進捗状況の検証をする重要な会議として位置づけられており、会議で決定したことは校園長会で発信され、管理職の理解のもと各校で実践が進められています。

　2014 年 4 月からは帰国・外国人児童生徒等に対する日本語指導をいっそう充実させる観点から学校教育法施行規則の一部が改正され、「特別の教育課程」が編成・実施できるようになりました。鈴鹿市はこの「特別の教育課程」による日本語指導を実施しています。市内の学校では、JSL バンドスケールを活用して外国につながる子どもたちのことばの力を把握し、日本語能力に応じた指導を行うことや学び合いを重視した小集団での学習を進めてきました。

　この経緯も踏まえ、プロジェクト会議では在籍学級の教科学習に参加できる力を育てることはもとより、今まで鈴鹿が取り組んできた多文化共生教育やキャリア教育、アイデンティティ形成の視点を意識した日本語教育を大切にして「特別の教育課程」による日本語指導の取組をすすめていくことを確認しました。教育委員会として実践を捉え直し、その時々の状況を判断し必要な取組について協議すること、変化する状況の中で日本語教育の在り方について考え続けていることが、鈴鹿らしい取組を継続させています。

3.2　日本語教育コーディネーターの配置

　鈴鹿市は外国人児童生徒等が市内の広域に分散して在籍しています。在籍数も 1 人の学校から 70 人以上が在籍する学校まで状況は様々です。国際教室が設置されている学校もあれば、非常勤講師が週何回か来て日本語指導をする体制をとっている学校もあります。子どもの状況も多様で必要な体制も支援も異なりますので、市内のどの学校でも一定水準の日本語教育を目指していくためには、教育委員会と学校現場がつながって共に取り組むことが必要でした。その要として、2008 年から教育委員会事務局に日本語教育コーディネーターを配置し、市内の日本語教育を

推進しています。

　また、鈴鹿市では2008年からJSLバンドスケールを活用し、子ども一人ひとりの日本語能力把握を行っています。JSLバンドスケールでの判定は、子どもに授業で関わる教職員が直接日本語能力を判定します。導入当初は活用の仕方がわからず戸惑う教員も多くいましたが、日本語教育コーディネーターが校内研修やJSLバンドスケール判定会議に加わり、それぞれの教員と共に考える機会をつくることで、活用の仕方や意義を伝えてきました。JSLバンドスケールで子どものことばの力を把握する過程では、教員自身が子どもたちのことばの力をどのように摑んでいるかを捉え直すこと、自身の授業や学校での授業づくりに活かせるよう働きかけることを大切にしています。それぞれの子どもにつけたい力を教員同士で考え、想いや願いを語ったりしながら、授業や支援につながる具体的な協議をする、こうした話し合いの積み重ねにより、子どもやそれぞれの学級や学年、学校に応じた多様な日本語教育の実践が生まれてきています。

　このように生まれた多様な取組を研修会や学校訪問等の機会を利用して発信したり、実践発表の場を活用して実践者から発信したりすることで、外国人児童生徒等の在籍が少ない学校でも、多文化共生教育や日本語教育の実践を共有できるようになりました。他校での実践からアイデアをもらい、学校や子どもに応じて実践を工夫している教職員の姿もあります。

　互いの実践を市全体で共有し発展させるきっかけをつくっていくのも日本語教育コーディネーターの役割の一つです。

4　学校での日本語教育の実践

　2016年9月現在、取り出しによる日本語指導を行っている学校は市内小中学校40校のうち34校にのぼります。鈴鹿市の国際教室の授業では、「話す」「聞く」「読む」「書く」の4領域がバランスよく授業に組み込まれるようにし、子ども同士のやりとりや学び合いを大切にしてきました。「特別の教育課程」による日本語指導の実施により、様々な学習に関連付

けながら、それぞれの子どもにつけたいことばの力を意識した活動がなされています。

4.1 社会科とつなげた日本語教育の実践

　ある小学校の国際教室の実践で、在籍学級の社会の授業と関連づけて行った授業がありました。地域の商店やスーパーに行ってお店や販売する人の工夫や努力を理解していくという 3 年生の学習でしたが、在籍学級での授業と国際教室の授業を組み合わせて、子どもの実態を考慮した活動を行っていました。日本での生活経験が少ないという子どもたちの実態と興味関心の持続のために、ピザを作るために材料を買う体験から始まり、次に在籍学級のみんなと社会科の学習をし、そして最後に外国人児童がよく利用する外国の商品を売る地域の商店へ見学に行って、比較しながら考えていくというものでした。

　この実践では、子どもたちが社会科の学習で学んだことを在籍学級や国際教室で発表するという活動が設定されていました。活動を通して日本語で話すことに自信つけていってほしい、自分の考えを日本語でまとめて話す力を育てたいという指導者の願いがありました。子どもの実態とことばの力に合った支援がなされ、子どもたちは見てきたこと、感じたことをみんなに伝えようとしていました。さらに国際教室の活動として、外国につながる子どもたちがよく利用する外国の商品を売る地域の商店への見学へと広げたことで、新たな子どもの姿に気づくこともできました。学校の授業で自分たちがよく行く商店が取り上げられ、そこで働く外国人店員さんの姿から学ぶ過程では、子どもたちの表情はいきいきとしていました。

　「お店の人はポルトガル語もスペイン語も英語も日本語もわかる」「すごいなぁ」というやりとりの中に、もしかしたら自分や親の姿を重ね合わせたのかもしれません。日々の教科の学びの中にも自尊感情を育みアイデンティティ形成につながる授業づくりのヒントがあることを学び合えた実践でした。

4.2 キャリア教育とつなげた日本語教育の実践

　外国人児童生徒等の進路保障に向けて、キャリア教育を意識した活動を取り入れ、国際教室でも授業を行っています。小学校でも親や身近にいる外国にルーツをもつ人の話を聞いたり、様々な職業の人に聞いた話をまとめたりする活動を通して、将来について考えるという実践に取り組んできました。早い段階から将来を意識することで、子ども自身が自分のことを見つめ直したり、職業について考えたりする機会が増えます。外国人保護者を対象にした懇談会を開催する学校も増え、保護者とともに考える機会も多くなっています。

　また、教育委員会も近隣の高等学校と協力して進路ガイダンスなどの機会に現役高校生と中学生が交流する機会を積極的につくっています。日本語指導が必要な児童生徒等にとって、教科の内容を日本語で理解し学ぶことや進路を切り開いていくことは大変なことですが、進路ガイダンスに参加した中学生からは「いろいろな説明を聞いてとても助かった」「自分の得意なことが生かせる高校に行きたい」といった感想が聞かれます。進路選択において、身近なモデルに出会い、人の思いや体験を聴いたり、自分自身の進路に対する疑問や不安を交流できたりすることは、外国人児童生徒等の進路に対する知識や意欲につながっていくものとして、今後も大切にしたいと考えています。

5　おわりに

　プロジェクト会議からの発信と日本語教育コーディネーターの関わり、小中学校での地道な実践の積み重ねにより、鈴鹿市では市全体で取組が進んでいます。学校では、地域に暮らす身近な人や友だちと関わったり、将来について考えたりする取組の中で、自分や家族のことを考え、いきいきと学び合う子どもたちの姿がみられます。悩みながらも、自分のもっている複数のことばの力を活かし、社会の中で役割を果たしたいという思いをもって前を向いている子どもたちもいます。川上（2016）は日本語教育の「公共性」を「社会のあり方、人のあり方、そして社会とことば、人とことばを考えるときの言語教育としての日本語教育の視点」

と定義しています。鈴鹿では学校での外国人児童生徒等の日本語教育を考える時、学力を保障するという視点だけなくアイデンティティ形成やキャリア形成の視点を大切にしてきました。子どもたちが自分をみつめ、どう生きるか、身近な地域の中で自分ができることを考える鈴鹿の実践の中に日本語教育の「公共性」を見出すことができます。今後も外国人児童生徒等への取組を通して、鈴鹿らしい実践を重ねていきたいと考えています。

参考文献

川上郁雄・中川智子・河上加苗（2009）「教育委員会と大学の協働的実践ネットワークの構築──年少者『日本語教育コーディネーター』の役割を視点に」『早稲田日本語教育学』4: 1–14.

川上郁雄（2016）「『公共日本語教育学』構築の意味──実践の学の視点から」『早稲田日本語教育学』20、33–47.

3-3 「協定」第4期（2017〜2019年度）[13]

　「協定」は、平成29年度（2017）から4期目に入りました。『教育要覧』から、鈴鹿市の教育の様子を見てみましょう。平成28年度（2016）から始まった4年間の「鈴鹿市教育振興基本計画」の中に、「人権教育」が明記されており、その中に「多文化共生教育」がしっかり位置づいていることがわかります。特に、日本語教育では、「教員研修」が重視されている点は、注目に値します。たとえば、教員が実践を持ち寄り交流する「多文化共生教育実践EXPOの開催」は鈴鹿独自の実践です。

　平成29年（2017）の『教育要覧』には、「鈴鹿市教育振興基本計画の概要」の後に、「人権教育」について以下の説明があります。

13　中道公子教育長の任期は2017年7月から現在。

第7章　人権教育

4　多文化共生教育の総合的な推進

　外国人児童生徒や保護者に対する就学・進路ガイダンスや初期支援、体系的な日本語指導を実施するとともに、外国の人の文化を尊重する自立と相互理解が図られる多文化共生教育を実施します。

　　①日本語教育支援システムの構築

　　②国際教室の設置及び巡回訪問による適応指導

　　③就学・進学ガイダンスの開催

　　④日本語教育担当者ネットワーク会議の開催

　　⑤多文化共生教育実践 EXPO の開催

　「鈴鹿市教育振興基本計画」（2016 ～ 2019 年の 4 年間）の進捗状況は、毎年確認され、新たな目標が立てられました。『教育要覧』（2017–2019）には、その詳細が記録されています。「外国人児童生徒などへの日本語教育」に関する箇所を、一部、以下に紹介します。

平成 29 年度（2017）の実行計画

【施策の基本的方向2】基礎・基本を身に付け、自ら表現する子どものひとつとして、

　　○外国人児童生徒などへの日本語教育

　　「特別の教育課程による日本語指導の充実」

　　　• 日本語教育担当者ネットワーク会議の効果的な活用を図るとともに、教員の指導力向上・校内支援体制の一層の充実を図ります。

　（指標）特別の教育課程による日本語指導を実施している学校で、日本語指導に係る研修会を実施した学校の割合

　　平成 29 年度の目標値 80.0%

　　平成 28 年度の現状値 61.8%

【施策の基本的方向5】命を尊重し、人の多様性を認め合える子ども

　　○人権教育

「学校・幼稚園における人権教育の推進」

平成 30 年度（2018）の実行計画
【施策の基本的方向 2】基礎・基本を身に付け、自ら表現する子ども
のひとつとして、
　　○外国人児童生徒などへの日本語教育
　　「特別の教育課程による日本語指導の充実」
　　　• 特別の教育課程による日本語指導を行う学校において、日本語
　　　　教育コーディネーターや日本語指導経験者が中心となり研修会
　　　　等を実施し、教員の指導力向上・校内支援体制の充実を図りま
　　　　す。
　　（指標）特別の教育課程による日本語指導を実施している学校で、
　　日本語指導に係る研修会を実施した学校の割合
　　　　平成 30 年度の目標値 90.0%
　　　　平成 29 年度の現状値 77.0%

平成 31 年度（2019）の実行計画
【施策の基本的方向 2】基礎・基本を身に付け、自ら表現する子ども
のひとつとして、
　　○外国人児童生徒などへの日本語教育
　　「特別の教育課程による日本語指導の充実」
　　　• 特別の教育課程による日本語指導を行う学校において、日本語
　　　　教育コーディネーターや日本語指導経験者が中心となり研修会
　　　　等を実施し、教員の指導力向上・校内支援体制の充実を図りま
　　　　す。
　　（指標）特別の教育課程による日本語指導を実施している学校で、
　　日本語指導に係る研修会を実施した学校の割合
　　　　平成 31 年度の目標値 100.0%
　　　　平成 30 年度の現状値 84.6%

　以上のように、「鈴鹿市教育振興基本計画」をベースに、鈴鹿市では子どもへの日本語教育、多文化共生教育が毎年掲げられ、しっかりと検証されながら実施されているのです。

3-4　財政から見た「鈴鹿モデル」──予算はいくら必要なのか

　鈴鹿市教育委員会と早稲田大学大学院日本語教育研究科との「協定」は平成20年（2008）から12年が経過し、「鈴鹿モデル」は大きな教育的成果を生みました。これは鈴鹿市の教育委員会と教員の実績によるものですが、それを支えた予算についても見る必要があるでしょう。

　表2「外国人児童生徒教育の関連予算」を見ると、平成22年（2010）以降の関連予算の推移がわかります。たとえば、平成22年度（2010）は、「外国人児童生徒サポート事業費」（市費）（6,207,000）、受入促進事業費（国費・県費・市費）（3,548,000／3,548,000／3,548,000）、外国人児童生徒教育支援センター事業費（県費）（1,200,000）、定住外国人就学支援事業費（IOM・国費）（20,000,000）、合計38,051,000円です。平成30年度（2018）の同様の予算の合計は、42,974,000円でした。これまでの経過を見ると、「鈴鹿モデル」の背景に、毎年4000万円ほどの予算が、国、県、市から提供されていることがわかります。逆に言えば、4000万円の予算があれば、「鈴鹿モデル」は他市町村でも実現可能であることがわかります。

表 2　外国人児童生徒教育の関連予算

鈴鹿市外国人児童生徒サポート事業
平成 22 年から令和元年事業費

外国人児童生徒サポート事業費（市）			市	事業費（予算額）
平成 22 年度			6,207,000	6,207,000
平成 23 年度			5,669,000	5,669,000
適応支援事業費（市）			市	
平成 24 年度			30,000,000	30,000,000
平成 25 年度			30,320,000	30,320,000
平成 26 年度			29,971,000	29,971,000
平成 27 年度			31,523,000	31,523,000
平成 28 年度			31,119,008	31,119,008
平成 29 年度			31,498,000	31,498,000
平成 30 年度			31,929,000	31,929,000
令和元年度			31,799,000	31,799,000

受入促進事業費（国・県・市）	国（1/3）	県（1/3）	市（1/3）	
平成 22 年度	3,548,000	3,548,000	3,548,000	10,644,000
平成 23 年度	3,548,000	3,548,000	3,548,000	10,644,000
平成 24 年度	3,400,000	3,400,000	3,401,000	10,201,000
平成 25 年度	3,061,000	3,061,000	3,061,000	9,183,000
平成 26 年度	2,693,000	2,693,000	3,464,000	8,850,000
平成 27 年度	2,505,000	2,505,000	3,010,000	8,020,000
平成 28 年度	2,157,000	2,157,000	2,916,200	7,230,200
平成 29 年度	1,778,000	1,778,000	4,342,000	7,898,000
平成 30 年度	1,793,000	1,793,000	3,003,000	6,589,000
令和元年度	2,018,000	2,018,000	2,553,000	6,589,000

外国人児童生徒教育支援センター事業費（県）		県（10/10）		事業費（予算額）
平成 22 年度		1,200,000		1,200,000
学習支援事業費（県）		県（10/10）		
平成 23 年度		1,000,000		1,000,000
平成 24 年度		1,000,000		1,000,000
平成 25 年度		1,000,000		1,000,000
平成 26 年度		800,000		800,000
平成 27 年度		800,000		800,000
平成 28 年度		750,000		750,000

定住外国人就学支援事業費（IOM）	国（10/10）			
平成 22 年度	20,000,000			20,000,000
平成 23 年度	20,000,000			20,000,000
就学支援事業費（IOM）	国（10/10）		市	
平成 24 年度	16,000,000			16,000,000
平成 25 年度	16,000,000			16,000,000
平成 26 年度	14,926,000		1,282,000	16,208,000
就学支援事業費：就学促進事業（国・市）	国（1/3）		市（2/3）	
平成 27 年度	3,257,000		6,516,000	9,773,000
平成 28 年度	2,942,000		6,564,000	9,506,000
平成 29 年度	2,485,000		6,025,000	8,510,000
平成 30 年度	1,815,000		6,227,000	8,042,000
令和元年度	2,956,000		5,716,000	8,672,000

では、これらの予算はどのように使用されてきたのでしょうか。鈴鹿市では、子どもの母語を使用できる人材を積極的に採用してきました。以下は、その具体的な採用の内容です。

(1) 外国人指導助手（市費：適応支援事業）
母語での支援が必要な児童生徒の在籍校に配置。

表3 外国人指導助手の派遣状況 （人）

	H21	H22	H23	H24	H25	H26	H27	H28	H29	H30	R1
ポルトガル語	8	8	8	8	8	8	7	7	7	6	6
スペイン語	2	2	2	2	2	2	2	2	2	2	2

(2) 外国人生徒巡回支援員（市費：適応支援事業）
母語での支援が必要な児生徒の在籍校に派遣。

表4 外国人生徒巡回支援員の派遣状況 （人）

	H21	H22	H23	H24	H25	H26	H27	H28	H29	H30	R1
ポルトガル語	1	1	1	1	1	1	1	1	1	1	1
スペイン語	1	1	1	1	1	1	1	1	1	2	2
タガログ語	0	0	0	0	0	0	1	1	1	1	1

(3) 日本語指導支援員（日本語指導講師）（国・県・市：外国人児童生徒受入促進事業）
来日間もない児童生徒や学習に支援が必要な児童生徒が在籍する学校に教員免許を有する支援員を派遣。

平成22年（2010）から、国際教室や国際加配のない小中学校に派遣。

1人あたり2～12時間（週6時間平均）で5人分の予算の範囲。

表5 日本語指導支援員の派遣状況 （時間）

	H22	H23	H24	H25	H26	H27	H28	H29	H30
時　間	—	—	—	1566	1319	1446	1673	1033	1285

※ H22 〜 24 予算は同様にあるが、時間数のデータは見つからず

（4）日本語指導支援員（県費：外国人児童生徒のための教科指導研究事業）

　ミャンマー難民の児童受け入れのために椿小学校（のちに鈴峰中学校）に教員免許を有する。

　支援員（1 名）を派遣。

　平成 22 〜 28 年（対象生徒が卒業→転居のため終了）。

（5）就学促進員（国・県・市費：外国人児童生徒受入促進事業）

　来日間もない児童生徒の母国語でのサポート。

- タガログ語・英語 1 名
- 中国語 1 名
- 平成 22 年度（2010）受入促進事業開始〜令和元年度まで継続

表6 就学促進員の派遣状況 （時間）

	H22	H23	H24	H25	H26	H27	H28	H29	H30
時　間	—	—	—	1704	1793	1290	1520	1146	1069

※ H22 〜 24 予算は同様にあるが、時間数のデータは見つからず

（6）外国人児童生徒支援協力員（母語協力員）（市費：適応支援事業）

　来日間もない児童生徒の母国語でのサポートや不就学の児童生徒のサポートをする。

　主に少数言語に対応。

表7 外国人児童生徒支援協力員の派遣状況 (のべ人数)

	H24	H25	H26	H27	H28	H29	H30
インドネシア語	101	11	22	33			1
タガログ語・英語	34	160	368	80			
中国語	5	23		200	243	117	116
ポルトガル語	3					54	
スペイン語	5						
タイ語		2					
ベトナム語		1		24			53
タミル語					3		
モンゴル語						43	113

　これらの指導助手や支援協力者が実際のどのように働いていたのかについても、「プロジェクト会議」で報告されていました。たとえば、以下は、平成24年度（2012）の実績です。

- 外国人教育指導助手（市費：適応支援事業費）
    - 例：H24年度
        - 10校配置（ポルトガル語8名、スペイン語2名）
- 外国人児童生徒巡回支援員（市費：適応支援事業費）
    - 例：H24年度
        - 母語での支援が必要な児童生徒の在籍校に派遣
        - （ポルトガル語1名、スペイン語1名）
        - 1月末で派遣回数が、ポルトガル語192回
        - 　　　　　　　　　　　　スペイン語168回
- 日本語指導支援員（国・県・市費：外国人児童生徒受入促進事業費）
    - 例：H24年度
        - 来日して間もない児童生徒や学習に支援が必要な児童生徒が在籍する学校に、教員免許を有する支援員（6名）を派遣
        - 1月末で、1347時間

- 日本語指導支援員（県費：外国人児童生徒のための教科指導研究事業費）
    - 例：H24年度
        - ミャンマー難民の児童受け入れのために、椿小学校に教員免許を有する支援員（1名）を派遣
        - 1月末で、177時間
- 就学促進員（国・県・市費：外国人児童生徒受入促進事業費）
    - 例：H24年度
        - 来日して間もない児童生徒の母国語でのサポートや不就学の児童生徒のサポートをする
            - タガログ語・英語1名：1月末で、858時間
            - 中国語1名：327時間
- 外国人児童生徒支援協力員（市費：適応支援事業費）
    - 例：H24年度
        - 来日して間もない児童生徒の母国語でのサポートや不就学の児童生徒のサポートをする
        - 1月末で、
            - インドネシア語101時間
            - タガログ語・英語34時間
            - 中国語5時間
            - ポルトガル語3時間
            - スペイン語5時間
- 外国人児童生徒緊急サポート協力員（緊急雇用創出事業費）
    - 例：H24年度
        - 母国語でのサポートを必要とする子が多い学校に配置
            - ポルトガル語3名
            - スペイン語4名
            - 中国語3名
            - タガログ語・英語1名

3-5　「特別の教育課程」への対応

　文部科学省は、平成 26 年度（2014）に日本語指導に関して「特別の教育課程」化を決定しました。「JSL 児童生徒」が在籍する全国の学校では、これまで学校外のボランティアなどに「JSL 児童生徒」の日本語教育を任せる状況が見られましたが、文部科学省はその現状を改め、教員免許をもつ「教諭」が子どもたちの日本語指導を担当することとし、日本語指導を正規の教育課程に位置づけたのです。

　鈴鹿市教育委員会は教員免許をもつ「教諭」が日本語指導を担当し、「JSL バンドスケール」を活用し、個別計画を立てて学校全体で教育を行う「鈴鹿モデル」を市内全域にすでに構築してきていましたので、「特別の教育課程」に対応する新たな施策は必要ありませんでした。

　そのことは、平成 26 年度の「第 2 回プロジェクト会議」（平成 27 年 2 月 21 日）に提出された資料（「平成 26 年度　鈴鹿市の特別の教育課程に対応した日本語指導体制づくり」）にも明らかです。

　その資料によると、はじめに、その年度の「外国人児童生徒」は、642 名（5 月 1 日現在）で、子どもの国籍は 23 か国などの現状が報告され、これまでの市の推進体制、および学校の推進体制が確認されます。さらに教育委員会が行う「人的配置」「ネットワーク会議」、子ども一人ひとりの「個別の指導計画」が説明されます。

　続いて、7 月に教員対象の「研修講座」で「特別の教育課程による日本語指導」はこれまでの指導と変わらないと説明されたことが確認されます。

　さらに、平成 27 年（2015）1 月に開催された、実践交流の研修会「多文化共生教育実践 EXPO」が報告されました。

　このように、鈴鹿市では平成 20 年度（2008）から構築してきた「鈴鹿モデル」が展開されていたため、平成 26 年度（2014）に始まった「特別の教育課程」化にも、混乱なく、受け入れることができました。そのことは、次の第 2 部の「日本語教育コーディネーター」の先生方の「証言」からも裏づけられます。

　以下のデータは、平成 26 年度（2014）の「第 2 回プロジェクト会議」

に提出された上記の資料の抜粋です。

3-6　高校進学の状況

　鈴鹿市では「キャリア教育」を、これまでも同和教育、人権教育において重視して実践してきました。「JSL 児童生徒」に対しても、「日本語教育」「多文化共生教育」の中で「キャリア教育」を実施してきました。

　その成果は、「外国籍生徒」の高校進学率にも反映していると思います。以下は、鈴鹿市内の中学校を卒業した「外国籍生徒」の高校進学率の推移と、進学した高校の一覧です。

図 7　「外国籍生徒」の進学率の推移（%）

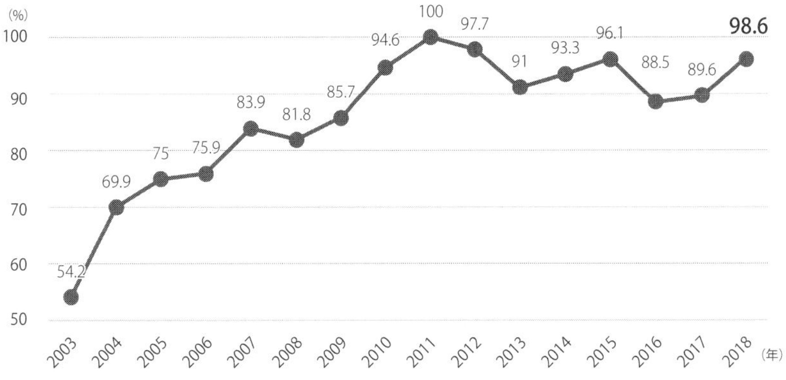

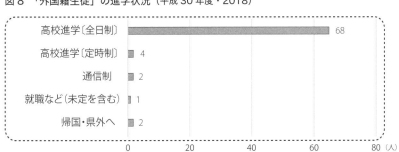

※帰国・県外移転を除く

図 8　「外国籍生徒」の進学状況（平成 30 年度・2018）

高校進学〔全日制〕	68
高校進学〔定時制〕	4
通信制	2
就職など（未定を含む）	1
帰国・県外へ	2

図 9　「外国籍生徒」の進学先（平成 30 年度・2018）

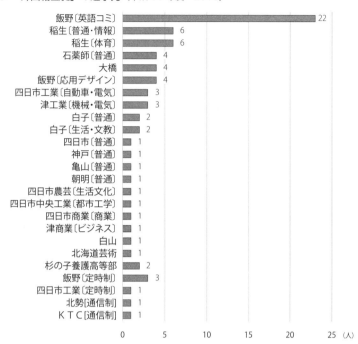

3-7　まとめ

　鈴鹿市教育委員会と早稲田大学大学院日本語教育研究科の「協定」が締結され、3 期目、4 期目を迎えた平成 26 年度（2014）から令和元年度（2019）では、「鈴鹿モデル」が市内の学校に定着し、発展した時期でした。

　鈴鹿市教育委員会は「鈴鹿市教育振興基本計画」（つなぎ　つながる鈴鹿の教育）、「鈴鹿五策」を掲げ、人権教育に基づく多文化共生教育、そして日本語教育を展開してきました。文部科学省の「特別の教育課程」化が示される以前より、鈴鹿市では、教諭、指導助手、支援員を動員した日本語教育体制を整え、成果を上げてきました。図 7 の「高校進学率」が示しているように、鈴鹿市教育委員会が取り組んできた「日本語教育支援システム」の発展により、「外国籍生徒」の高校進学が飛躍的に、かつ大幅に伸

びたのは、その成果の1つです。

　もちろん、まだ研究課題があることも確かです。たとえば、日頃の実践をどうデザインするか、また「全国学力調査」の結果と「JSLバンドスケール」の判定結果を照らし合わせて、子ども一人ひとりの課題を明らかにし、中長期的な視野でどう指導するかなど、「プロジェクト会議」の中で熱い議論と検討が継続されています。

「鈴鹿モデル」は、
どのように構築されたのか

「JSL バンドスケール」「日本語教育コーディネーター」
「プロジェクト会議」に関する 10 人の証言

　第2部では、「鈴鹿モデル」を共に構築し、発展させてきた鈴鹿市の先生方の視点から、「鈴鹿モデル」の内側を考えてみようと思います。

　そのため、関係の方々へのインタビューを実施しました。インタビューは、2018年3月から1年間、鈴鹿市の学校や教育委員会で実施されました。インタビューアーは川上が務め、川上の質問に対して、先生方には自由に語っていただきました（半構造化インタビュー）。インタビューの時間は30分から1時間半ほどで、ほとんどのインタビューは録音し、のちにテープ起こしをし、原稿を見ていただき、正確さを保つために先生方に加筆修正をお願いしました。

　インタビューに協力してくださった先生方は、まず初めに、2008年に鈴鹿市教育委員会が早稲田大学大学院日本語教育研究科と「協定」を締結したとき、教育委員会におられて、この「協定」締結を推進された西繁先生、次に教育委員会の人権教育課長として「鈴鹿モデル」の発展に寄与された篠原政也先生です。

　次に、第1部で見たように鈴鹿市の教育は「人権教育」の実践と密接な関係があることから、これまでも「同和教育」「人権教育」に深く関わってこられた臼杵伸子先生、江藤健一先生、平田真一先生にインタビューさせていただきました。

　さらに、「日本語教育コーディネーター」として活躍してこられた先生方、中川智子先生、植村恭子先生、杉谷直美先生、市川泰先生、吉川恵先生にも、インタビューに協力していただきました。

　これらの先生方のインタビューは、この12年間の「鈴鹿モデル」がどのように構築されたのかを知る上で、貴重な「証言」と言えます。これらの「証言」から、特に、「JSLバンドスケール」「日本語教育コーディネーター」「プロジェクト会議」、そして、鈴鹿市の多文化共生教育実践を貫く「人権教育」の視点とはどのようなものかを知ることができます。

　では、これらの「証言」をじっくりお読みください。

　（以下、先生方の敬称略。また、所属、役職等は2019年度現在）

1 学力をつけることは、 人権教育で一番大事なこと

―― 教育委員会の立場から①

西　繁

> **プロフィール**　鈴鹿市内の学校を中心に長年教諭として、また人権
> 教育の実践家として活躍。三重県教育委員会、鈴鹿市教育委員会に勤
> 務。鈴鹿市教育委員会の人権教育課長、学校教育課長として「鈴鹿モ
> デル」の構築・発展に貢献する。その後、市内の学校の校長を歴任。
> 現在、三重県教育委員会の学力向上アドバイザーを務める。

外国籍の子どもの教育は人権教育課で

（鈴鹿市では2000年代に入り、学校に編入学する外国籍の子どもが急増して
いきます。当時、教育委員会にいた西先生は、この課題を人権教育課で扱う
ことを提案しました）

川上：当時、教育委員会では、指導課の守備範囲だった「外国籍児童生徒の
　　　教育」が**人権教育課**へ移ったと伺いましたが？

西　：私が人権教育課に来たときに、業務を移したんです（笑）。

川上：どのような経緯で、その仕事が人権教育課へ移行したのですか？

西　：その頃、神戸中学校が、鈴鹿市内の中学校のうち外国人生徒が一番多
　　　い学校でした。私がその中学校に勤務していたときにも、在籍する外
　　　国の生徒たちにいかに日本の文化やことばを教えるかというのは、大
　　　きな課題だったんです。たとえば、昼休みになると外国籍の子たちが
　　　集まって、母国語で話をしてしまう。なかなか日本の子たちと、外国
　　　の子たちがうまくコミュニケーションが図れなくて。日本の子たちも

　当時は「外国人、国へ帰れ」みたいな、いわゆる差別発言みたいなこともありました。それをなんとか解消するために、（教員は）校舎の掲示を全部ポルトガル語にしたりとか、できるだけ母国の文化を取り入れるようなこともしたんですけど……。

　やっぱり、そこがうまくいかないのと、外国の子たちにいったいどんな日本語指導をしたらいいのかよくわかりませんでした。当時は、県が作った『みえこさんの日本語』っていう、要するにひらがなやカタカナを教えるだけの、そういう教材しかなかったので、果たしてそれでいいのかなというのもありました。

　当時は鈴鹿市全体で200人ぐらいの外国籍の児童生徒だったのが、私が人権教育課に来た1年目から、毎年100人ぐらい増えていく状態でした。200人が300人になり、300人が400人になっていく。それでも、当時は神戸中学校や、神戸小学校という、市内の一定の学校を拠点校にして、そこに外国籍の子どもたちを集めて、慣れたら元の学校へ返すという形をとっていたためですが、それでは追いつかなくって、市内全体に外国籍の子どもが増えていきました。

　そうすると、拠点校だけじゃなくて、他の学校でも、私が懸念していたことが起きてくるし、それから日本語指導をどうしていったらいいかという課題も浮かび上がってくるし、これでは、もう指導課で、単に担当者1人がやっているだけでは追いつかないと思いました。

　当時（2003年）、鈴鹿市では、**同和教育基本方針**に加えて**人権教育基本方針**を策定したときで、部落差別は当然ですけど、他の外国人差別や障がい者差別などの人権問題もたくさんあって、トータルに扱わなければいけないっていう状況になっていました。そこに外国籍の子どもに対する差別もあって、これはまさに人権教育課の大事な課題だという意識が出てきて、外国籍児童生徒の日本語指導も含めて、全部、人権教育課が人権を基点にした形で対応する体制を考えました。

　人権教育課には、スタッフが7、8人いるし、そこに通訳の方を2人嘱託で新しく採用して、指導課のように担当が1人で対応するのではなく、人権教育課で組織としてあたっていかないと無理だと思いま

した。

教育長の考え

（当時の教育長は、水井健次教育長でした。その反応は？）

川上：水井教育長は人権教育課でやるっていう提案に対してはどんな反応
　　　だったんですか？

西　：水井教育長は、もともと障がい者問題とか、部落問題など、人権問題
　　　をきちっと根底におかないといけないっていうお考えでやられていま
　　　した。なので、指導課ではなくて、（人権教育課で）人権問題も含めた
　　　外国人の対応をやることは大事なことだということで、ご理解いただ
　　　いていました。

川上：水井教育長が人権問題に対して精通なさっていらっしゃったからと
　　　いうことですが、もし教育長が違う方だったら、人権教育課が全部
　　　やるっていうご提案はうまくいかなかったかもしれないということで
　　　しょうか？

西　：そうでしょうね。他の市町や県では、ほとんど、いわゆる指導課が外
　　　国人の対応をやられていたので、（教育長が）「なぜ鈴鹿だけ」と疑問
　　　を感じられる人であれば、それは実現されてなかったかもわかりませ
　　　んね。

川上：ちょうどうまい具合になったっていうことですね。

西　：もうひとつは、人権っていうことだけではなくて、本当にたくさんの
　　　外国籍の子どもたちが市内の半分以上の学校に在籍するように急増し
　　　たので、拠点校だけではもう難しい現状がありました。ただ、70人も
　　　80人もいる学校もあれば、1人2人の学校もあるなど格差はありまし
　　　たが、たった1人いたとして、その子に対して何か指導しなければな
　　　らない。それも、ある程度、一定の質の教育をしなければならないと
　　　いう課題があって、当時、何回も議論をする中で、どの学校でも行え
　　　るシステムが必要であるとの認識が芽生えていったと思います。

鈴鹿の「外国籍の子どもの教育」の基盤は人権教育

（人権教育課が外国人児童生徒の教育を担当するようになった頃、早稲田大学
との接触が生まれました）

川上：本当にいいタイミングだったんですね。

西　：そうなんです。当時、（外国籍児童生徒が）県内の他の市町にもどんど
　　　ん増えてきている状況だったんですが、いわゆる人権教育行政の一貫
　　　として、外国人の問題や、多文化共生の問題、それから日本語指導の
　　　問題をやらなければならないっていうふうに位置づけていたのは鈴鹿
　　　市だけだったんです。

川上：人権教育課が、外国籍の子どもの問題を取り扱っているところは、あ
　　　んまり聞かないんですよね。

西　：そうです。私も今、県教委の学力向上アドバイザーで、県内の他の市
　　　に行くのですが、鈴鹿は人権が基盤にある、それが大違いという意見
　　　を聞きます。

川上：そうですか。西先生が、そういうふうにリーダーシップをとられて、
　　　人権教育課で仕事するんだって言われたところが、後の「鈴鹿モデル」
　　　構築の大きな布石になった感じですね。

鈴鹿市と早稲田大学の協定のきっかけ

川上：そういう現実があって、そこに、たまたま早稲田から私がやってきた
　　　わけなんだけども、そのときはどんな印象をもたれましたか？

西　：もともと、吉川（恵）先生に紹介していただく前から、私が課長に
　　　なったときに、人権教育課で日本語教育をやるにあたって、外国籍の
　　　子どもたち一人ひとりの日本語レベルは多様だから、それを測るもの
　　　が何かないかと探していたんです。子どもの日本語の力を測れるもの
　　　があったら、その測れたものに対応した指導ができるようになると考
　　　えていました。
　　　　これは別に日本語教育だけではなくて、すべての教科が、子どもた

ちの実態に応じた指導が一番子どもたちには届くわけで、子どもたち
の実態をまったく無視して、こういうことがよいからって教師の発想
でやってもだめなので。

　それで、他県他市の取り組みなどを調べて、取り寄せた「日本語診
断テスト」を使って、そのレベルを測ってみたりしましたが、これは
テストで測れるものとは違うなっていう違和感を感じていました。そ
のことをなんとかしないと、指導には結びつかないと思っていました。

　そのときに、運よく吉川先生に、川上先生が開発した**バンドスケー
ル**があると教えていただき、それは、テストではなくて、しっかり子
どもを見つめて判断するというものだと聞いたので、「これだ」と思
い、私たちが探していたものとピッタリ合ったという実感をもちまし
た。

（吉川恵先生は、当時、市内の桜島小学校で国際教室を担当していました。吉
　川先生も人権教育課の先生方と同じ問題意識を共有していました。「はじめに」
　参照）

川上：私が吉川先生からメールをいただいたのは、その頃ですね。
西　：桜島小は当時、牧田小と並んで、市内では一番外国籍の子どもが多い
　　　学校でしたから、私たちも現状を知らなければいけないということで、
　　　4 月から何回も桜島小と牧田小の現場へ行って、どんな指導をしてい
　　　るか、どんな教材がいいのかなどについて、先生方と協議を重ねてい
　　　ました。吉川先生も同じ課題を共有されていましたが、当時、去年は
　　　10 人、今年は 20 人、その次は 30 人と、急増している外国籍の子ども
　　　たちに対して、マンツーマン指導では限界が来ていました。

（その背景には、日本の、そして鈴鹿市の外国人人口の急増がありました）

西　：そんなときに、水井教育長から「これだけ外国人が急激に 2 倍 3 倍と
　　　増えてくると、当然日本語指導を必要とする子どもたちも急に増えて

きて、これまでのマンツーマン方式では子どもが増える勢いに担当の
先生の数が追いつかない。少なくとも、3人4人とか、5人6人とか、
いわゆる少人数で指導ができる方法を早急に構築しなさい」という指
示をいただきました。

人権教育と JSL バンドスケールの接点

（人権教育と JSL バンドスケールはつながるのでしょうか？）

西　：さらに、人権教育課では、人権の視点から、日本の子たちと同じよう
　　　に、自分が居住している地域の学校に、日本の子たちと一緒に行くこ
　　　とが大切だと考えました。ここに居住しているのに、なぜ違う学校に
　　　行かなければならないかということが説明つかないので、やっぱり、
　　　その学校の子どもたちと一緒に生活をする中で、お互いに理解もされ
　　　ていくわけで、これは障がい者問題も同じで、今、まさに、障がいの
　　　ある子たちが、障がいのあるないにかかわらず地域の中で共に生活し
　　　ていくことのできる**インクルーシブ**な教育環境づくりが提唱されてい
　　　ます。
　　　　だから、（外国籍の子どもを1か所に集める）拠点校方式を改めて、
　　　ひとりでも何十人でも、日本の子たちと同じ学校に行ってもらうとい
　　　う体制に変更しました。要するに、人権教育課だからそれができたの
　　　だと思います。

川上：先ほどのお話のように、鈴鹿でバンドスケールが導入されてきたんで
　　　すけれども、そのバンドスケールも、人権教育とつながっているもの
　　　なんですか？

西　：それは、私たちが他県他市からいろいろ教えてもらったような、日本
　　　語テストの点数で、子どもたちのレベルを判断するというのは、少し
　　　違和感がありました。（バンドスケールは）先生がその子たちと毎日関
　　　わったり話したり、そういう中で子どもたちの日本語の状況はどうか
　　　と考えていくということは、子どもをしっかり見るということで、そ
　　　の点では、人権教育に非常にマッチしていたと思います。点数で子ど

もたちの格づけをしてしまうというのは、やっぱり人権教育としてどこか違和感がありました。

川上：違和感っていうのは、どういう意味でしょうか？

西　：たとえば、テストは、子どもの日本語力を点数化してしまう。（バンドスケールは）ただ単に何点だったというのではなく、子どもたちの日々の暮らしや話しぶりをじっくり見ていく中で、本当に日本語がまだまだ理解されてないのか、その要因は暮らしのどこにあるのかなど、いろいろな側面から見ていく必要があるのだと確信しました。

　　そういうことでバンドスケールは、担任の先生だけでなく、学年全体で、ひとりの子を議論しながら見ていくという、先生方の組織的な関わりでできるものです。それは、私たちが求めていたものにビシャッと合う。人権教育課として、合ったっていうことです。

日本語教育コーディネーターについて

川上：協定を締結するときに、私は**日本語教育コーディネーター**の設置を提案させていただきました。日本語教育コーディネーターの仕事、あるいは役割は、どうだったでしょうか。有効でしたでしょうか？

西　：当初、いくら協定を結んで、こうやってやりましょうって言っても、それぞれの学校で担当の先生方が、そのことをどこまで理解しているかっていうのは非常に多様だったし、温度差があったので、コーディネーターがそれぞれの学校へ行って、その担当の先生としっかり向き合って、こうやってくださいとか助言するのは有効でした。また、コーディネーターが担当の先生方を全部集めて担当者会議をしたりとか、教材を作ったりとか、そういう中で大切な発信をしたりという点では、コーディネーター発足当初は非常に重要でした。したがって、小学校と中学校のそれぞれに対応できる2人のコーディネーターがいたほうがいい。やっぱり1人では難しい。しかも在籍する学校も増えてきたので、コーディネーターを2人おくのは非常に有効だったと思いました。

川上：なるほど。

西　：ところが、最近では、コーディネーターが担当の学校に助言したり情
　　　報提供をしたり、指導しに行ったりするのが少なくなってきているよ
　　　うです。人権教育課がなくなって、人権教育や外国籍の児童生徒の日
　　　本語指導の業務が以前のように事務担当になってしまっているのは、
　　　ちょっと残念かなって思います。
　　　　だから、今後の課題はそこをもう一度きちんとしていく必要がある
　　　のかなと思います。そうでないと、日本語指導・日本語教育を鈴鹿市
　　　全体として進めていくための組織的な取り組みと主導していく人がい
　　　なくなってしまうという危惧があります。

プロジェクト会議について

川上：当初、もうひとつ、私ご提案したのは、**プロジェクト会議**です。私が
　　　提案したときに、水井教育長は、「それはもうあるから、問題ない」
　　　と言われました。協定を結ぶ前から、教育長を軸にした会議はあった
　　　んですか？
西　：水井教育長は、1つや2つの学校が、専門的に日本語指導をやるって
　　　いう研究指定校みたいなのではなくて、これだけ外国籍の子どもが在
　　　籍する学校が市内に広がってきたら、鈴鹿市内の小中40校どの学校
　　　も、最低限度の必要な、一定の日本語指導ができるような体制を整え
　　　ないといけないと考えておられました。そのためには教育委員会の各
　　　課長も、そのことをきちんと共有しないといけないし、研修もしない
　　　といけない。その点については、協定を結ぶ前から必要だと認識して
　　　いました。教育委員会で毎週行っている課長会で、人権教育課長の私
　　　のほうから、外国籍児童生徒の日本語指導に関する課題や実状につい
　　　て、いつも提案や情報共有をしていました。そんな課長会が、いわば
　　　プロジェクト会議だと、教育長は思われていたのだろうと思います。
川上：では、今後は、プロジェクト会議は、なくす必要はないでしょうか？
西　：いやいや絶対続けていかなくてはならないと思います。現場の先生方
　　　も、日本語指導担当の先生方や、加配としてそれぞれの学校について
　　　る先生方も含めて、その先生方が今、大学の研究としての最先端の課

題は何かをしっかりと理解をしなければならないし、それを自分の教育現場にどう具現化していくか考えていくことはとても大切なことです。大学と教育委員会と現場という三者でいつも、その年その年の重要な課題などについては情報交換をして、具体的に鈴鹿市の施策や教育に生かしていくという営みは絶対に続けていかなければならない。プロジェクト会議の参加人数が、30 人が 15 人になったとしても、絶対やっていかなければならないと私は思います。担当の先生方も、それを求めているんじゃないかな。

人権教育とは何か

（西先生は、大学で日本史を専攻し、江戸時代の百姓一揆、米騒動、被差別部落の歴史などを学びました。教員になって初めて赴任した学校の校区にいわゆる同和地区がありました。担任として、学校での差別やいじめを目にし、人権教育実践の大切さを学んだと言われます。その経験から、外国籍の子どもの教育も人権教育も根底は一貫していると話されます）

西　：同和教育の一番大事な取り組みは何かっていったら、**進路保障**なんですよ。子どもたちが将来本当に豊かな人生を歩んでいくための進路を切り開けるような力を子どもたちにつける。その中には教科の学力も当然あるので、学力保障っていうのは同和教育で一番大事なことで、それは忘れたらだめだと思います。だから今、子どもたちに学力をつけることっていうのは、人権教育の中でも一番大事なことです。

（そのために、西先生は、鈴鹿市教育委員会の人権教育課として様々なことを行いました）

西　：人権教育課の事業の中には、単に日本語指導だけじゃなくて、鈴鹿市人権教育センター事業もあったので、外国籍の子どもたちや親を集めて**就学ガイダンス**をやりました。就学ガイダンスでは、入学についてのビデオを作って、そこに母語を入れた画像で、小学校の１年生の生

活はこんなので、こんな必要備品を揃える必要があるよというのを、親と共に見せて、実感してもらいました。

　また、中学校で高校の説明会、いわゆる**進路ガイダンス**も、やりました。高校へ行くときに保護者にも子どもたちにもきちっと説明するガイダンスを、人権教育課に来たときにすぐに立ち上げてやりました。

（その後、この進路ガイダンスはさらに発展します）

西　：（この事業を進めるうちに気持ちが変わり）高校へ行ったり、大学へ行ったりする子も出てきて、その先輩の子を呼んで、**ロールモデル**として、小、中学生に関わってもらったりしました。そのような先輩の話を、子どもたちにどんどん届けていくことを大事にしようと思いました。

（西先生の発想には、三重県教育委員会の同和教育課にいたときに行った県の事業として、県内の中学校から2年生や3年生を集めてバスに乗せ、関西の大学へ行く「大学体感ツアー」の実践があったと言われます。その背景に、教育経験の少ない親が子どもに進路選択の情報を与えられないという現実がありました。子どもの保護者への働きかけも、人権教育課の重要な仕事だということです）

子どもたちに必要な学力とは

西　：点数を上げるとか、テストの問題ができてよい点をとれるとか、そういうことでよかったって思える子どもたちを作ってあげないとだめですよ。いつもできない、全然できないっていう子どもたちをそのままにしていくのは、まさに学力を保障してないってことです。同和教育では差別を跳ね返すような「解放の学力」ももちろん当然大事なんですけれども、受験の学力も大事だし、教科の学力も大事なんです。要するに、子どもたちにできた、わかったと実感させることが、まさに、人権教育、同和教育の根底にある。だから、学力テスト反対ってあまり言いすぎる人は、それが本当にわかっているかどうかですね。

川上：そうですか。

西　：だって学校の毎日の授業で、様々な問題をやって、わからないまま、放っておかれることほど（子どもにとって）辛いことはないですよね。たとえば、外国人の子たちの場合、当時は、中学生なら母語ができる子が多かったですが、母語で日本の子たちにいくら自分の思いを伝えてもなかなか伝えきれない部分もあるじゃないですか。だけど、たとえばその子が日本語をしっかりと獲得して、自分の思いを日本の子たちに日本語で伝え、そして、日本の子たちからも日本語で言われたことを自分が理解でき、両方の関係をしっかり結ぶことができるっていうことは、その子が本当に日本社会の中で差別を受けない状態で暮らしていける力になるわけです。

川上：おっしゃるとおりですね。

西　：日本語力って、そういうところに意味があると思います。ただ単に日本語が話せるという問題だけではなくて、この差別はおかしいとか、そのことを日本の子たちに伝えることができる力ですよね。もっともっといろんな学力や社会常識もどんどん身につけていけば、これは差別、これは差別じゃないとか、これはおかしいってことも気づけるじゃないですか。

　　　　だから、本当は差別を受けているにもかかわらず、差別を受けているとわからないっていう子ども、そんな子どもを私は育てたくないなって思いますね。

川上：そういう意味でも子どもたちの学力、きちんと考える力、それから進路につながる力、それを育成していくっていうのが人権教育の基本にあって、教育の基本だということですね。

（今、全国で「学力調査」が実施されています。それについては、どのようにお考えかを尋ねました）

学力調査について

西　：今まで私たちが他県や他市から教えてもらった日本語力を試すテス

トっていうのは、要するに答えを出す、そして答えができているかできてないかということで判断するもので、違和感がありました。最近では、この答えが出てくるための問題は何ですかという設問になっているんですよ。この答えをどうして引き出しましたか、そのわけを考えましょうという点に、かなり力点がおかれているんですよ。

川上：プロセスですね。

西　：そうです。そこはとっても大事じゃないですか。答えが○か×かと判断するだけではなくて、どのようにしてこの答えを引き出したか、それを考えることは、結果につながるプロセスを重視するような問題になっている。

　　　それを普段の授業でも、そのわけを皆で考えましょうという取り組みをする必要があります。答えは1つだけど、答えに結びつくプロセス（わけ）というのは、いくつもあります。そういう多様性を皆で考えましょうという、そういう時代になってきているので、ただ単に（「学力調査」を）批判すべきではない問題もあるのではないかなと思います。

川上：子どもの考える力が問われているということでしょうか？

西　：たとえば、教師主導型で、答えを出すためには、「この公式を使えば答えが出るよ。この公式、覚えときなさい」というような授業になっていることがよくあります。でも、公式を忘れた子どもは答えを引き出すために、どうしたらいいんですか。公式が導き出せるわけをしっかりと理解して、公式を忘れても、それがきちんと導き出せる経過・プロセスがある程度わかっておれば、公式忘れてもいいとなる。本当は、いちいち暗記をしなくてもいい。そこのところに焦点を今後はかけるべきじゃないかと思いますね。

川上：そういう教育の力点のおき方、視点のおき方が、今は変わってきているってことなんですね。

今後の課題は──若い教師へのアドバイス

西　：今、鈴鹿市では、母親はブラジル国籍で、父親はフィリピン国籍って

いう、家庭の中が多国籍になっているケースもあって、以前では考え
られない状況があります。外国籍児童生徒の問題もいろんな国の違い
や、あるいは、その子の家庭がどんな家庭でどんな保護者なのか、あ
るいは、日本に来る前にどんな生い立ちをしてきたかとか、そんなこ
ともしっかり理解した上での日本語指導になってないと、ただ単に目
の前に（子どもが）いるから、さあやりなさいというだけではだめだ
と思いますね。

　いろんな子どもたちを見るときに、今見えている結果だけで判断せ
ずに、なぜこの子がこういう行動をするのかという、そのわけをしっ
かりと理解をしていくことが大切です。そうすると、その子に対する
見方が変わってくる。そこが、人権教育で大事なところです。

　人権教育課で外国籍の子どもの教育を担当した当初は、子どもが示
す言動の背景に人権問題が関係していると理解することが大事でした
ね。人権教育課が日本語指導の問題を担当したので、鈴鹿市の先生方
にとっては、外国籍の子どもの日本語指導も含めた多文化共生の問題
は人権教育としての問題なんだという意識があると思います。

（その上で、若い先生へのアドバイスを伺いました）

西　：40代後半より下の先生は同和教育の経験がない人も多いし、本当に人
　　　権問題が教育の根底にあると捉えている先生が随分少なくなってきて
　　　いるのも現実です。もう一度そのあたりをきちんとしなければいけな
　　　いなと思いますね。

　　　若い先生はわかったらわかったで柔軟に変化できますので、その点
　　　では、若い先生に必要なことをどんどん提供できるような研修が必要
　　　ですね。

教育行政への提言

（最後に、教育行政へのコメントを伺いました）

西　：鈴鹿市教育委員会の行政の合理化もあって、現在では人権教育課がな
　　　くなってしまったのが非常に残念ですね。要するに、スタッフや組織
　　　として対応できていたのが、1人か2人の担当者がしなければならな
　　　いという体制になってしまった。鈴鹿市内の公立小学校・中学校に在
　　　籍する外国籍の子ども数は依然として 680 人ぐらいと、あまり減って
　　　ないんですよ。
　　　　その子どもたちに、ただ単に日本語指導するというのではなく、外
　　　国人差別、あるいは多文化共生という人権の観点からしっかり見守っ
　　　ていくのが、やはり鈴鹿市の先生方にとっては本当に大事です。特に
　　　若い先生には。

（西先生は、最後に、「自分は教員を辞めても、人権教育はライフワーク」と
言われました）

　　　　　　　　　　　にし　しげる（インタビュー実施日：2019 年 3 月 15 日）

2 日本語教育を、人権教育の一環として位置づけることが大切

—教育委員会の立場から②

篠原　政也

プロフィール　鈴鹿市立小学校で教諭として人権教育に取り組む。その後、鈴鹿市教育委員会の人権教育課長、教育次長、小学校校長を歴任。「実践エキスポ」（多文化共生教育実践 EXPO）を企画するなど、「鈴鹿モデル」の発展・充実へ貢献する。

日本語教育と人権教育の接点

川上：JSL の子どもの教育や教師の研修で大切なことは何でしょうか？

篠原：まずは子どもの姿を具体的に捉えてから、実践を組み立てていくことだと思います。

　　　JSL バンドスケールを初めて見たときは新鮮で、どのようにつけていくか、ああだこうだと話し合っていましたが、最近は、慣れもあってか、先生方が子どもの日本語の力を見極めるのが早くなっているように感じますね。だいたいこれくらいかなと、すぐに判定しがちな気がします。そうなると、子ども一人ひとりがどのような状態なのかが、見えにくくなってしまうのではないでしょうか。

　　　また、10 年ほど前は、先が見えず試行錯誤しながらも、JSL 児童生徒の教育をなんとかして進めようという熱気、開拓精神のような勢いがあった感じですが、最近は少し落ち着いてきたようにも感じます。初心忘るべからずですね。

川上：それはどうしてでしょうか？

篠原：ある程度の成果が見られる中で、目の前の子どもの姿から、今の課題

　　は何なのか、これから先は、どのように子どもを成長させていきたい
　　のかという展望が、もうひとつはっきりしていないのではないでしょ
　　うか。子どものここをなんとかしたいという教師魂の導火線に火がつ
　　けば、先生方は、さあどうするかと動き出せると思います。もちろん、
　　市全体で動いていくには、日本語教育コーディネーターの働きが欠か
　　せないと思います。

　　　そのために、日本語教育を人権教育の一環として、しっかりと位置
　　づけることが大切だと思います。鈴鹿でも、これまで人権教育、それ
　　以前から同和教育の実践に取り組んできました。「差別の現実から深
　　く学ぶ」という視点で、子どもの成長を妨げている現実、要因から実
　　践すべきことを見出してきました。人権教育の実践で大切なのは、現
　　実をしっかり見て、目の前の子どもたちに何が必要かを考えるという
　　視点です。それは、子どもの様子を丁寧に見て、子どもを理解するこ
　　と。そのためには、子どもはどんな思いでいるのか、子どもの家庭が
　　どうなっているのか、親はどういう願いをもっているのかなど、様々
　　な視点から、子どもの状況を捉えていく必要がありますね。

川上：そのことと、JSL バンドスケールが関係するのでしょうか？

篠原：JSL バンドスケールに出会ったとき、JSL の子どもが日本語を使って
　　どのようにやりとりしているか、何を思っているのか、どんなことを
　　言いたいのかなど「ことばの力」を見るのだと知り、人権教育で実践
　　してきた見方で、日本語の面について捉えようとしているように見え、
　　共通していると思いました。

　　　だから、川上先生がよく言われる「バンドスケールの数値を出すこ
　　とがねらいではなく、それぞれの先生が子どもと関わり、どのような
　　やりとりをしたか、どのような姿が見られたかを出し合うことが重要
　　ですよ。個々の関係性により多様な姿があるはずです」という意味が、
　　とてもすんなりと入ってきたのです。

「気になる子ども」を時間をかけて見続ける実践

川上：そのような視点から、教師の実践力を高めるには、どうしたらよいの

でしょうか？

篠原：「気になる子ども」を取り上げて、子どもの今の課題は何かを話し合い、それらの課題を解決し、子どもの力を引き上げるためにどのような実践を行うか、そして実践をしたら、子どもはどう変わったのか、成長したのかを教員同士で出し合い、検証する時間が必要かと思います。

　　　鈴鹿では、そういった子どもを「**視点児童**」あるいは「**見続ける子**」と呼んで、「レポート研修」（レポ研）という場を各学校で行っています。この場合は、1人の子どもに焦点をあてながら集団のかかえる課題を明らかにして、1年かけてどのように取り組んで、子どもたちの関係がどう変わったかを検証しています。

川上：そのとき、重要なのはどんな点ですか？

篠原：子ども同士、子どもと教師、さらには子どもと親の間でどのような関わりがあったかを丁寧に拾い集め、子どもの生活をまるごと捉えることだと思います。子どもがどんなふうに暮らし、どんな願いをもって生きているのか、それをもとに据えた教育実践として、日本語教育、教科学習、多文化共生教育、集団づくりなどに取り組むことで、子どもにどのような変化や育ちがあったのかを検証しながら、子どもを支えていくことが重要だと思います。ですから、教科の授業研究でも、JSL 児童生徒の実態に着目した授業づくりを進めていくことが、すべての子どもの学力向上につながるのではないでしょうか。

川上：これらの子どもへの日本語教育と人権教育は重なるのですね。

篠原：そうです。JSL の子どもへの日本語教育も、人権教育の中に含まれると思います。各学校で人権教育の取り組みがありますが、その取り組みの中身が肝心です。「気になる子ども」として、時間をかけて見続ける実践が大切です。

　　　そして、振り返ってみたときに、たとえわずかな成長であっても子ども自身が伸びを自覚し、関わっている親や教師が、「この子は、ここが成長したなあ」とその成長した姿を見つけ喜び合うことができれば、日本語教育、人権教育を進める楽しさを実感できるのではないで

　しょうか。子どもの成長が、私たちの何よりの励みになりますからね。
川上：よくわかりました。ありがとうございました。

（しのはら　まさや）

（インタビュー実施日：2019 年 2 月 14 日）

3 「共に生き、共に学ぶ」こと

——同和教育を出発点にした教員の立場から

臼杵　伸子・江藤　健一・平田　真一

プロフィール

臼杵先生　鈴鹿市立一ノ宮小学校校長。同和教育推進校で同和教育推進教員を務める。「鈴鹿モデル」がスタートした頃、三重県教育委員会人権教育課人権教育主事として、鈴鹿市の外国人の子どもたちの日本語教育にも貢献した。

江藤先生　鈴鹿市人権教育センター所長。鈴鹿市立一ノ宮小学校・教育集会所赴任時に学んだ同和教育を土台として、赴任した学校の人権・同和教育を推進。

平田先生　鈴鹿市人権教育センター主幹。小中学校教諭の後、三重県教育委員会研修推進課を経て、指導主事として人権教育の推進に従事。

（鈴鹿市は、市内に、いわゆる「同和地区」があることから、同和教育、人権教育に力を入れた施策を展開してきました歴史があります。「鈴鹿市同和教育基本方針」(1979)、「人権尊重都市宣言」(1993)、「鈴鹿市人権擁護に関する条例」(1996)、「鈴鹿市人権擁護に関する施策方針」(2000)、「鈴鹿市人権教育基本方針」(2003) を策定してきました。鈴鹿市において外国籍人口が急増する 1990 年代以降、外国籍児童生徒の増加に伴って、教育現場にどのような動きがあったのでしょうか。市内の同和教育の拠点であった鈴鹿市立一ノ宮小学校長の臼杵先生、鈴鹿市人権教育センター所長の江藤先生、同センターの平田先生に伺いました）

同和教育の拠点から見る

江藤：鈴鹿市は以前より部落差別をなくしていくこと、特に、地区の子ども
　　　に差別に負けない力をつけていくこととすべての子どもに差別をなく
　　　していく力をつけていくことが 2 つの大きな目標でした。そうしたこ
　　　とから始まって、差別の問題というのは、部落問題だけではなくて、
　　　障がい児の問題も外国籍の子どもの問題も浮かび上がってきたんです
　　　ね。そのとき大切にしたのが、共生・共学。障がいがあろうがなかろ
　　　うが、共に生き、共に学ぶ。分けない。そのことが差別をなくしてい
　　　くには重要だっていう考えです。自分がいた地域では、そのことを実
　　　現していこうということになっていったんです。外国人教育もその方
　　　向で取り組みはじめたんです。

（具体的には、どのようなことでしょうか）

江藤：たとえば、何かができるようになるっていうんじゃなしに、その子そ
　　　のものを、できること、できないことも含めて、その子として受け入
　　　れていくような学級や、友だちのつながりを作っていこうという考え
　　　方ですね。
　　　　そうした障がい児教育の実践をもとに、外国籍の子どもたちが学級
　　　や学校に入ってきたときに、その子どもが日本語を話せなくも、文化
　　　が違っても、皆一緒に育てていこうという考え方です。

（「共生・共学」については、様々な議論がありました）

論点①　子どもが日本語がわからないまま在籍クラスにいること

江藤：そのときの論点の 1 つは、「じゃあ、お客さんでもええのか」という
　　　こと。それは、障がい児問題でも同じです。障がい児教育では、分離
　　　別学でその子の発達を保障していくことが必要だという考え方と、い
　　　や、それよりもやはり、共に暮らす中で、周りの子どもたちが理解し

ていって、差別をなくしていく仲間として育っていくことが重要だという考え方とがありました。この地域では、障がい児教育については、原学級で共に暮らすことを原則としていこうとしました。その中で、先生を複数配置したり教材を工夫したりしていくことで、その子にも力をつけていこうと考えていました。当時は、外国人児童生徒は、校区でなく何校かの拠点校に入ることが多かったと記憶しています。それでは共生にならない。そこで、まず、校区の学校で受け入れよう、そんな考えでした。そのときに課題となっていくのが「お客さん」問題です。当時の先生たちは、なんとかこれもクリアしようと工夫されていたと思うんです。

論点② その子どもよりも周りの問題

江藤：子どもに関わる教育を、差別というあるいは差別をなくすという視点から見ると、差別っていうのは、その子の問題じゃなくて、周りの問題と見なければならない。周りの問題と見ると、外国人の子どもの問題を考える上においても、周りの理解が進んでいって、差別的なことをなくしていくような子どもたちを育てていくべきなのではないかと考えました。当時、あるショッピングモールで外国人が日本人を襲ったという虚言が、まことしやかに流布してしまうといったことがありました。外国人はそうした見られ方や状況におかれていた。これ、私たち周りの問題ですよね。それを解決するのには、まず共に暮らし、知り合うことが大切ではないのかって。ただ、どちらかというと、共生・共学っていう考え方は、少数でした。

論点③ 分けて学ぶことと共に暮らし共に生きること

江藤：障がい児教育においては、やっぱり分けて学ぶっていうのが、養護学校ができた頃から、論争になってきてたと思うんですけど。その義務化っていうのがあった。我々ずっと同和教育を推進していた者にとっては、共に暮らしていく、共に生きることにこだわっていたんです。教室に障がいのある子どもや外国から来た子がいたら、担任はほっと

けませんよね。子どもたちも。ところが、席が違ったり過ごす場所が違うとその感覚が薄れる。薄れた中では同和教育の取り組みは弱くなる。だから共に暮らすことをベースに。ただ、個の発達っていう方向に世の中は流れてしまっておったので、違う場所で教育するという考えもあって、先生たちの中ではどっちやろなあっていうので揺れた。揺れは、新しいものを生むきっかけになるので、私は悪くないと思っていますが、そういうところが以前あったと思います。

臼杵：特別支援学級に在籍する子どもも、原学級の担任が自分のクラスの子どもとして意識していくことを大切にしてきました。クラスの中で何か行事をするときも、係を決めるときも、その子も入れて、「じゃあその子には、何ができる？」「その子自身は、何をしたいと思っている？」「どんなサポートをしたら皆と一緒に係活動や行事もやっていける？」ということを、原学級の担任が自分のクラスの子として意識してやっていくことを大切にしたいと実践してきました。

　このことは、外国人の子どもについても同じではないかと思います。「日本語がまったくわからないから、通訳をしてくれる人がいないと、クラスでは一緒に活動していくことはできない」と担任が考えていると、その子のクラスの中での居場所がなかなかできていきません。反対に、担任が「なんとかその子とコミュニケーションをとりたい」「その子と一緒にできることを見つけたい」と、辞書を使ったり、身振り手振りを交えて伝えようと汗だくになって頑張っていたら、その姿を見ていた周りの子どもたちも一生懸命関わろうとし、クラスの中にその子の居場所ができていったという話を聞かせていただいたことがあります。その担任は、「いつの間にか、私より子どもたちのほうが上手にコミュニケーションをとるようになっていて、『どうやって伝えよう』と私が悩んでいたら、子どもたちから『それはもう伝えたから、〇〇ちゃんはわかっているよ。できるよ』って言われました」と話していました。

　「私のクラスの大切な一人」と、担任が意識することは、とても大切なことだと思います。

論点④ 専門の先生にお任せするか

江藤：もうひとつは、専門家や専門性のこと。専門家に任せるっていうのが、今、行われていますよね。そのことが果たして、どうなんかなあ。微妙に子どもたちの中にも影響を与えとる可能性はあるかもしれない。たとえば、子どもたちはずっと一緒におったらこの子を抜きにこのクラスは考えられないし、この子がおることで、どうしょうって、先生も子どもも考える。そこから、子どもが大きくなったときにも使えるものが生まれてくる。先生に、専門家（がいる）なら（専門家に）任せよか、というのが出てしまうと、子どもたちにもそれは映ってしまう。それじゃなく、自分の担任する子ども、うちのクラスの子ども、その感覚ってすごく重要なんです。共生・共学っていう理念は、非常に重要なものをもっていると思います。

人権教育の実践はどう変わってきたのか

江藤：人権教育の原点は同和教育です。同和教育の理念をしっかりもって成果を継承、発展させていくのが人権教育なんだけども、どうしても人権一般としてで、薄まってしまうっていうことがありましたね。「仲よく」や「思いやり」を求めることが多くなったんだけど、それでいいのか？　やはり、きちっと差別に向き合うような学習が足りない気がします。

（その背景に何があるのでしょうか）

江藤：同和教育は靴減らしの教育っていうんです。同和教育とは何かっていうと、その子の学校で現す姿だけではなく、暮らしまで捉えようと。その中で不条理なことや差別を見抜き生活課題や教育課題を明らかにする。その課題を解決していく営みが同和教育や人権教育なんですが、これは、外国籍の子どもたちにもすごく大事だと思うんだけど。学校で見とる様子だけでは、子どもは捉えきれないから、やはり、歩いて、

歩いて、家庭訪問をして、その子の暮らしを捉えていく。そしてその中にあるものを見抜いていく。それが、先生たちがそこへ行ける時間的な余裕なくなってきている。ここ数年教育改革の名のもとに、現場で働いている者にとったら、疲弊をしてしまうくらいにたくさんいろんなことがおろされてきてしまった。

　さらに、一番最近で言うと、英語であるとか、道徳とか、いわゆる教材研究や報告に時間がかかるものや、プログラミングといった専門性の高いもの。それらをしていこうとすると、とてもじゃないけど、放課後を歩くとか、そんなことが先生たちは難しい。現場は忙しい、人権教育までやらなあかんのかっていうような位置づけになってしまった。現場にはそういう事情があって、人権教育が薄まってしまった。それと、同和対策関連法の「法切れ」、これも大きい。教育集会所から職員がいなくなり、人権教育課という課の名前もなくなった。オール教育委員会でとは言っていたんだけど。

川上：鈴鹿で、人権・同和教育の具体的な実践例は、蓄積されているのでしょうか？

臼杵：同研（鈴鹿市人権・同和教育研究協議会）が毎年夏休みに開催する実践研究大会のレポート集は1つの蓄積と言えるかもしれません。鈴鹿市には10の中学校区があるんですが、それぞれの中学校区から1本ずつ、人権教育の実践のレポートを出して、その実践をもとにして皆で質疑応答や討論をし、一人ひとりの実践を深めていこうという研究大会を開催しています。そこに出されてきたレポートと、それぞれの分科会で討議したこと、さらに助言の先生にも入ってもらっているので、その助言の先生にまとめをしてもらったことも含め冊子にしていますし、すべての学校にその冊子は配付します。

江藤：また、すべての中学校区で子ども人権フォーラムなども位置づいてきている。その報告書があると思います。また、幼稚園や小中学校に指導助言に行くと、やはり薄まったと言いながらも、しっかりと実践されてみえる先生は当然おられます。

平田：市内の各小中学校での授業研究や校内研修に参加する中で「自己実現

を図っていく」という人権教育の目標を踏まえて、その子どもの将来を見据えて取り組みを積み重ねていこうという意識が、少しずつ根づいてきているのかなと感じています。

　具体的にどういうことかというと、外国につながる児童に将来に向けての展望を抱かせることをねらいとして、先輩と出会わせる。その先輩から、子どものときからの生活体験を語ってもらい、「時には涙を流したこともあったけれども、努力をして乗り越えて、結果として今この仕事をして充実しているんだ」という話を聞かせてもらったりとか。そういう先輩に出会わせるっていうようなことを、小・中学校でも意識して取り組んでいるところがあります。県立学校でも、市内の外国人生徒を夏季休業中に集めて、先輩に出会わせることで、将来への展望を抱かせるということが、実践されていますね。

若い先生の実践力を高めるためには

臼杵：自分のクラスに、どんなふうにその子を指導していったらいいかわからないような子どもがいることがあります、たとえば教室の中で、落ち着きを欠いていたり、なかなか学校生活や学習に意欲をもって取り組めなかったりする子どものことなど、どうしたらいいんだろうって悩みます。その子をどんなふうに見ていったらいいのか、どのようなことに取り組んでいけばいいのか、そこを大切に議論することが、実践力を高めることにつながると思います。

　そのため、「レポート研修」をしている学校がたくさんあります。気になる子どもを中心にすえてレポートを書き、皆でそれを議論し、その見方・捉え方でよいのかを学び合う研修です。先ほどお話しした同研の実践研究大会も同じ趣旨で開催されています。講演でお話を聞かせていただくことも大切ですが、毎日毎日の教育活動の中で、学んでいくということが大きいと思います。この子が全然落ち着かないのだけれどどうしようというときに、その子を叱って言うこと聞かせて終わりというのではなくて、なぜその子がそんなあらわしをしているのか、その子の家庭生活や今までの育ちを見ていく必要があること

を確かめ合い、その子が何に困ってそんなあらわしをしているのかをしっかり皆で議論していくのが大切だと思います。

　また、その子が頑張っていくためには、その子だけに頑張れ頑張れって言うのではなくて、周りの子たちが、その子がもがいているところや詰まっているところなど、その子のいろんな思いを知り、その子と一緒に頑張っていきたいと思えるような集団を作っていくことで解決していくのが大事だいうことも、若い先生には伝えたいです。

　「レポート研修会」の場で議論したことが生かされて、毎日の職員室の中での会話がそうした視点での会話になっていけば、学校は人権文化あふれる場になっていくのだと思います。しかし、若い先生にそうしたことを伝えていける教員が少なくなっていることは、課題です。今まで同和教育で積み重ねてきたことを、いろいろな人権課題に重ねて、同じように考えていくことが大切だと思いますが、同和教育の成果を継承できていく人が少なくなっています。

　一方で、社会の中にどのように差別が現存しているのかを知識としてきちんと知っておくことも必要だと思います。部落差別が現代の社会の中でどのような現状にあるのか、外国人の子どもたちについても日本語がわからなくて困っているということだけでなく、外国人労働者が日本の社会の中でどんな状況におかれているのかとか、障がい者が社会の中でどのような状況におかれているのかなど、自分たちの生きている社会の中にある差別の現状を認識した上で、ではそうした社会を変えていくために、真に人権が大切にされる社会を築くために、今子どもたちと何を考えていく必要があるのかを考えていくことが大切だと思います。

　そういう部分は、見ようとしないと「見えない」「気づかない」というところだと思うので、若い先生たちにはきちんと見よう、気づこうとしていってほしいです。

　だから、クラスの子どものことで話をするのはもちろん大切ですが、でも、一方で、今日本の社会はこんなふうになっているということも知らせていくようにしています。今の社会をよりよい社会に変えてく

ために、私たちは目の前の子どもと一緒に日々教育活動をしているんだよって伝えたいですね。

今、どんな実践が必要か

平田：外国につながりのある子どもたちは、不安を抱えながら生きていることが多いと感じています。2008年のリーマンショックでは、たくさんの外国につながる子どもたちの保護者が就学援助の申請をするというケースに衝撃を受けました。給食費が払えなくなった子もいて、通訳の方と一緒に家に行って話をしていると、急に電気がパッと切れてしまったりとか。そういった状況がある中で、「先生、もう仕事なくなったから、お金払えなくなったから」ということから、援助申請を勧めたこともあります。さらに厳しい状況だと、定住しようとせっかく購入した家を、ローンが払えず手放さざるを得ない状況があったり……。それが社会の現実なのか、差別の現実なのかと感じたことを、今でもはっきりと覚えています。

　また、保護者に声をかけて保護者会を開催して、日本の教育は無償じゃなくて、お金がかかるよというようなことも伝えていく必要があると思います。何もせずにほっておいたら、情報弱者のままで不利益を被ることを危惧すべきだと思います。学校での子どもたちの様子を伝える中で、ひとりの保護者が涙を流されたことが忘れられません。言われたことは、「私が泣いたのは、私たちのために学校がこの場を作ってくれたのが、すごく嬉しい」って。外国につながる子どもたちの保護者は、孤独感や寂しい思いをされていることを、その涙から感じ取りました。

　当然、そういった活動、保護者に情報を提供していくことについては、国際教室の担当者が中心になっていくわけですが、国際教室だけじゃなくて、学校として皆で連携・協力してやっていく必要があると思います。

川上：教育委員会の取り組みは、どうですか？

平田：教育委員会としても、小学校に今度入学してくる子どもたちやその保

護者を対象に、「就学ガイダンス」を開催しています。小学校を会場
にして、子どもたちにはプレスクールとして授業体験をしてもらった
り、保護者には小学校の1年間の流れを知っていただいたりしていま
す。また、高校進学を控えた生徒と保護者向けには、「進路ガイダン
ス」も行っています。たくさんの県立学校の先生方にも協力してもら
い、入試制度や高校の授業内容を知ってもらうことで、進学に対する
不安を打ち消すとともに、意欲を高めることにつながっていると感じ
ています。そこでは、熱心に質問される生徒や保護者の姿が毎年見ら
れています。教育委員会だけでなく、各学校でも保護者会は開かれて
います。ある小学校では、外国の保護者だけを集めるんじゃなくて、
日本の保護者も交えた保護者会をしていました。子どもたち同士をつ
なぐといったアプローチだけではなくて、外国と日本のそれぞれの保
護者がお茶を飲みながら語り合うという場を設けるのは、今後必要な
ことなんだと思いますね。

人権教育の一番の命題

江藤：そうですね。鈴鹿の人権教育の中でも、外国人の人権に関わる問題と
　　　しては一番重要なところは、やっぱり、学校の姿だけやあらへんでっ
　　　て。生活背景もきちっと捉えなあかんでっていうのが一番の命題です
　　　ね。

臼杵：同和教育の中から学ぶことがいっぱいあります。外国人の子どもたち
　　　に、「家で宿題をしなさい」と言っても、親は日本語が読めるわけで
　　　はないので、子どもを助けてあげたいと思ってもできない。親が限ら
　　　れた仕事にしかつけない中で、自分の将来にどんな夢が広げられるの
　　　か、見えてこない。高校や大学のことだって、日本はどんなシステム
　　　になっているかわからない。これはかつての同和地区の子どもたちと
　　　同じです。情報も届けないといけないし、親ともいっぱい話をしない
　　　といけない。日本語を覚えながら勉強するのってすごく大変だけれど、
　　　でも、自分たちは夢に向かって頑張るんだって思うことができるよう
　　　な働きかけをした上で、初めて、日本語教育だと思っています。「日

本に来たのだから日本語を覚えるのは当然だろう」という日本語教育ではなく、今日本で生活をすることになった子どもたち一人ひとりが、苦労することも多いけれど、自分の将来を力強く切りひらいていくために必要な力をつけるという意味での日本語教育であり、未来を展望していくためには、日本語を教えること以外にも取り組むべきことがたくさんあると考えます。それを考えるヒントが同和教育の実践に中にあります。

川上：そこが、教育の本質の部分という意味ですね。

江藤：彼ら彼女らが日本で生活していくことを決めとる子がおったら、（教師は）今の世の中どうなんだっていうことを鋭く見抜いて、教育活動をしていかないとあかんと思いますね。どうしても僕らは目の前で起こることだけに必死になるんだけど、そこだけじゃないっていうのを同和教育から学び、外国籍の子どもたちにも、社会的に不利な状況におかれとるのでは一緒なので、そういう子どもたちの未来を保障していく。進路を保障していくっていうことをしっかりとやる教育が大事ですね。

　　　鈴鹿では、バンドスケールや JSL カリキュラムは随分根づいていて、外国籍の子どもたちにとってわかりやすいし、重要ですよってことも明らかになってきておる。そういう意味ではねすごくよい部分だけれども、ただし数字だけでは見えないものも見ていくのも人権教育の範疇で捉えた外国人児童生徒の教育というところがあるかなという気がしますけども。ぼくの仲間に日本語初期指導をしている人がいるんですけど、今日は取り出しでこんなことやったとか、家でこんなことがあるみたいと担任に言っても、あまり反応が返ってこないって怒っていた。これって課題ですよね。

臼杵：同和地区で解放運動をしている人たちに、外国人の子どもたちのことをお話すると、「自分たちの子どもの頃と一緒や」って言われます。「自分たちがおかれていた被差別の状況と、今の外国人の子たちも一緒や。なんとかしてあげて」と後押しをしていただいています。

共に学び、共に生きる

平田：クラスに外国につながる子がいることで、周りの日本人の子どもたち
　　　も学ぶ機会がありますね。たとえば、算数で割り算について学習して
　　　いるときに、ペルーにつながる子どもがその国のやり方で問題を解い
　　　ていたりすると……。やり方が違うことに気づいた周りの日本人の子
　　　どもたちが、「何なん？　何なん？　それ！」って、興味津々で。

　　　　ちょっと前に出て皆に教えたってとか、そういうふうな活躍できる
　　　場を作ると授業がグッと盛り上がったり、皆がパッと関心を寄せたり、
　　　外国の文化に対しての肯定的な態度を養うことにつなげていったりす
　　　ることもできました。

　　　　また、たとえば、国語科の「大造じいさんとガン」の教材であれば、
　　　国際教室の授業用に作られたガンの模型をクラスにもってきて、動作
　　　化しながらガンの動きを説明してみると、それは、外国につながる子
　　　どもたちだけじゃなくて、すべての子どもたちにとってわかりやすい
　　　授業にできる。要するに、授業改善につなげることもができるので、
　　　そういったところですべての子どもたちにとってプラスにできていく
　　　のではないかなあと。今後ね、成果として現れてくると嬉しいです。

川上：鈴鹿では、ここで育った子が親になって、今、その子どもたちが学校
　　　に入っているそうですね。

臼杵：そうですね。お母さん自身が日本の小学校や中学校で生活してたって
　　　いう子もいますね。

江藤：ただ、第2世代の子どもたちは、小さいときから保育園や幼稚園で
　　　育ってきて、学力的にも力がついとる子もおったりするんだけれども、
　　　自分が何者かっていうんかな。多文化共生でその国のことを理解する
　　　ような取り組みはあちこちの学校でやられているんだけれども、単に
　　　周りの子どもたちがお互いを理解するというよりも、その子が生きて
　　　いく上で、自分は何者か、アイデンティティの確立っていうかな。そ
　　　ういうあたりもやっぱり考えいく必要が、これからは出てくるかなっ
　　　ていう気がしますね。在日コリアン問題への取り組みに学んでいくこ

とが大切になってくるんじゃないかな。

臼杵：ブラジル人と言っても、もうブラジルのことをその子自身は知らない
　　　という状況も生まれてきています。親に学校に来てもらい、ブラジル
　　　のお菓子やら遊びやらを教えてもらったら、周りの日本人の子たちが
　　　「ヘー！」って言っているだけではなくて、ブラジル人のその子自身
　　　が「ヘー！」って初めて知るというような状況もあります。

江藤：それは、絶対大きな意味合いがあると思う。僕らは普段感じたことが
　　　ないものを彼らは感じている。だんだん大きくなればなるほど、それ
　　　は感じるものなので。それが今、訪れてきとるような気もしますけど
　　　ね。

JSLバンドスケール

江藤：JSLバンドスケールとかJSLカリキュラム（の考え方）はずいぶん根
　　　づいとるなっていう気がしますね。本当に。

臼杵：JSLバンドスケールを使って、今の子どもの日本語の力をきちっと分
　　　析して見られるようになったからこそ、次に何をしなければいけない
　　　かも見えてくるようになりました。だからJSLバンドスケールを導入
　　　したことはとても大きかったなと思います。

　　　　日本語教室を担当する者が自分たちが取り組んでいることを出し合
　　　い、一緒に皆で教材を作ったり、どんな方向を目指していくべきかを
　　　考える場を、教育委員会が主導してはじめたのは、三重県でも鈴鹿が
　　　スタートだったと思います。そのことで、日本語教育の中身がすごく
　　　変わりました。

平田：国際教室の担当者だけが評価するのではなくて。在籍する学級担任の
　　　先生はもちろんのこと、学年で一緒に子どものことを共有しながらっ
　　　ていうのは、外国につながる子どもたちに対する意識もずいぶん変わ
　　　りますよね。

　　　　　　　　うすきね　のぶこ・えとう　けんいち・ひらた　しんいち
　　　　　　　　（インタビュー実施日：2019年3月7日）

4 楽しい実践、子どもが元気になっていく実践は、先生たちも嬉しい

──日本語教育コーディネーターの立場から①

中川　智子

プロフィール　鈴鹿市立小学校教諭。タイ・バンコク日本人学校勤務後、早稲田大学大学院日本語教育研究科へ進学。2008 年 3 月、修士課程修了。2008 年 4 月より、鈴鹿市初の「日本語教育コーディネーター」を務める。

「JSL バンドスケール」は鈴鹿でどのように使われているか

川上：JSL バンドスケールは、役に立っていると思いますか？

中川：バンドスケールに関しては、学校の中に、普通にあるというか、外国につながる子たちの姿を見ていくときに会話でもよく出てくるし、「バンドスケールだとどれくらいかな」とか。話し合いも、そのバンドスケールをどれくらい理解している人が進めるかによってたぶん学校でも温度差はあると思うんですけど、私がやっていく中では、ただ数値を出すだけの会議ではなくて、バンドスケールを基にして、子どもの姿を見て、で、それをクラスの先生や、授業をもってもらっている先生と共有して、「じゃあこういう活動が必要かな」というような、そういう話し合いに役立っていると思います。

（中川先生は、大学院修了後、非常勤職員として鈴鹿市教育委員会に勤務し、初代の日本語教育コーディネーターを 2 年間務めました。その後、教諭として市内の「国際教室」のある小学校に勤務。その後、再び教育委員会へもどり、日本語教育コーディネーターとして活躍。日本語教育コーディネーター

在職は、2008 ～ 2009 年度と 2013 ～ 2016 年の計 6 年間。

　　そこで、初代の日本語教育コーディネーターを務めた頃の話を聞きました）

初めての「日本語教育コーディネーター」の役割は

川上：2008 年に**日本語教育コーディネーター**になったときは、どんな勤務
　　　だったんですか？

中川：そうですね、午前中は牧田小学校、午後は教育委員会へ行って、コー
　　　ディネーターの仕事をするという感じですね。

川上：その頃は、教育委員会でも、人権教育課でしたよね。

中川：そうです。その頃は、水井教育長も含め、教育委員会は、すごいバッ
　　　クアップ態勢がありました。教育委員会全体で進めるんだーっていう
　　　感じですね。たとえば、日本語教育の研修がある学校を訪問するとき
　　　は、必ず人権教育課の指導主事の先生が同行して、鈴鹿市教育委員会
　　　として、こんなことを進めていくんだっていうことを管理職に話して
　　　くれました。実際に進めていく内容は中川から説明する、みたいな感
　　　じでしたね。

川上：では、午前中に勤務した牧田小では、どうだったんですか？

中川：最初はやっぱり戸惑って見えました。先生方と同じ方向を向いて日本
　　　語指導について共通理解をしていくまでがやっぱり大変だったかもし
　　　れないです。

川上：学校で、同じ方向を向くポイントって何だと思いますか？

中川：やっぱり、子どもにどんな力つけたいかっていう話し合いをしていく
　　　ことだと思います。文法とかそういうんじゃないよねっていう。先生
　　　方も、ずっと通常学級をもってきて、教科書使った学習をやってみえ
　　　た。だから、それを**いきいき教室**（取り出しの「国際教室」）でもやっ
　　　たら、それが子どもたちの学ぶ意欲とか、ことばの力につながってい
　　　くんじゃないか。こういうことを一緒にやっていこうっていう話し合
　　　いがあったんですよね。

川上：その考え方が合ったってことですか？

中川：ええ。でもやっぱり最初はぶつかるっていうか、迷いはありました。

　　　　文法（学習）でないような、子どもが考えるような活動がしたかった
　　　のですが、今までそのような活動をしてこなかったので、学校として
　　　も、いきいき教室の授業をどうしたらいいんだろうなあって……ってい
　　　いう不安はあったと思います。その悩みを教育委員会で言ったときに、
　　　じゃあサポートするからと言って、教育委員会も来て、牧田小学校の
　　　教育、どうしていくの？　みたいな話をしたんです。

（学校現場に新しいシステムや方法を導入するのは、たやすいものではないで
しょう。教育委員会、学校の管理職、そして教員が一体となって、どのよう
な教育を目指すのかという話し合いがあったことは、注目されることです。
　　さらに、日本語教育コーディネーターには、市内の各学校で日本語指導を
担当する先生をコーディネートする仕事も期待されました。そこで、中川先
生は、ネットワーク会議を組織しました。次に、そのことを伺いました）

ネットワーク会議を組織する

川上：日本語教育コーディネーターは、**ネットワーク会議**などでも中心に
　　　なってやってましたね。あの、ネットワーク会議っていうのは、中川
　　　さんが来てから生まれたんですか？

中川：そうだと思います。ネットワーク会議は（私が来た）1 年目はなくて、
　　　担当者がそれぞれ国際教室のある学校にいるんだけど、どうしていい
　　　かわからなくて悩んでいました。一緒に教材作ってみたら勉強になる
　　　かなあっていう話が出て。で、始まったんです。（中略）こんなのも
　　　あったらいいよねとか、アイデアも出てくるようになって、よい情報
　　　交換ができたり、1 人では難しいけど、3 人、4 人でやれば結構進んだ
　　　りとかして。
　　　　そこへ、水井教育長が見に来たり、教育委員会が後押しするように
　　　もなりました。ただ、教育委員会としては、はじめは、ワーキンググ
　　　ループみたいな感じに思ってたみたいなんです。その後、リライト教
　　　材を作ったり、いろいろな教材を作ったり、話し合いをしたり、実践
　　　の紹介をしたり、様々やってきました。

川上：その頃、ネットワーク会議は、年にどれくらい開催していたんですか？

中川：そんなに度々ではなかったと思いますね。学期に１回、２回とかそんな感じじゃないですかね。で、夏休みにはちょっと、回数を多くしてとか。

川上：それが、年度を越えて継続していったときに、ネットワーク会議っていう名前がついて、定着していくわけですよね？　で、そうすると教育委員会もやりなさいってなって、出張の手続きもちゃんとやってくれて。

中川：そうですね。

川上：それで、そこからは定期的に年中開催していくって形になったってことですか？

中川：そうですね。

（このように、学校現場で日本語指導を担当する先生方が集まって意見交流をする場は、教育委員会や学校管理職の理解と制度がなければ継続しません。ここでも、教育委員会のリーダーシップが必要です。

　次に、中川先生は２回目の日本語教育コーディネーターに着任します。その頃の様子を伺いました）

なぜ「日本語教育コーディネーター」は必要か

川上：２回目の日本語教育コーディネーターになられたときは、どういう役割を果たしたと思いますか？

中川：学校ごとに課題は違うので。（JSL の児童生徒が）多い学校、少ない学校って違うし、（学校ごとに）子どもたちの様子もまた違ってくるので、子どもとか学校に合わせた日本語指導であったり、日本語教育を共に考えるっていう立場でいたかなと思いますね。

川上：教育委員会の主導というよりも、現場の先生方とコーディネーターが一緒になって教育をどう作っていこうかという意味ですか？　そういうコーディネーターの役割って重要だっていうお考えですか？

中川：はい、必要だと思います。コーディネーターがいなかったら、「わか
　　　らないなあ」で終わってしまうようなことも、とりあえず、コーディ
　　　ネーターがいることで、鈴鹿市ではこういうことをやっていますよっ
　　　ていう、おおもとの部分は伝えられるわけじゃないですか。そこはブ
　　　レずに、子どもたちにとって必要な支援とか、教育委員会はこういう
　　　のができますよ、学校でこういう取り組みをやっていきませんかって
　　　いう、話し合いができるので、そういう意味では必要だと思います。

（つまり、市の日本語教育の方針や課題の解決など、教育政策面でも、日本語
教育コーディネーターの貢献は大きいと考えていることがわかります。さら
に、中川先生は、ネットワーク会議などで各学校の日本語指導を担当する先
生にそれぞれの学校のコーディネーターの役割を担ってもらうように働きか
けることも日本語教育コーディネーターの役割として大切だと説明されまし
た）

中川：やっぱり、ネットワーク会議で、学校の中をコーディネートするのは
　　　あなたたちなんだっていうことを言うわけで。意見交流をする中で、
　　　日本語指導を担当する自分たちが校内の日本語教育をコーディネート
　　　しなきゃいけない、学校の中をコーディネートする立場なんだってい
　　　う意識をもつようになっていきました。

なぜプロジェクト会議は重要なのか

（次に、年に 2 回実施している「プロジェクト会議」について伺いました）

川上：**プロジェクト会議**に日本語教育コーディネーターとして参加されてい
　　　ましたが、あの会議は、どう思います？
中川：大きな流れを作っていくときには、すごく意味があると思います。
　　　やっぱり校長や管理職を巻き込んでいくために重要な会議だと思いま
　　　す。そこがブレないから現場としてはありがたい。
　　　　ただ、1 回大きな流れができて、学校の日々の取り組みの中にある

程度定着してくると、現場にいて、そこまでプロジェクト会議を意識することはないですね。日本語教育に関しては。年間行事の中にプロジェクト会議があるって書いてあるので、鈴鹿では（教育委員会が）力を入れているというか、大事にしてるんだってことがわかりますからね。

（市全体の方針や姿勢を示すためにも、「プロジェクト会議」は重要な会議となっていることがわかります。その後、学校現場では、どのような変化が見えるのでしょうか）

学校現場で大切なことは何か

川上：では、プロジェクト会議や、JSL バンドスケール、それからコーディネーターの役割は、変わってきたのでしょうか？

中川：そうですね。でも、バンドスケールはやっぱり正しく伝えたり学んだりしていかないといけないと思います。「子どもを数字で見てるの？」みたいなことを言う先生もみえるから。そういうふうに数値だけを見てしまうような**判定会議**になっている可能性があるわけですよね。

川上：判定会議がルーティン化すると、ですね。

中川：だから、バンドスケールをつけて子どもを見ていくのに、何が大事かっていうのをやっぱり学び続けていかないといけないと思うんです。担当者が変わるのであれば。

川上：それが大事ですね。

中川：ある先生に、バンドスケールで、子どもの様子見てもらえませんかと言ったとき、「そんなんわからへんで。（子どもは）喋らへんで」と言われたこともあります。「じゃあ、これを機に（子どもと）話してみてもらって、その中で見えるものがあるかもしれないから、お願いできませんかね」と。それを言うか言わないかで、（その先生と子どもの）関わりが生まれるか生まれないか「話さへんで。わからへんで」って言って終わってしまうのか、「ちょっと話しかけてみたら（子どもは）よう喋るわ」とか、そういうのが日々の実践に返っていくような気が

　　　しています。そこを校内でも言っていける人がいるか。誰もいなかっ
　　　たら、そこを伝えてくれるコーディネーターの役割の人がいるか、が
　　　重要だと思います。

川上：だから、バンドスケールを配付すればそれで終わりではないわけよね。
　　　そこでいろいろな働きかけや話し合いをしていかないといけない。

中川：ええ、そうなんです。そうやってバンドスケールの（判定会議の）時
　　　期になって、この子が外国につながりのある子ですよって。先生たち
　　　は、1回は一覧で見るわけじゃないですか。そこには去年はこれぐら
　　　いの日本語の力だったというのが出てて、もちろんバンドスケールの
　　　レベル 7 の子もたくさんいますけど、「この子、外国につながりがあっ
　　　たんや。知らんかった」とか、ちょっと子どもを見る目にプラスαが
　　　できるのは、子どもにとっても先生にとってもよいと思うんです。

　（そこで、子どもの「個人票」について伺いました。「個人票」とは、鈴鹿市
　独自の「子どもカルテ」のようなものです）

「個人票」と「特別の教育課程」

川上：初期の段階で、**「個人票」**を作りましたね。それは中川さんがはじめ
　　　たんですか？

中川：そうです。こういうのが負担にならない程度に何が必要かっていうの
　　　で作ったんですけどね。

川上：今どのぐらい定着しているんですか？

中川：（JSL 児童生徒が在籍する学校では）全部の学校でやってると思います。

　（鈴鹿市では、JSL バンドスケールの個人票と個別の指導計画を、日本語担当
　の教員とクラス担任が協力して作成しています。文部科学省は、2014 年から
　「取り出し指導」を「特別の教育課程」としましたが、鈴鹿市ではそれ以前よ
　り、子ども一人ひとりの日本語能力の把握とそれに基づく指導計画を立てる
　ことが定着していました）

川上：2014 年から「**特別の教育課程**」になりましたが、あの影響を受けましたか？

中川：全然受けなかったって言ったら嘘になるかなあ。でも、（文部科学省の方針の実施は）すごくスムーズだったんです。たぶん他の市町は、あれをやりなさいってなったら、一から作らなきゃならなかった。それが、鈴鹿はもうあったんです。その個人票とかも使えるし、指導に関することもバンドスケールの会議をしてたので、もっと詳しいのがあった。むしろ、「特別の教育課程」が始まったのを機に、整理できた部分もありました。

　その頃の前のコーディネーターの植村先生と杉谷先生がある程度初期の指導計画の基盤を作ってくれていたので、それを特別の教育課程にシフトできたんですよ。

川上：それはやっぱり、鈴鹿の特徴ですね。

中川：そうですね。だから、周りの市町のように、「特別の教育課程」が実施できないっていうようなゴタゴタはなかったですね。

これまでの振り返りとこれからの課題

（これまでを振り返って、感想を伺いました）

中川：そうですね。国際教室の担当が一生懸命やっているっていうイメージよりはクラス担任の先生が中心で、やっぱりクラスがメインなんだって、居場所はそこなんだってことに重きをおいた教育が大事にされるようになったなって思います。国際教室の居場所としての教室作りはあるんですけど、外国につながる子がいても、それは国際教室の子なんでしょとかじゃなくって○年○組の子どもで、同じクラスの子どもなんだっていう意識づけは研修などを通して強くなってきたんじゃないかなって思いますね。

川上：なるほど。それは、どうしてでしょうね。

中川：それは、（日本語指導担当者の）ネットワーク会議の中でもやっぱり、自分たちが全部面倒を見るんじゃなくって、子どもは一日の中で国際

　　　　教室に 1 時間程度しか来てないんだから、あとの時間はクラスなんだ
　　　　から、やっぱりクラスの中で学んでいくとか、居場所がないと子ども
　　　　は元気になれないという意識が共有されてきたんだと思います。
川上：そうすると、ネットワーク会議の役割が大きかったのかなあ？
中川：そうですね。ネットワーク会議で、国際の担当はどういう役割を果た
　　　　すべきかみたいな、そういう話はたくさんあったと思いますね。

（最後に今後の課題を伺いました）

川上：今後の課題はなんでしょうね。
中川：やっぱり国際教室をずっと担当する人っていうのは多くいないので、
　　　　鈴鹿が大事にしていることを踏まえて実践できる人をどう育てていく
　　　　か、でしょうね。
川上：教育委員会、コーディネーター、ネットワーク会議、現場、この連携
　　　　の中で意識を共有していくことが重要だってことですね。
中川：難しいんですよね。やっぱり子どもも学校によって違うし、学校の規
　　　　模も違うし、そこで先生が創意工夫をしていく部分と、市としてこれ
　　　　を大事にしているというのが一緒にならないと、実践がしにくいとこ
　　　　ろがありますね。やっぱり、楽しい実践とか子どもが元気になってい
　　　　く実践は先生たちも嬉しいし、皆が元気になれるなあって思うんです
　　　　けどね。

　　　　　　　なかがわ　ともこ（インタビュー実施日：2019 年 3 月 7 日）

5 連携、それはみんなの意識が
変わることから生まれる

──日本語教育コーディネーターの立場から②

植村　恭子・杉谷　直美

プロフィール

植村先生　鈴鹿市立小学校教諭。「日本語教育コーディネーター」と
して鈴鹿市教育委員会に1年勤務後、文部科学省に出向し、初等中
等教育局国際教育課日本語指導係長を務める。
杉谷先生　元鈴鹿市立小学校教諭。「日本語教育コーディネーター」
として鈴鹿市教育委員会に2年勤務。

鈴鹿の強みとは何か

（植村先生に、初めて「日本語教育コーディネーター」となったときの気持ち
から伺いました）

植村：私は、日本語教育の面では専門性はないままコーディネーターになり
ましたので、ネットワーク会議でも、先生方と一緒に考えることはで
きても、疑問にアドバイスをすることができなかったというのが、私
のコーディネーターとしての弱みの部分だったと思います。ただ、あ
の時期というのは、システムを構築していこうという勢いのある時期
だったので、教育行政の一員として、行政が責任をもって担当の先生
方に集まっていただき、ネットワークの組織を作るとか、リライト教
材の作成をやっていこうとか、教育行政のほうから熱心に進めていく
上ではできることもたくさんあったのではないかなと思います。

川上：今おっしゃったように、立ち上げのときっていうとエネルギーが必要

ですよね。その分、ご苦労も多かったんじゃないですか？

植村：わからないことがたくさんありました。専門的なことが。ただ、学校は経験豊かな先生もいてくださったので、わからないことは助けていただきながら進めることができました。あと、行政としては予算をとらなければできないものもありましたし、現状をまとめて資料を作成したりなどの面で頑張ることができたので、そこはやりがいはありました。

川上：このシステムを構築していく大事なときでしたね。

植村：1つは、子どもたちの日本語能力をどう育てたらいいかわからない、どうやって社会で必要な力を育てて送り出したらいいかわからないという疑問がありました。だけど、何かをしていかなくてはならないという気持ちの後押しがまずあったと思います。それが大きかったと思います。JSL バンドスケールを入れていただいて、どうやって子どもたちの日本語の力を見とっていくかということについて、まず指針とすることができたのはよかったと思います。バンドスケールを基に話ができるというのがすごく大きかったかなあと思います。

川上：今おっしゃった、予算をとってくるって簡単にとれるものなんですか？

植村：鈴鹿市では教育の振興基本計画があって、多文化共生を教育委員会だけじゃなくて、市としても進めていこうという時期でした。その中で多文化共生の社会を作っていくために、子どもたち、外国籍の子どもたちも大事にしていこうということを、中心の施策として、強く打ち出していることが大きいと思います。

川上：なるほど。その後、本省（文部科学省）に行かれましたね。そうすると全国の様子が見えたりするじゃないですか。そのとき、鈴鹿はどんなふうに見えましたか？

植村：鈴鹿の進めている取り組みがよくわかりました。定住外国人の支援事業や、不登校のお子さんへの支援、進路保障の取り組みまであったところは、市の特徴として大きかったと思います。

川上：それは、植村先生が本省に行って、鈴鹿の実践がよく見えたというこ

とですか？

植村：鈴鹿がそういった取り組みをすでに進んでやっていた、ということですね。本省から見ていて、鈴鹿の取り組みの強みというのは、教育行政が学校の中のことだけでなく、長期欠席の子や、まだ来日したばかりで学校に在籍していない子ども、義務教育段階の前後の子どものことまで視野に入れて取り組んでいるということです。それからボランティアさんの養成なども、国際交流協会さんと一緒に協力をしているということです。小学校中学校だけがよければオッケーではなくて、全体のことを一緒に施策として進めていこうとしているところが強みだなあと本省から見て思いました。鈴鹿は外国籍の子が来ると、居住地区の学校で受け入れるのが基本だと思うんですけども、そうじゃない地域もあるんだなあということに、あちら（本省）に行って初めてわかりました。

川上：全国には、いろいろあるのですね。

植村：散在（地域）など本当に少ない地域は受け入れそのものにも課題が多い場合がたくさんあるのかなと思いましたが、集住地区の中でもボランティアさんの力をたくさん借りて、学校の中で支援をするという方法を確立している地域がたくさんあります。

川上：ありますね。

植村：あります。それはそれで有効な素敵な取り組みだとは思うんですけども、それを学校教育の中でやっていこうとするために、教員を支援者に充てて指導していこうとしているのは、鈴鹿の強みだったなと思いました。

（国は、2014 年から「取り出し指導」を「特別の教育課程」とし、ボランティアではなく教員が指導をすることとしましたが、鈴鹿市では、それ以前から、すでに教員が日本語指導を行う体制を構築していました）

川上：「特別の教育課程」となったときも、現場の先生方はどんな反応でしたか？

植村：鈴鹿の場合は、ほぼ混乱はなかったと聞いています。

杉谷：指導体制としては、まったく困りませんでした。（鈴鹿では）子ども同士、教師と子どもたちとのことばのやりとりを重視して、少人数グループで指導するのが、子どもの学習意欲にもつながり、日本語能力の伸びにも効果があったと考えています。

川上：鈴鹿の場合、市全体でやっていたところが違うってことですか？

植村：指導方法などや教材のことなどを検討し、市全体で実践していたことが強みだったなと思います。

川上：その後、植村先生から杉谷先生にコーディネーター、代わられたんですね。

杉谷：はい。

（次に、杉谷先生に、初めて「日本語教育コーディネーター」となったときの気持ちを伺いました）

コーディネーターの仕事は協働の実践研究

川上：最初に言われたときはどんなお気持ちでしたでしょうか？

杉谷：私にできるのかしらと思いました。私も日本語教育という専門性ってまったくなく、担任として、専科として、国際担当としていろんな立場で JSL 児童に関わってきた自分の経験しかないですから、うまく先生方に、アドバイスはできませんでした。ですから、そのことを教育委員会の立場で、どうしていったらいいのかなっていうのはすごくジレンマに感じていました。

川上：お二人とも教育現場の経験があって、教育委員会に入られて、ご自身の経験で、アドバイスをしたり、考えたりっていう、そこはやっぱり大事なところですよね。教育現場のご経験って大きいなと思いますね。「鈴鹿モデル」というシステムを構築していくとき、一番印象に残ったことってありますか？

杉谷：いろいろな学校を訪問する中でわかったことですが、多くの学校でJSL 児童や多文化共生教育に関することが、国際教室担当者だけの仕

事になっていたことに驚いたのです。まずは、在籍学級の担任と国際教室の担当の連携が大切だと思いました。担任が、国際教室で（子どもが）何の勉強をしているのかっていう意識が弱いと感じました。そこの意識の弱さが、子どもたちの日本語力（の伸長）を阻んでいるというふうに私は感じました。それでここを上げましょうよということで、教材作りをお願いしました。だから、鈴鹿市独自のリライト教材を作成し活用していったら子どもたちがどんどんどんどん姿を変えていきました。やっぱりクラスの友だちと同じ教材を使って勉強したかったんだなということや、その教材の価値というものを、子どもたちから学びましたね。

　つまり、在籍学級の担任と国際教室の担当者が連携をしなければ、子どもの学びのつながりとか、広がりとか深まりがないんじゃないかと考えたわけです。このことは、在籍学級と国際教室だけでなく、JSL児童が在籍しない学級や国際教室で学んでいない児童のクラスも含めて学校全体のものとしていくことが大切なのではないかと思いましたね。それは、コーディネーターになっても思いました。やっぱり日本語教育担当者ネットワーク会議の中で指導方法や支援内容などを共通理解して、授業の進め方を皆で考えていきたいっていうことをまず思いました。

　それで、ある先生に授業をしていただいて、その1つの授業を中学校も小学校も担当者が全員で見て、どこがよかったとか、自分はどうしていきたいとか、何が足りないとか、これから鈴鹿市としてどうしていかなきゃいけないかという話し合いをしました。

　そして、そこから見えてきた課題をどうするかということを翌年から担当者がグループを作って、それぞれのグループで何年生の教材で何を学ばせたいか、どこでどんな日本語のポイントを押さえたいかということをグループで話し合ったり、指導案を一緒に作ったりしました。

川上：つまり、実践を協働で作っていくということですか？

杉谷：ええ。もちろん学校によって子どもも違うけれど、その教材の中心と

なることやおさえたいことははっきりしていて、その授業の流れに
沿って子どもの日本語レベルに合わせて学ばせたいことを付け足した
り、定着した内容は簡潔に学ばせたりしていく。やっぱり、これが大
事なんじゃないかと今も思っています。

川上：一言で言うと、協働の実践研究ってことですよね。

杉谷：はい。

「日本語教育コーディネーター」は必要か

川上：お二人ともコーディネーターをなさってこられましたが、鈴鹿の中で
　　　「日本語教育コーディネーター」っていうのは、必要でしょうか？
　　　どうでしょう。

植村：必要だと思います。

杉谷：絶対に必要です。

川上：理由を挙げると、どんなところでしょうね。

植村：（学校の日本語教育の）担当者って、学校の中では少数のことが多いで
　　　すよね。そうするとネットワークがないと、自分だけで抱えるケース
　　　がたくさんあると思います。特に、ベテランの先生ではなく、新しく
　　　国際教室の担当になった先生は、余計そうなりますよね。でも、その
　　　ときにネットワークの中で相談ができる、その中でコーディネーター
　　　が中心になって方向性を示してくれる、場合によったら助言に来てく
　　　れる。そういう役割はすごく大きいかなと思います。

川上：なるほど。いかがですか？

杉谷：学校現場で、（日本語教育の）担当者が毎年のように変わるので、子
　　　どもの学びも積み上がりにくいんです。そうすると、「何したらいい
　　　の？」っていう感じになりますから。やっぱりコーディネーターの方
　　　がいらっしゃって子どもの日本語の状態や支援の方法などいろんなこ
　　　とを教えていただく。よその学校の状況も教えていただける。そうす
　　　ると自分のところと比べて何が足りないか、あるいは、自分のところ
　　　がこんなふうに進んでいるから、ネットワーク会議でどんなふうに広
　　　めていこうかっていうことが話し合えるので、コーディネーターは今

後も必要ですね。

川上：なるほど。

杉谷：コーディネーターは小学校と中学校と2人、必要ですね。

植村：そうですね。

「プロジェクト会議」は必要か

川上：「**プロジェクト会議**」はどうでしょうね。どう評価したらいいんでしょうか？

植村：鈴鹿市が教育委員会を挙げて、日本語教育のシステムを構築し、今、だいぶ定着してきたと思うんですが、これからさらに発展させようとするにはやはりトップも含めて方向性を確認する会議というのは、必要だと思います。

川上：なるほど。

植村：現場の校長先生も出席されていますから、いい方向に進むのではないかという期待がありました。

川上：特に、校長先生が加わると、現場の声が反映されますからね。

植村：「プロジェクト会議」でも、コーディネーターは鈴鹿市全体を俯瞰して見るという役割があると思うので、この会議で各学校の様子を捉えるのも大切な役割の1つかなと思います。それをもとに、（子どもが）鈴鹿市のどこの学校に在籍していても同じように日本語指導が受けられるというシステムを構築するためには、教育委員会全体で進めていくこの会議があるからこそ、コーディネーター1人が頑張るのではなく、鈴鹿市全体で取り組んでいくことにつなげることができるかと思います。

川上：担当の方に日本語指導が集中しがちですからね。

植村：はい。それを、教育長をはじめ教育委員会各課の課長や学校長など全体で共有しながらどういうふうに進めようかという話し合いができるわけですから。

川上：いかがですか？　大分あそこで苦労なさったと思うんですが。

杉谷：はじめの頃コーディネーターとしては、教育行政の立場から前年度ま

での成果や課題がよくわからなかったので、何を提案すればいいのかよくわからなかったのです。どのような資料を作れば伝わるのかもわからなかったので、すごく緊張しましたね。でも、あの当時はやっぱり来てくださる校長先生方も、日本語教育システムとは何ぞやということをわかった上で出席してくださったので充実した話し合いができたように思います。現場を知る学校長が「プロジェクト会議」に出席するのは、必要ですね。

「JSL バンドスケール」はどうか

川上：**JSL バンドスケール**は、今、市全体で使われていますけども、あれについてはどんな感想をもっていらっしゃいます？

植村：導入当時は慣れないので、皆がてんやわんやしたことがありました。時間もかかりますし、見取り方がわからない。でも楽しいですね。何べんも毎回毎回繰り返していけば、慣れてくるんですよね。あの表をじーっと眺めていなくても、文をじーっと見なくても（子どものレベルが）3 かな 4 かなとか思うところから始まり、ここが当てはまるかなっていうふうに皆が慣れてきます。もちろん経験が浅い先生や、市外から転入された先生は、1 からのスタートですが、ケース会議やバンドスケールの判定会議を何度も繰り返すことによって慣れてくるんじゃないかなと思います。同じ指標をもって話ができるっていうことは、すごく強みだと思います。

川上：いかがですか？

杉谷：はい。まったくその通りです。私たちよりもバンドスケールの読み込みの深い先生方もいらっしゃって、「この子どもの表面だけ見ていたら（レベルの）5 はつきそうだけれど、このノートを見たら私はこれをこんなふうに解釈をしたので、まだ 5 まではいってないんじゃないかな」というように言ったりしました。その解釈の仕方から、私たちも勉強させてもらって、「いろんな子どもの見方があるんだなあ」と思うことがあります。それが、本当のバンドスケール判定会議のねらいなんじゃないかなと思います。数値だけではないところで、皆がど

のように子どもを見ていくか、どのように解釈していくかというところが大事なんじゃないかなと思っています。

実践の連携をどう作るか

川上：新しく入ってきた先生に、JSL の子どもたちを指導していく上で、ここだけは外さないでねとか、これは大事なんだよとか、伝えることがあったら何を使えたいと思われますか？

杉谷：伝えたいことはいっぱいあります。私の学校は（国際教室の）「かけはし」の担当は私 1 人だけなんですけど、あと 2 人の非常勤の先生が支援してくださいます。1 人は国際教室での指導が 3 年目。もう 1 人は、今年初めて担当しているのですが、授業の進め方をお互いに見合っています。そして授業の合間に、子どものエピソードを交えながらこういうところを大事にしていかなきゃいけないよねと話し合います。このように、「かけはし」では連携がとれていると思います。

川上：そういうお話をすることで、お互いにどこが重要か、どういう方向に行ったらいいのか確認できていくってことですかね？

杉谷：はい、そうです。あとは、親御さんの思いや家庭生活についても伝え合います。非常勤の先生は会議には出られませんので、情報はすべて共有しながら、子どもを授業の中で見てもらうということは、できていると思います。

川上：なるほど。

杉谷：お一人は、特別支援のクラスをおもちになったこともあるので、やっぱり子どもの困り感や大切にしなければならないことなど根っこは同じなんだと気づかされました。たとえば支援の方法についても「特別支援の子にはこんな支援をするんだけども、これを試してみたら効果があったわ」など情報もいただけるので、「ああ、そうか」と思って私も学びが大きいです。それから、JSL の子どもで特別支援が必要な子どもたちも増えてきていますので、ずいぶんと参考になることが多いです。

川上：植村先生は、今、担任、もってらっしゃるのですか？

植村：そうです。私のクラスの中にも、JSL のお子さんがいます。その子たちは、一見勉強にはついてきているようでも、少し難しい言葉をたくさん使う子でも、時々聞き間違えがあったり、それによってトラブルに発展したりすることがあります。ですので表面上だけではなく、普段その子が何につまずいているのかということに気をつけて見守っていくことが大事だと思います。今私が担任している子は生活上の困り感が多いのですが、学習面も含めてその子たちが何に困っているか、何かに困っているかもしれないという意識を私たち教員がいつももっていることが大切だと思います。そうでないと、ただ単にいたずらをしているとか、悪いことをしているとか見てしまいがちになります。そういうことじゃないね、子どもの困り感に気をつけようという話は、よく先生方との間でしますね。

川上：担任の先生と「かけはし」の先生方の連携が重要だって話もありましたけど、担任のお立場で、どんなふうに「かけはし」（国際教室）と連携したらいいんでしょうかね？

植村：「かけはし」に通級しているお子さんがいるクラスは、連絡ノート（国際教室と在籍クラスの担当者間のノートのようなもの）を作っていただいてあるので、本当に、毎日の指導でもいっぱいやりとりをしているんです。（子どもが）こういうところでつまずいたということや学習したことを（国際教室の担当者が）書いてくださったら、（担任が）クラスではこんなふうな反応だったとか、学んだことを１回クラスでもやってみますなどと日々連絡し合っています。

　　　ですから日本語のどの部分が今伸びているとわかるので、学級でもそれをいかに生かしていくかということに、（在籍クラスの担任として）心砕いていると思います。私の場合は、泣きながら直接話をすることもあって……。

杉谷：そう、そう。

植村：嬉しくてもびっくりしても泣くんですけど、やっぱり子どもたちの背景も踏まえて、生活の様子をどう捉えていくかっていうことが大切だと思います。今の私の捉え方がよいかというあたりも、もちろん学年

　の先生にも聞いてもらうんですけど、杉谷先生にも聞いていただきます。「それでいいよ」とか、「こうしたら」とか、「私だったらこうする」などと言っていただけることで、次の日の子どもたちへの接し方を考えることができます。

川上：そうですね。どこかの研修会に行って、講師の先生に聞くのもいいかもしれないけど、今おっしゃったようにね、日常的に、1人の子どもを見て、どういうふうに見たらいいんだろうか、どういうふうに指導したらいいんだろうかっていう話し合いをすること、これはすごく大事なことですね。

杉谷：お互いが、その子どものことをわかり合っているので、そんなことがあったのって、いっぺん2人でボロボロ泣いて……。

植村：ええ、去年いろんなことが……。

（実際に、国際教室と在籍クラスの「連絡ノート」を見せていただきました）

川上：これが、その記録なんですか？

杉谷：そうなんです。毎日やりとりします。かつては、ここの学校は、1週間に1回、1学年に1冊しかなかったので、当時学級担任だった私は、自分のクラスの子どもが「かけはし」で何を勉強しているのか、「かけはし」で学んだことをどのように学級でいかしたらいいのかがよくわかりませんでした。それで、私が「かけはし」の担当者になってからは、（クラス担任に）毎日ほんのわずかな量でも、子どもの困り感や学びが増えたところ、まだまだ足りないところなどを書いてもらうように伝えてノートを渡します。

　　　たとえば、「算数のこういう言葉がわかりません」とか、「一生懸命そばについて指導しましたけど、なんかちょっとトンチンカンです」ということを教えてくださるので、それをこちら（「かけはし」）でのカリキュラムの中にその言葉を入れたりとか、文章題に入れたりとかして、日本語として学ばせていくということもできるのです。

川上：「かけはし」の先生がこれを書かれて、担任の先生がそれに対して書

　　かれているということですか？

杉谷：クラスの様子を私たち担当者はなかなか見に行けないので、クラスの
　　　様子を教えていただきます。このようにしていくと、担任の先生は学
　　　級の仲間づくりの中で、○○ちゃんという子を中心に据えてください
　　　ました。「初めは、この子、×××から戻ってきたばっかりで、なか
　　　なか人の中に入っていけなかったけれども、だんだん周りの子どもた
　　　ちがこの子の得意なことを見つけて、『折り紙、教えて』とか、周り
　　　から呼びかけてくれたので、この子が割りとのびのびしてきたよ」な
　　　どと教えてくれました。

川上：周りから認められて、支えられて、子どもも変わっていくんですね。

連携がなければ不安が大きくなる

　　（国際教室と在籍クラスの連携はとても大切です。でも、ノートを書くのは負
　　　担ではないでしょうか）

川上：これは、「かけはし」の先生にとっても負担でしょうし、担任の先生
　　　にとっても負担。いかがですか？

杉谷：負担には違いないのですが、でも、これがないと私は負担より不安の
　　　ほうが大きかったのです。やっぱり、子どもをここまで伸ばしていき
　　　たいというのがありますから。だから、ここまで進んでいるはずなの
　　　にまだこんなとこにいるのね、って焦ったりもしますし、逆に学びを
　　　つなげるために「『かけはし』でここまでやりました。覚えた言葉を
　　　クラスでぜひ、先生聞いてください、喋らせてください」ということ
　　　などをお願いしました。

川上：なるほど。クラス担任に提案も書くのですね。面白いですね。他の先
　　　生方との連携はすぐにできたのですか？

杉谷：とても大変でした。まず先生たちの「自分たちが JSL 児童の日本語を
　　　育てていくのだ」という意識の弱さをどのように変えていけばいいか
　　　と考え、毎月の職員会議や校内研修会などで発信しました。「先生の
　　　日本語の使い方、正しくはこうですよ」と伝えたりもしました（笑）。

植村：初期の頃から、日本語指導教室と在籍学級の連携って言ってきたわけ
　　　ですね。それがやっぱり一番難しいところで、在籍学級をもっている
　　　教員の意識を生かしたら、子どもの日本語力や学びがもっと伸びるの
　　　ではないかと思うんです。JSL の子たちを、クラスの中でどういうふ
　　　うに育てていくかを丁寧に掘り下げて担任と国際教室担当者だけでな
　　　く、学年団など学校全体で見守り指導していく、そういう連携があっ
　　　てこそクラスでの育ちが生まれるのかなあと思います。それが大事な
　　　部分だと思います。

杉谷：学級担任はもちろんですが、管理職をはじめ養護教諭・栄養教諭・事
　　　務職員・労務員の方々も積極的に JSL 児童に関わっています。それぞ
　　　れの立場から子どもたちの様子について連絡をいただいて、共に子ど
　　　もたちを育てているということを実感し感謝しています。それも含め
　　　て「学校全体」であると考えています。

小中の連携、そして保護者との連携

杉谷：今嬉しいのは、私がかつて国際教室で担当した子どもたちが、全日制
　　　の公立高校に入るケースが増えてきたことです。これまでは学力の課
　　　題が大きく、希望する高校を受験することさえかなわない子が多くい
　　　ました。小学校で学んだことも踏まえて、中学校でも子どもの力を伸
　　　ばしてもらえたので、嬉しいなとみんなで話をしています。

川上：それは、小学校、中学校の連携があって、教育の支援がずっと継続し
　　　ていたということでしょうかね。

杉谷：そうです。**ネットワーク会議**のお陰ですし、中学校区の取り組みでも
　　　あります。一人ひとりの子どもたちの学びを積み上げていけるように、
　　　学級担任だけでなく、国際教室担当者同士も引き継ぎをしっかりと行
　　　うようにしました。

川上：小学校も中学校も、日本語担当の先生方が同じネットワーク会議に出
　　　席するわけですからね。

（加えて、学校と保護者の連携も大切です。その点も伺いました）

植村：JSL の子どもたちだけじゃなくて、保護者の方にも集まっていただい
　　　て、保護者会を年に 2 回行っています。1 回目は、保護者の方に、「今
　　　から進学していくにあたってお金がこれだけ必要ですから今から貯め
　　　ておいてください」とか、「学力もしっかり積み上げておくことが大
　　　切です」などと学校から発信します。
　　　　2 回目は、3 学期にミニ・パーティーみたいな感じで実施します。
　　　中学校のお話を聞いたりとか、今年は愛知県からゲストに来ていただ
　　　いて、ロールモデルのような感じでご自身の体験をお話していただい
　　　たりしました。その後、学習発表会をするんですけど、去年は、保護
　　　者の中にギターがとっても上手なお父さんがいらっしゃって、家族で
　　　来てくださって、演奏してくださったんです。そのお父さんはフィリ
　　　ピンの方なんですけど、その演奏の合間にフィリピンから日本に来た
　　　ときのご自分の思いを語ってくださって、教員としても学びがありま
　　　したし、それを子どもたちが自分の親の思いを聞くっていう機会にも
　　　なって、素敵な時間でしたね。
川上：それもすばらしい実践ですね。
杉谷：私たちは、外国人の子どもの教育って、人権の問題だということを
　　　ずっと話していて、今もその思いはずっと続いています。特に本校は
　　　人権を大事にしている学校ですので、それがベースになって子どもた
　　　ちを見ていける、ありがたい環境です。

子どもが主役の学校づくりをみんなで作る

川上：国際集会っていうのは、そういう子どもたちが集まって、1 年生から
　　　6 年生まで全部集まるんですか？
杉谷：それが、またここは特色があるんです。[1]
植村：「国際集会」は全校集会なんです。外国につながる子も発表しますが、
　　　日本人の子も参加して、いろんな国にルーツのあるものを発表します。
　　　たとえばピアノを弾くとか、フラダンスを踊るとか、空手をするとか、

1　第 3 部「実践⑥」参照。

ペルーのマリネラというダンスを踊るなど、自ら発表したいと多くの子どもが積極的に応募します。このように集会では、発表者も見学者も双方がいろんな国のいろんな文化を知ったり、日本とのつながりを学んだりする集会なんです。

「国際週間」というのは、1週間ぐらい期間を設けて実施します。各国に関係するクイズが校内のあちこちに貼ってあってクイズラリーをしたり、かけはし教室を会場に読み聞かせや簡単なゲーム大会を開いたりします。今年は体育館で、おにごっこなど世界の遊びをするコーナーもありました。このように体験しながら学ぶ期間を年間行事予定に位置づけています。

杉谷：それは国際委員会の子どもたちが主体になって企画したり準備や運営をします。

川上：子どもが企画に参加するんですか？

杉谷：そうです。子どもたちが主体です。もちろん担当教員が支援はしますが、ほとんど子どもたちの企画運営です。

川上：面白い。それも、杉谷先生が発案されたんですか？

植村：杉谷先生が学校を変えられた1つは、そういう国際週間など JSL に関係する活動を（「かけはし」の）先生だけが担当するのではなく、国際教室運営委員会のメンバーを中心に分担して実施していく体制を作られたことが、一番大きいと思っています。他の教職員も担任する子どもたちと一緒に参加したり、見守ったりしています。

川上：なるほど。全員でやる？

杉谷：全員でやるんです。国際教室担当者としての私の役割は、先生方の得意なことや関心のあることに取り組んでくださるように依頼することです。「あれできた？　どこまで進んでますか？」と尋ねたり、お願いしたりして全体をつかみながら、各担当者と相談して取り組んでいます。

川上：この5年間、すごい仕事なさったんですね。

杉谷：結局、私が辞めた後にどうするのってなるのが一番怖かったんです。皆でやっておけば、私がいなくなっても「去年はこんなふうにしたよ」

　　　とか、「こんなふうにしたこともあったよ」とか、誰かが伝えていく
　　　のが一番大事だと思っていましたから。
川上：「杉谷先生物語」を書いてもらわないといけないですね（笑）。
杉谷：お恥ずかしい。そんな大したものではなくって、やっぱり皆でやって
　　　いきましょうということです。私ひとりではとてもやっていけないの
　　　で。そんな力量もありませんし。だから「皆で助けてくださいよ」「学
　　　校全体でやらないと子どもたちの日本語も学びも深まりませんよ」と
　　　いうことをご理解いただいて助けてもらってきました。

　　（杉谷先生は、最後に、次のように言われました）

杉谷：やっぱり経験っていうのは強いので、それが 1 人じゃなくって 2 人に
　　　増えて 3 人に増えてっていうようになっていく。それがすごくありが
　　　たかったですね。

　　　　　　　　　　　　　うえむら　きょうこ・すぎたに　なおみ
　　　　　　　　　　　（インタビュー実施日：2019 年 3 月 8 日）

6 連携して、
子どもたちの進路保障を

――日本語教育コーディネーターの立場から③

市川　泰

> **プロフィール**　鈴鹿市の中学校教諭として勤務。人権教育センターを
> 経て、鈴鹿市教育委員会の人権教育課、教育支援課で、中学校の「日
> 本語教育コーディネーター」を務める。その後、市内の小学校の教頭
> として活躍している。

（市川先生は、以前、人権教育センターの前身の教育集会所の所長を務めていました。その頃の実践から、部落差別をなくす取り組みでやってきたことを、外国の子どもたちにも広げていかなければならないという思いがあったそうです。そこで、「出前授業」「保護者会」を考え、実践しました）

「出前授業」と「保護者会」

市川：人権教育センターで、子どもたちの進路保障のことに関わってきました。特に中学校で、進学につなげるという部分で、来日間もなく日本語がまったく話せなかったり、不就学や不登校になったりしている外国の子どもたちもたくさんいましたし、その子どもたちにどう意欲をもたせていくかっていうのは、やっぱり一番難しかったですね。私たちが（学校外から）行ってではなくって、普段から子どもに関わる先生が、いかにその子どもたちの側に立って、意欲を高めていくかっていう部分が大事ですね。中学校は進路の問題があるので、日本の入試制度のことを伝えたり、入試に向けて日本語での面接や論文、教科の補充学習に取り組んだりして、中学校へつないでいきました。ただ、

　　　わからないことを教えるだけじゃなくって、キャリア教育の視点から、子どもと日本語を使ってやりとりをする中で、自分の夢を語ったり、高校に進学した先輩と出会ったり、いろんな人から話を聞いたりする**「出前授業」**を作って、私たちが回ったりとかしましたね。

川上：その「出前授業」は、どんなふうにするんですか？

市川：キャリア教育や進路のことについて、私たちが学校から希望を聞いて、中学校を回って、その子たちを集めて授業したりとかですね。

川上：出前授業では、市川先生が行かれて、なんか資料見せながら、将来君たちにはこういう道があるんだよとか、こういう先輩がいたんだよとか、お話されるっていうことですか？

市川：そうですね。先輩からのメッセージも、その中で届けたりとか、あそこの高校の先輩がこう言ってたよとか、パワーポイントで紹介したりしました。子どもたちに、いかに多方面に目を向けさせ興味をもたせていくかというような授業を通じて、子どもたちとやりとりをするというのを、中学校でやっていく必要があると思いましたね。今それが小学校にも広がってきて、ここ数年、定着してきましたね。

川上：それで、中学校でお話されたら、子どもたちの反応はどうなんですか？

市川：身近な先輩の話から、ここの高校だけじゃないよ、こんなんもあるんだよって話してもらうと、子どもたちは興味をもちますね。そういうところこそ、母語のできる協力員とか、通訳の方にも一緒に入ってもらい、話してもらったりすると、子どもたちは非常に興味をもちましたね。

川上：いいことですよね。そういうのに取り組もうと思われたのは、同和教育の中でもキャリア教育は重要だというご経験があって、それを拡大していったということですね。

市川：そうですね。やっぱり子どもの進路保障という部分はすごく大事で、いくら楽しくても、そこへつながらないと、中学校を出た後、困りますよね。今、鈴鹿市の外国人生徒の高校進学率は、外国人生徒のだいたい90％以上ぐらいになっていますけど、他の地域で聞くと、なかな

　か難しいと聞きますね。中学校を卒業しても、高校卒業しても、仕事
　はやっぱり親と同じような派遣会社になる子どもたちがほんとに多い
　と聞きますね。

川上：それは、親が日本の教育システムを知らないということも影響してい
　　　るんでしょうか？

市川：大きかったと思いますね。なので、**保護者会**を、各学校でもやってい
　　　るんですけど、本当に来てほしい家庭は忙しくって来てもらえなかっ
　　　たりするのは、今でもあると思うんです。

川上：保護者へ、うまく伝えるには、どうしたらいいんでしょうか？

市川：保護者会では、ポルトガル語やスペイン語などの通訳や外国人指導助
　　　手の方も一緒に行ってもらっていますが、その通訳や外国人指導助手
　　　の方が、私たちが言うことを通訳するだけではなく、自分の子どもは
　　　こうだったよとか、自分の子どもは今大学に行ってるよとか話をして
　　　くれるときがあるんです。そういう話の重みっていうのがすごくて、
　　　私たちが言うときより、通訳や外国人指導助手の方の話を聞いたとき
　　　の子どもたちの食いつきというのは全然違うって感じましたね。子ど
　　　ものモデルと出会わすっていうのも大事ですけど、親のモデルと出会
　　　うっていうことも、やっぱり親に影響を与えるには大きいなって思い
　　　ますね。私たちの言葉よりもずっと重いですよ。

「プロジェクト会議」の成果をどう考えるか

　（次に、「プロジェクト会議」について伺いました）

川上：市川先生は、教育委員会に異動されてから、「**プロジェクト会議**」に
　　　出席するだけではなく、準備をされたり資料を作ったり計画を考えた
　　　り、いろいろなことをやられましたが、いかがでしたか？

市川：「**プロジェクト会議**」があるので、去年とどうなんだとか、4月当初と
　　　どうなんだ、子どもの力はどれだけ変わってきたんだっていう観点で
　　　振り返りができますよね。バンドスケールの定着は、本当に進んでき
　　　ていて、市内どこの学校でも、子どもの力を把握するのに、あのバン

ドスケールを出して、話をする。そして、支援していくんだっていう
ところは定着していて、成果が上がっている。だから、プロジェクト
会議は年に 2 回ですけど、教育委員会としても、その成果を検証でき
たのは、大きかったと思いますね。

　ただ、毎回、「プロジェクト会議」に成果が出るのかと言われると、
その成果というのが、はじめた当初は成果が非常に出ていたときが
あって、進路、進学率とかは、目に見えて上がってきた。ただ続ける
中で、悪いときもあると、その部分では、「プロジェクト会議」の後
半のほうは悩みましたね。

川上：つまり、何を成果としていいのか、あるいは、課題を出してきても、
　　　それをどうやって解決したらいいんだっていうことでしょうか？

市川：やっぱり、こうやりながらも（学校の）先生たちは変わっていく。担
　　　当の先生が正規の教員だけではなく、非常勤の先生もいるので、その
　　　方たちと研修をもつのはなかなか難しいところもあって、毎回の「プ
　　　ロジェクト会議」で成果を現していくのは、なかなか難しかったです
　　　ね。

「JSL バンドスケール」と「日本語教育コーディネーター」はどうか

川上：今おっしゃったように **JSL バンドスケール**は定着したとおっしゃっ
　　　たけれども、バンドスケールは、教育の現場において役に立っている
　　　んでしょうかね？

市川：今でも、バンドスケールの文言については、毎年新しい先生が入って
　　　くるので難しいっていうのはあるんですけど、ただ、バンドスケール
　　　を使って会議をするのは、絶対意味があるので、今、バンドスケール
　　　を基にその子たちの支援会議をもっているのは大きいと思いますね
　　　え。

川上：もうひとつ、お伺いしたいのは、「**日本語教育コーディネーター**」に
　　　ついてです。市川先生は中学校の「日本語教育コーディネーター」を
　　　されましたね。この「日本語教育コーディネーター」も、プロジェク
　　　ト立ち上げのときから、配置されてきた。そのコーディネーターの役

割については、どうお考えでしょうか。

市川：コーディネーターの役割は、すごく大きいと思います。学校の会議に
　　　来てほしいとか、子どもを一緒に見て、どうしていこうかを一緒に考
　　　えてほしいといったことが、求められているような気がしますね。

　　　　ただ当初に比べると、今のコーディネーターは他の部分も担っても
　　　らっているところがあるので、純粋なコーディネーターとして学校に
　　　出かける時間が本当に減ったと思います。コーディネーターが2人体
　　　制の頃は、もっとできたと思うんですけど。学校で新しく日本語指導
　　　の担当になった先生はコーディネーターの派遣を要請して、学校で
　　　コーディネーターと一緒に子どもを見ながら、じゃあどうしていこう
　　　と考えたりしてほしいっていうのは、今でもありますね。

ネットワーク会議と実践 EXPO[2]

川上：コーディネーターは、学校訪問の他に、ネットワーク会議とか実践
　　　EXPO の準備もしますが、うまくまわっているとお考えですか？

市川：当初は、各校が独自にリライト教材を作っていたのを皆でやっていこ
　　　うってことで、**ネットワーク会議**でも国際教室担当の先生にとって今
　　　必要なものをやっていきました。後半のほうのネットワーク会議では、
　　　国際教室担当の先生がやりたいことだけでなく、市としてシステムを
　　　構築するために必要なことに取り組んでいきました。しかし、国際教
　　　室では、小グループで日本語のやりとりを重視した日本語指導をやろ
　　　うと発信しても、各学校の状況も異なる中で、学校現場の先生にとっ
　　　たら、今学校にこんな子がいて、なんとかしてやりたいっていう思い
　　　があり、その思いと取り組みのねらいを上手に結びつけられなかった
　　　というのはあります。

川上：特に、中学校は難しいですね。

市川：中学校はやっぱり、進路保障に向けてやっていかないと。でも、進路
　　　のことを子どもたちが小グループで話し合いながら取り組みを進めて

2　第3部「実践⑦」参照。

いる学校もあれば、なかなかそこまでいかずに、体制や時間割の関係
で、同じ人が子どもに寄り添えるわけでないので、受験に向けた教科
の補充だけになる学校もあったんで、どの学校でも同じねらいをもっ
て日本語指導に取り組んでもらうのは難しかったですね。ネットワー
ク会議では、よいところも出てきたけど、学校現場の求めているもの
と同じかと言われるとそうでないところもあったのかなって思います
ね。

　ネットワーク会議については、内容も含めて今後、考えていく必要
はあるのかなあとは思いますね。

川上：実践 EXPO は？

市川：実践 EXPO は、各学校から、担当だけじゃなくて、そのときの学級担
　　　任など、いろんな方が参加して、多様な実践が発信されていて、自分
　　　も参加していても、楽しかったし、面白いなあと思いました。

基本は人権教育

　（最後に、日本語教育の基本を伺いました）

市川：鈴鹿ではこれまで人権教育で培ってきたこと、それをカリキュラムの
　　　ベースにして、日本語の力をどうつけたらいいかを考える実践は大事
　　　なのかなあと思いますね。それで、仲間作りや多文化共生のために国
　　　際教室でやったことを、在籍学級で子どもたちと一緒に考えたりとか、
　　　皆の前で自分の思い発表したりとか、周りとつながっていくような取
　　　り組みはよいのかなと思いますね。

　　　　たとえば、小学生の子が中学校に来て一緒に取り組んだりとか。そ
　　　ういう取り組みは人権教育の１つとして、中学校区単位で取り組みが
　　　進められているところもあるので、そういうのは、鈴鹿の１つの強み
　　　になると思いますね。

　　　　　　　　　　いちかわ　やすし（インタビュー実施日：2019 年 3 月 8 日）

7 JSL バンドスケールを活用した実践と支援体制は欠かせない

──日本語教育コーディネーターの立場から④

吉川 恵

> **プロフィール**　鈴鹿市の小学校教諭。鈴鹿市、四日市市の小学校で日本語指導を担当。鈴鹿市の日本語教育コーディネーターを務める。

日本語教育コーディネーターの仕事

川上：**日本語教育コーディネーター**の教育委員会の中の役職名は何ですか？

吉川：主管ですね。

川上：教育委員会にいるとき、日本語教育以外に、どんな仕事をなさっていますか？

吉川：日本語教育に関わっている事務的な処理が多いです。母語支援員さんとかの賃金の支払いとか、文書発送とか、教育委員会ならではの仕事ですね。

川上：学校からの要請、たとえば、学校へ来てくださいとか、そういうのはあるんですか？

吉川：あります。校内研修会に行ったりとか、国際教室の授業を見に行ったりとか。新しく編入・転入した子どもが日本語がわからないので、支援をしてくださいというときには、子どもの様子を実際に見に行ったりとかしますね。

川上：具体的には、コーディネーターとしては、どういう働きかけができるようになりますか？

吉川：私は、市内各学校に多文化共生教育担当者や、日本語教育担当者がいるので、必ずその人を窓口にして働きかけをします。その人が校内を

　　　コーディネートしてけるような役割をしてほしいと思っています。

川上：その多文化共生教育の担当の先生は、校長先生の人事の動かし方に
　　　よって、毎年度、変わる可能性があるということですか？

吉川：変わることもあるし、同じ人がやってみえるときもあります。

川上：その担当者がちゃんと意識してやってくれたら、問題は解決する場合
　　　もあるのでしょうかね？

吉川：はい、そう思います。

教師研修を組織する

川上：それ以外に、たとえば、**ネットワーク会議**の準備も、コーディネー
　　　ターの仕事なわけですが、それは大変ですか？

吉川：ネットワーク会議ができた頃は、現場が困っているから、教材はどう
　　　やって作ったらよいかわからないと言って、皆が集まって、試行錯誤
　　　しながら、リライト教材とか作ってきました。だから、そのときって
　　　すごく達成感があったし、皆、何かをもって会議に参加する感じで、
　　　自分たちが困っていることを共に解決し合ってきました。だけど、今
　　　は取り組みをしなくちゃいけない、それに向けて、学校の担当者がや
　　　らなくちゃいけないっていうような感じが出てきたので、負担感があ
　　　るようです。そうじゃなくてもう1回原点に戻ってみようということ
　　　で、皆が困っていることを、皆で研修していけばいいんじゃないかっ
　　　て思って、今年はグループ研修にしたんですね。

川上：自分たちの共通の課題をみんなで考えるということですね。

吉川：やっぱり、ネットワーク会議は、現場の先生たちでやっていくのが基
　　　本で、それを教育委員会が支援をしていく、アドバイスしていくみた
　　　いなところがやっぱり必要だなって私は思ってて、それのほうがたぶ
　　　ん皆さんも満足されるかなって思いますね。なので、今年度から研修
　　　に変えたんです。

川上：今後は？

吉川：私は来年度、そのネットワーク会議の研修に、それまであまり関係の
　　　なかった担当者の、いわゆる多文化共生教育の担当者にも参加しても

らって、一緒に研修してもらったらいいのではないかと思います。その人が学校にいろいろな教材や情報などを持って帰ってもらい、非常勤の先生に伝えてもらう。

川上：そうですね。

吉川：そうすると、外国の子どもが少数の学校でも、改善されるかなあと思っています。

川上：皆で知恵を出し合って教材を作ったり、教え方を考えたりする。それは、まさに教師研修ですね。新しく学んでいくわけですからね。そのよい研修の形だと思いますね。

日本語教育コーディネーターは必要か不要か

川上：コーディネーターの仕事が大変だから、もういらないってなったら、どうなるかなあと思って。どうですか？

吉川：いや、いると思います。

川上：それはどうしてなんですか？

吉川：（コーディネーターが）いなかったらやっぱり、それぞれの学校任せになると思うんですよ。

川上：今おっしゃったように、ネットワーク会議などで、教育委員会と学校の間の板挟みみたいな形になることもあるけれど、コーディネーターのポジションは？

吉川：絶対いると思います。

川上：どういう意味で？

吉川：たとえば教育委員会で今年度こんなふうに取り組みたいって考えるとき、コーディネーターがいれば、学校現場で、どんなことができるかなって具体的に考えられるからです。

川上：でも、そういう人を、どうやったら育成できるんでしょうね。

吉川：そうですね。たとえば、鈴鹿で、私がいつも自分で信念に思ってやっていることは、自分の実践で終わりじゃなくて、自分の後にも、ちゃんとできるようにして学校を去りたいと考えます。同様に、コーディネーターを自分の後にちゃんとできるように、次のコーディネーター

にバトンタッチをしたいって思います。そうでないと外国の子どもた
ちはずっと支援が必要なのに、途切れてしまうと思うんですよ。支援
を続けるためには、絶対それが必要ですね。

川上：コーディネーターの継続性ということですね。引き継がないといけな
　　　い。では、その引き継ぐポイントって何ですかね？

吉川：ポイントですか？　とにかく次の担当の方がそのポジションについて
　　　も困らないような体制を作っておくことや、資料を用意しておくこと
　　　は、気をつけていきたいですね。

川上：それは一般論としてもそうですよね。でも鈴鹿の実践として、大事に
　　　していったほうがいいんじゃないかっていうのを伝えるとしたら、ど
　　　ういう点を伝えたいですか？

吉川：それは、やっぱり、**バンドスケール**を活用してきたので、バンドス
　　　ケールを活用した実践や、支援体制を作っていくっていうことは、も
　　　う不可欠だと思いますね。

川上：それは、どうしてですか？

吉川：まず、バンドスケールがなかったときは、この子にとってどんな支援
　　　が必要かとか、果たして取り出しをするのかとか、在籍で勉強するの
　　　かとか、そういうことをまず自分も判断できなかったし、それを在籍
　　　の先生も判断できなかった。で、私は、バンドスケールの一番よいと
　　　ころは、やっぱり皆とそのことについて話ができるっていうのが一番
　　　だと思うんですよ。

川上：なるほど。

吉川：だから、バンドスケールがなかったら、担当者任せになってしまう。

川上：そうすると、コーディネーターの引き継ぎという点においても、バン
　　　ドスケールのことをちゃんと理解しているとか、今言われたような有
　　　効性とか、活用の仕方を、やっぱりわかっている人がコーディネー
　　　ターになるべきだということですかね？

吉川：そうですね。

　　　　　　　よしかわ　めぐみ（インタビュー実施日：2019 年 3 月 8 日）

第 **3** 部

鈴鹿の実践

　第3部では、「鈴鹿モデル」が鈴鹿市に構築され定着していく中で、市内の学校でどのような実践が行われているかを見てみようと思います。

　鈴鹿市教育委員会と早稲田大学の「協定」が締結された後の12年間に学校現場に日常的な実践は数え切れないほどありました。すでに第1部で見たように、鈴鹿市では「同和教育」「人権教育」に基づく教育が広く実践されてきました。ここで、12年間の鈴鹿市内の学校のすべての実践を紹介することはできませんが、後述する「多文化共生教育実践EXPO」で発表された近年の実践から、6本の実践を紹介したいと思います。

　以下、各実践を簡単に紹介します。なお、それぞれの学校名は明記しておりませんが、すべて鈴鹿市立小学校です。

　実践①「進んで学習に取り組む児童の育成——国際教室の取り組み」（大西依子先生）は、国際教室のJSL児童が目標・目的をもって自ら進んで学習に取り組むことを目指した実践を詳細に述べています。JSLバンドスケールで子どもの現状を把握した上で、日本語を学ぶだけではなく、将来の夢を描けるように、子どもたちを様々な学校行事に参加させ、学校全体の実践に結びつけているところが優れています。学びのサイクルを明示している点も参考になります。

　実践②「『自分』への気づきの中で成長する子ども——イスラムの文化・習慣の中で生きる6年児童への支援」（園田みゆき先生）は、スリランカから来た6年生の女児が日本語を学びながらも、自らの宗教的な背景や家族と母国の歴史を学び、それをクラスで発表し、修学旅行にクラスのみんなと一緒に参加していく中で、未来の自分の姿を思い、中学校へ向かう自信を得ていく成長の過程を詳述しています。子どもに寄り添う丁寧な指導と教師の姿勢が示唆的な実践です。

　実践③「思考力・表現力を育てる——在籍学級への学びをつなげるために」（吉川恵先生）は、日本生まれだがまだ日本語の力が弱い5年生の児童3人に、国際教室でどのように指導を行ったかを述べています。まず、JSLバンドスケールで子どもの日本語の力をしっかり把握した上で、5年生の在籍クラスの学習を視野に入れた指導計画を立て、子どもが「自分で考える」「自分の考えをしっかり伝える」ことができるように指導しまし

郵便はがき

101-8796

537

【 受 取 人 】

東京都千代田区外神田6-9-5

株式会社 明石書店 読者通信係 行

|||l·l··l|l|l||l·l|ll||l|l||l||·|·|·|·|·|·|·|·|·|·|·||l||

お買い上げ、ありがとうございました。
今後の出版物の参考といたしたく、ご記入、ご投函いただければ幸いに存じます。

ふりがな	年齢	性別
お名前		

ご住所 〒   -

TEL   (   )   FAX   (   )

メールアドレス	ご職業（または学校名）

*図書目録のご希望	*ジャンル別などのご案内（不定期）のご希望
□ある	□ある：ジャンル（ ）
□ない	□ない

書籍のタイトル

◆本書を何でお知りになりましたか？
　　　　□新聞・雑誌の広告…掲載紙誌名[　　　　　　　　　　　　　　　　　]
　　　　□書評・紹介記事……掲載紙誌名[　　　　　　　　　　　　　　　　　]
　　　　□店頭で　　　□知人のすすめ　　　□弊社からの案内　　　□弊社ホームページ
　　　　□ネット書店[　　　　　　　　　]　□その他[　　　　　　　　　]
◆本書についてのご意見・ご感想
　　　■定　　　価　　　□安い（満足）　　□ほどほど　　□高い（不満）
　　　■カバーデザイン　　□良い　　　　　□ふつう　　　□悪い・ふさわしくない
　　　■内　　　容　　　□良い　　　　　□ふつう　　　□期待はずれ
　　　■その他お気づきの点、ご質問、ご感想など、ご自由にお書き下さい。

◆本書をお買い上げの書店
　　[　　　　　　　　市・区・町・村　　　　　　　書店　　　　　店]
◆今後どのような書籍をお望みですか？
　　今関心をお持ちのテーマ・人・ジャンル、また翻訳希望の本など、何でもお書き下さい。

◆ご購読紙　(1)朝日　(2)読売　(3)毎日　(4)日経　(5)その他[　　　　新聞]
◆定期ご購読の雑誌[　　　　　　　　　　　　　　　　　　　　　　　　　]

ご協力ありがとうございました。
ご意見などを弊社ホームページなどでご紹介させていただくことがあります。　□諾　□否

◆ご注文書◆　このハガキで弊社刊行物をご注文いただけます。
　　□ご指定の書店でお受取り……下欄に書店名と所在地域、わかれば電話番号をご記入下さい。
　　□代金引換郵便にてお受取り…送料＋手数料として500円かかります（表記ご住所宛のみ）。

書名		冊
書名		冊

ご指定の書店・支店名	書店の所在地域	
	都・道 府・県	市・区 町・村
	書店の電話番号　（　　　）	

た。在籍クラスの学びにつなげる実践を具体的に示した点が貴重です。

　実践④「未来に向かって――仲間とともに考える」（中川智子先生）は、日本語指導教室の5、6年生に「未来に向かって」と題した2年間の実践を詳細に述べています。「親と話そう」「自分を見つめる時間」「多文化共生」をテーマに、日本語を学びながら、自分の考えを深め、自分の考えをクラスに、そして地域に発信していく「キャリア教育」であり、「人権教育」の優れた実践例です。

　実践⑤「多文化共生教育の取り組み」（大山久美先生）は、日本語教室と在籍学級とがしっかり連携し、子どもの日本語の力と学力保障を目指して、全校で取り組んでいる実践です。特に、「多文化共生のなかまづくり」をテーマに、1年生から6年生までの取り組みを詳細に述べた点、さらに3年間の学校全体の取り組みを具体的に提示した点から、このレポートは、人権教育を大切にする鈴鹿市の教師集団の優れた実践の典型例と言えるでしょう。

　実践⑥「学校全体で取り組む多文化共生教育」（植村恭子先生）も、人権教育を大切にする鈴鹿市の教師集団の優れた実践例です。JSL児童のための「学力保障」「JSLバンドスケールの活用」「多文化共生のための国際集会・国際週間」「キャリア教育のための保護者会」などを実施する組織づくりをしっかり行った上で、国際教室と在籍学級の間、保健室と保護者の間のきめ細かい連携など、子どもの学力と人権と健康を保障しようという教師集団の強い意識が感じられます。JSL児童にとって「在籍学級における日本語指導が基本である」という植村先生の言葉は、鈴鹿から全国の学校へ発信する至言でしょう。

　実践⑦と実践⑧は、教育委員会の取り組みです。ネットワーク会議、夏季研修講座、そして多文化共生教育実践EXPOは、教育委員会にいる「日本語教育コーディネーター」が中心になって、学校の日本語教育担当者や多文化共生教育担当者が集い、課題を考え、共に学び合い、実践を交流する場を、年間を通じて提供する優れた実践となっています。

　さらに、実践⑧の「日本語教育ガイドライン」は、鈴鹿市の公立学校における日本語教育の指針となるものです。JSLバンドスケールを活用して、

どのように実践を作っていくか、どのように学力をつけていくのか、その考え方が明示されており、新任教員からベテラン教員まで、鈴鹿市のすべての教員が共通理解をもって、日本語教育に取り組めるように工夫されています。このガイドラインは、全国に類のない、鈴鹿独自のガイドラインであり、それゆえ、このガイドライン作成自体が、優れた「教育実践」と言えるでしょう。

　では、鈴鹿市の先生方の優れた実践群をしっかりご覧ください。

実践① 進んで学習に取り組む児童の育成

──国際教室の取り組み

大西　依子

1　はじめに

　本校には、ブラジル、ペルー、ボリビア、スリランカなど、外国につながりのある児童が約60名在籍し、そのうち24名（2015年現在）が国際教室に通級しています。

　校内には、国際教室運営委員会が設置されており、外国につながりのある児童を全教職員で見守り、支援する体制ができています。さらに、JSLバンドスケール判定会議において、校長、教頭、各学年担任、専科、国際教室担当が、児童の日本語力、学習や生活の様子、国際教室への通級、在籍学級での指導などについて話し合う体制もできています。

　継続的な多文化共生教育の取り組みにより、互いの文化を受け入れ、認め合う雰囲気はできています。また、保護者や地域住民の関心・理解も高まってきています。

外国につながりのある児童について

　児童は、学校で様々な「気になる」姿を見せます。たとえば、遅刻や欠席が多い、学習意欲が低いなど。「気になる」姿を見たとき、その児童に合わせた支援を行ってきましたが、大きな変容にまではつながりませんでした。児童の変容を促すためには、児童の生活背景を把握し、支援体制を整えたり、取り組みを行ったりすることが大切だと考えました。そこで、児童の「なぜ、勉強しなくてはいけないの？」という問いに着目し、取り

組みの改善を行いました。

　児童や保護者と話し合ったり、家庭訪問をしたりする中で、学校で見せている「気になる」児童の生活の背景の1つには、社会に存在する偏見や差別意識による保護者の不安定な生活状況があり、「学校に来ないのではなく、来られない」「学びたくても学べない」状況におかれていることがわかってきました。また、多くの児童は、人や社会との関わりが自宅や学校など、狭い範囲に限られており、多様な進路や職種を知る機会が少ないこともわかりました。このような状況から「学ぶことが自分の将来にどのようにつながるのかわからない」という思いが生まれ、「なぜ、勉強しなくてはいけないの？」という問いとなって表れました。

　全国学力・学習状況調査においても、正答率が高い児童は、「学習したことは、将来社会に出たときに、役に立つと思っている」「将来の夢や目標をもっている」傾向があり、正答率が低い児童は、「将来の夢や目標をもっていない」という傾向が見られました。

　児童の姿として、主に次の3点が見られます。

　　①コミュニケーション経験の不足と社会との接触機会の不足
　　　自宅や学校など、身近な社会との関わりが中心であり、他者とのコミュニケーションや社会との接触が狭い範囲で行われている場合が多く見られます。そのため、社会経験から得られる知識が限られ、身近な事柄であってもわからないことが出てきます。授業を理解するための前提知識が十分ではない可能性もあると思われます。
　　②学習意欲の低下
　　　学ぶことと自分の将来とのつながりが見出せないこと、具体的な進路を描けないことによる学習意欲の低下が見られます。
　　③主体的に行動することへの躊躇
　　　目的や根拠に基づき主体的に行動することが少なく、周りに合わせて行動してしまう姿が多く見られます。

2 「目標をもって」「目的をもって」自ら進んで学習に取り組む児童を目指して

　自ら進んで学習に取り組む児童の育成を目指し、「将来の目標をもって」「具体的な目的をもって」学習に臨めるよう、指導計画を立てました。その際、児童が「聞きたい・話したい・読みたい・書きたい」と感じる内容となるよう意識しました。児童が「聞きたい・話したい・読みたい・書きたい」と感じたときに、的確な日本語をインプットすることが、日本語をより強く・長く記憶に残すことにつながると考えたからです。

　先に述べた3点の児童の姿も踏まえ、次の内容を盛り込んだ学習を設定しました。

- 興味や関心をもって意欲的に取り組める内容
- 様々な人との出会い、多様な体験を取り入れた内容
- 学ぶことと自分の将来とのつながりを見通すことができる内容
- 「聞きたい・話したい・読みたい・書きたい」と感じ、自ら日本語を活用しようとする内容

　さらに、今までの個別または学年グループ学習に加え、異学年グループ学習を取り入れました。異学年グループ学習は、自分のもっている知識を友だちに伝えることで知識の再確認ができます。異学年グループ学習とい

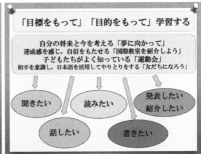

うと、高学年から低学年が学ぶと考えがちですが、低学年から高学年が学ぶ場合もあります。互いが刺激し合い、全体のレベルを上げることにもつながります。また、関わり合い、学び合う中で、互いを認め合う場が生まれ、尊重し合うことにもつながると考えました。

　「目標をもって」学習する題材として「夢に向かって」を、「目的をもって」学習する題材として、「国際教室を紹介しよう」「運動会」「友だちになろう」を設定しました。

3　時間割・学習形態・授業スタイルについて

　時間割、学習形態、授業スタイルを見直しました。

　日本語レベルを考慮した異学年の3グループに分けました（次頁表）。このグループを学習時の基本となるグループとしました。時間割には、個別または学年グループによる授業に加え、新たに異学年グループの時間を設けました。1時間目と6時間目は主に学年グループによる授業としました。そして、基本となる3グループをもとに、2時間目から5時間目までは異学年グループによる授業としました。2時間目から5時間目の授業は、指導者を2名にし、異学年グループによる授業と学年グループによる授業の両方に対応できるようにしました。

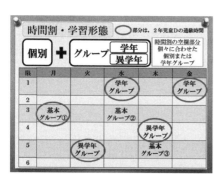

　1時間の授業（45分）は、「漢字」「音読」「その日の学習内容」「書く」の4つに区切って進めました。卒業後も、自ら目標や計画を立て、学習を進めていくことを見据え、教師の指示を待つのではなく、主体的に学習を進める習慣を身につけさせたいと思い、このような授業スタイルにしました。「その日の学習内容」がわかるような掲示物による視覚支援、個々

表　JSL バンドスケール　　　　　　　　　　　　　　（2015 年 12 月現在）

グループ		児童について			JSL バンドスケール			
		学年	国籍	家庭内言語	聞く	話す	読む	書く
1	A	2	ボリビア	スペイン語	6	4	5	5
	B	2	ペルー	スペイン語	4	4	2	2
	C	2	ブラジル	ポルトガル語	3	3	2	2
	D	2	ブラジル	ポルトガル語	4	3	3	3
	E	2	ブラジル	ポルトガル語	4	3	3	3
	F	5	ペルー	スペイン語	3	3	2	2
	G	5	ブラジル	ポルトガル語	5	4	4	4
	H	5	ブラジル	ポルトガル語	5	5	4	4
2	I	3	ボリビア	スペイン語	5	3	4	3
	J	3	ペルー	スペイン語	4	3	3	4
	K	3	ペルー	スペイン語	4	4	4	4
	L	3	ブラジル	ポルトガル語	5	4	4	5
	M	4	ペルー	スペイン語	3	3	3	3
	N	4	ペルー	スペイン語	4	4	4	4
	O	4	ブラジル	ポルトガル語	4	4	4	4
3	P	1	オーストラリア	英語	3	3	3	3
	Q	3	オーストラリア	英語	3	3	3	3
	R	3	スリランカ	タミル語	1	1	1	1
	S	4	ペルー	スペイン語	3	3	3	3
	T	5	スリランカ	タミル語	1	1	1	1
	U	5	ブラジル	ポルトガル語	3	3	3	3
	V	5	ブラジル	ポルトガル語	1	1	1	1
	W	6	ブラジル	ポルトガル語	1	1	1	1
	X	6	ブラジル	ポルトガル語	5	5	5	5

に目標をもたせた「漢字」「音読」の学習を行うことにより、児童は、自ら進んで学習に取り組むことができました。

　「勉強したら、○○がわかった！」など、学習の努力が実った体験を繰り返すことにより、学びへの自信をもつことができました。「次は○ページを練習してくる！」など、次の学習への意欲や在籍学級での主体的な言動にもつながりました。

4　「目標をもって」学習する──夢に向かって

(1) 2014年度の取り組み

　将来を描くためのモデルがない場合が多く、何のために学習するのか迷っている児童の姿が見られました。そこで、様々な人生モデル・職業モデルとの出会いや体験活動を通して将来の生き方や進路に展望をもてるようにする必要があると考えました。学ぶことと自分の将来とのつながりに気づき、「将来の目標をもって」自ら学習に向かう児童の育成を目指し、「夢に向かって」の学習を設定しました。

　「みんなの願いを知ろう」「夢をかなえた先輩の話を聞こう」「大学見学に行こう」「見学を終えて」「国際集会での発表」の取り組みを行い、取り組みの最後には、将来の目標に向け「今、自分のやるべきことは何か」を考えました。

　はじめに、本校指導助手からブラジル移民の話を聞きました。先人の思いを知り、学習に対する意欲をもつきっかけになりました。また、来日して夢をかなえたＴさんの「いつでも、どこでも勉強できるように小さい

ノートを持ち歩いていた」という話を聞き、ノートを準備し、自主学習を
はじめる児童もいました。

　次に、得意なこと、好きなことを書き、自分の将来を考えるきっかけと
しました。友だちの言葉から自分の新たな一面に気づく児童もおり、認め
られる心地よさを感じることができました。

　誰もが将来の自分を思い描きはじめましたが、高校卒業後の多様な進路
について知る機会は多くありません。そこで、視野を広げる機会、外国に
つながりのある学生の話を聞き「今、何のために勉強しているのか」を考
える機会として大学見学を設定しました。見学の参加対象は、国際教室通
級児童に限定せず、外国につながりのある児童全員としました。

　「目的をもって」主体的に学習に向かえるよう、児童には、見学当日は
異学年グループで行動することを伝えました。事前学習では、あいさつの
言葉、聞き取ったことをメモする練習、インタビューの内容・仕方など、
「聞くこと・話すこと・書くこと」を中心に学習しました。

　児童の多くは、公共交通機関の利用経験がありませんでした。そこで、
利用方法を学ぶため、大学への移動にはバスや鉄道を使うことにしまし
た。事前学習で、バスや鉄道を利用する際に必要となる日本語（時刻表、
運賃、バス停、切符、改札）を学習しました。さらに、地図の見方やお金に
ついても学習しました。その際、見学当日に利用するバスや鉄道の時刻
表、運賃表、券売機などの写真を学習に活用しました。券売機のボタンを
押したり、運賃を支払ったりする動作を取り入れて学習することで、初め
て出会う日本語（時刻表、運賃、バス停、切符、改札）も理解しやすくなり
ました。見学当日の主体的な活動に
つなげるため「自分で切符を買う」
など、明確な目的を示して事前学習
を行いました。その結果、習ってい
ない漢字がある場合、自ら辞書を
使って調べる姿が見られました。そ
して、このときに覚えた漢字は、児
童の記憶に長く残りました。

　見学当日は、事前に考えてあった質問だけでなく、その時々に「知りたい」と感じたことを留学生や教授に積極的に尋ねることができました。見学中や見学後は「大きくなったら大学で勉強したい！」「○○になりたいときはどの学校で勉強するの？」など、自分の将来と結びつけて考える発言が多く見られました。

　見学後に取り組んだお礼の手紙は、「相手を意識して書く」ことにより、文末の表現や手紙の書き方を考える機会としました。メモ形式で書いたため、相手に伝えたいことが次々と思い浮かび「書くこと」への抵抗もありませんでした。さらに、書いたメモを並べ替え、文章にしていったことにより、文の組み立てを意識することができました。

　取り組みの最後に、国際集会での発表に向け、学習したことをまとめました。自分の考えや思いを伝えるという「目的をもって」、仲間とともに取り組むことができました。発表がきっかけとなり、児童会と国際委員会が様々な国の紹介などを行いました。「目的をもって」行動したことが、聞き手の心を揺さぶり、大きな広がりになりました。この体験で味わった達成感が、自信や学習意欲、在籍学級における積極的な言動につながりました。

(2) 2015 年度の取り組み

　2014 年度の「夢に向かって」の取り組みにより、児童は、現在の学習が自分の将来につながっていることに気づきはじめました。そして、「明日は、この勉強をしたい！」「家でこの続きをしてくる！」といった学習

に向かう姿が見られるようになって
きました。しかし、知っている職業
が少ないことや中学校卒業後の具体
的な進路がわからないことから、将
来に展望がもてないなど、課題も見
えてきました。そのため、2015年
度は「夢に向かって」の取り組みの
中に、ロールモデルとなる地域の人

や社会で働く人との出会いを通して生き方を学び、自分の進路を考える取
り組みを加えました。

　取り組みのはじめに、「自分のことを大切に思ってくれる人がいる」こ
とに気づかせたいと考えました。家族や教師はもちろんのこと、それ以外
に、会ったこともない人までもが自分の将来に期待をし、自分たちが生ま
れるずっと前から、熱い思いをもって活動してくれていることに気づかせ
たいと思いました。そこで、ブラジルで仲間とともに、日本語学校を設立
したMさん（ブラジル在住）から話を聞くことにしました。Mさんと児童
が直接交流できるよう、Mさんにはテレビ会議での交流を依頼しました。
交流当日、Mさんからは、単身ブラジルに渡ったときの夢、日本語学校
を設立したときの思いなどを聞かせていただき、児童からの質問にも答え
ていただきました。

　交流後、学年グループの時間に「①Mさんの夢、②日本語学校を作っ
た理由、③Mさんががんばったこと、④Mさんからのメッセージ」につ
いて書き、振り返りを行いました。日本語レベル初期の児童には、質問を
変え、「①誰の話を聞きましたか、②Mさんはどこに住んでいますか」に
対し、「Mさんです」「ブラジルです」と口頭で答えられるようにしました。

　次に、養護教諭になることを目指し、日本の大学で勉強しているKさ
んの話を聞きました。日本と中国のかけはしになりたいと、8年前に中国
から日本に来たこと、子どもが好きだから養護教諭になりたいこと、毎日
勉強していることを話してくださいました。「宿題をすること・毎日学校
に来ること・勉強をがんばること」というメッセージもいただきました。

　次に、様々な職業について知ること、メモをもとに話すことを目的に学習を進めました。その際、「NHK for school」の映像を活用しました。音声だけでなく、映像があることで、聞き慣れない日本語も映像をヒントに自分の知っている日本語に置き換えてメモをとることができました（例：教諭⇒先生／出勤する⇒仕事に行く）。

　昨年度、メモについて学習をしたので、上級生が下級生にメモのとり方を説明する場面も設けました。

　はじめは、映像をその都度止めて「何をしていますか」という発問で、人物が何をしているかを発表させ、板書していきました。「長い文を書いていたら、間に合わない」という意見から、聞き取った言葉を全部書くのではなく「しました・です」は省くことなど、大事な部分だけを書くことに気づいていきました。次に、メモをした紙を黒板に貼り、紹介し合いました。友だちが書いたメモのわかりやすい部分を見つけ、自分のメモに取り入れることができました。そして、自分のメモをもとに、映像の内容を説明しました。「順番どおりに・大事な言葉を・短く」書くことで説明しやすくなることに気づきました。

　大学見学の事前学習では、パンフレットの読み取り、メモのとり方、インタビューの内容・仕方、バスや鉄道を利用する際に必要となる日本語（時刻表、運賃、整理券、改札）、地図の見方、お金について学習しました。

　「読むこと」を中心にした学習では、「ここに書かれていることを読みたい」と思い、児童自ら「読むこと」に向かうよう、大学のパンフレットを活用しました。「大学について知りたい。だから読みたい」という気持ち

から、自ら調べたり、パンフレットの写真を手がかりに考えたり、友だちと考え合ったりする姿が見られました。また、あいさつやインタビューの内容を考える際には「話すこと・書くこと」に重点をおき、取り組みました。

大学見学では、「①クラブ見学、部員との交流、②外国につながりのある学生や留学生との交流、③学生食堂での昼食（食券を買う）、④講義聴講、⑤学生との交流」を行いました。見学中は、学生も入れた異学年グループで行動しました。積極的に学生に話しかける児童、リーダーとなって行動する児童、集中して聞き取る児童、しおりにびっしりとメモをとる児童、誰もが「目的をもって主体的に」学習することができました。

外国につながりのある学生や留学生と交流する中では、次のようなやりとりがありました。

児童：「がんばりたいことは何ですか」
学生：「教師になるための勉強です」

学生：「覚えることがすごく好きです」
児童：「ぼくと一緒や。ぼくは、漢字を覚えることが好きです」

希望の職業に就くため大学に入ってからも学び続ける学生の姿に触れ、現在の自分を振り返る児童、今の自分と重ねて考える児童など、自分のことを見つめ直すことができました。

見学後は、お世話になった学生にお礼の手紙を書きました。

次に、在籍学級や保護者会での発表に向け準備をしました。児童には、事前に発表日時や聞き手、グループで発表を行うことを伝えました。明確な目的をもたせたことにより、個々の役割や完成までの計画な

大学見学

見学のしおり

ど、グループ内で自然に話し合いの場が生まれました。

　発表作品作りは、プレゼンテーションソフトウェアを活用し、自分たち
が撮影してきた写真の説明を中心に進めました。まず、個々に原稿を書
き、それをグループで検討し、最終的にグループで1つの作品を完成さ
せました。タイトルや発表原稿の作成では、メモをもとに文章を書きまし
た。作品を作成する際には、パソコンのキーボードを使い、ローマ字の練
習も取り入れました。

　最後に、地域で働く歯科衛生士1名、店経営者3名をゲストティー
チャーに招き、インタビューを行いました。この取り組みは、同じ中学校
区にあるA小学校の国際教室と合同で行いました。A小学校の国際教室
とは、事前にテレビ会議をし、学校紹介や自己紹介を行いました。

　事前学習では、ゲストティーチャーが働く様子を映像で視聴し、仕事内
容を学習し、質問を考えました。その際、あいさつや敬語についても学習
しました。学習を進める中で、中学校卒業後の進路についても考えまし
た。「歯科衛生士になるためには、どんな勉強をするの？」「どんな学校に
行くの？」という進路に関する児童の疑問からスタートし、個々に希望の
職業に就くための具体的な進路を調べました。

　当日は、児童が主体的に活動できるよう、ゲストティーチャーごとの
ブースを作り、異学年グループでブースを移動し、学習を行いました。次
のブースへの移動やゲストティーチャーへのインタビューは、グループ
リーダーを中心に進めました。事前に準備した質問以外にも、知っている
日本語を使って積極的に質問をする姿が見られました。

　最後に、ゲストティーチャーの話を聞き取ったメモをもとにリーフレッ
トを作成しました。作成後は、互いにリーフレットを見せ合い、紹介し合
いました。その後、全校児童に向け、職員室前に展示しました。

(3) 保護者とともに

　多くの保護者が、中学校卒業後の具体的な進路がわからないため、わが
子の将来に不安を抱いていました。児童が、自らの進路や生き方に対して
主体的に選択・意思決定し行動できるよう、小学校の段階から保護者とと

もに進路について考えていく必要が
あると考えます。そこで、以前から
1学期末に「児童の様子」と「進路」
について話し合う保護者会を開催し
ています。2015年度は、中学校卒
業後の進路説明に加え、児童がプレ
ゼンテーションソフトウェアを活用
して作成した大学見学のまとめを紹
介し、高校卒業後の多様な進路につ
いても説明しました。

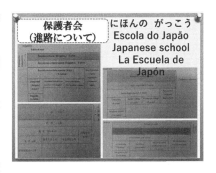

5 「目的をもって」学習する

(1) 国際教室を紹介しよう（2014年度・2015年度の取り組み）

「1年生の児童に国際教室を紹介する」という「目的をもって」取り組
みました。この取り組みでは、多様な文化をもつ自分に自信をもつこと、
仲間とともにやり遂げる達成感を味わうことができると考えました。

児童には事前に、いつ、誰に、何を紹介するのかを伝え、カレンダーに
印をつけ、常に「目的」を意識できるようにしました。紹介する内容を話
し合う中で、自分の国のジャンケンや母語を使ったクイズも取り入れよ
うということになりました。児童は、大勢の前で発表することを心待ちに
し、クイズで使う母語がわからない場合は、保護者に尋ね、教わった母語
をメモして持ち歩いたり、家で自分の役割を練習してきたりするようにな

りました。さらに、授業中には、上
級生が下級生をリードする姿が見ら
れるようになりました。

当日は、どの児童も堂々と発表す
ることができました。母語と日本語
を使った発表をやり遂げたことは児
童の大きな自信となりました。

（2）運動会（2014 年度・2015 年度の取り組み）

　自ら「聞きたい・話したい・書きたい・伝えたい」という思いになり、積極的に学習に取り組めるよう、児童がよく知っている「運動会」を題材としました。

　はじめに、「去年の運動会を 1 年生にわかりやすく説明する」という「目的」を確認し、個々に去年の運動会の様子を思い出して書きました。書いたものをもとに 1 年生にわかりやすく伝えるための工夫などを同学年の友だちと話し合ったり、異学年で教え合ったりしました。

　次に、自分が参加する競技の説明をしおりに書きました。しおりのはじめのページに、運動会の開始時刻と終了時刻、家族への手紙を書き、家族に伝えることにしました。さらに、食べたいオリジナル弁当も描きましたが、描いているとき、多くの児童が、食品の名前を知らないことに気づきました。そこで、1 個ずつ絵を貼りながら確認しました（例：かまぼこ、シュウマイ、肉団子、鮭、ブロッコリーなど）。

　この取り組みでは、しおりを通して、家族とのコミュニケーションが生まれることもねらいの 1 つにしました。児童は、運動会の練習の様子を家族に伝えたいという気持ちが強く、しおりを何度も読み返し伝える練習をしていました。運動会に向けて日々頑張っている様子が家族に伝わり、以前は、運動会当日に欠席しがちだった児童も最後まで楽しんで参加することができました。

　次に、参加する競技を他学年に紹介しました。緊張して紹介が止まったときに助け合う姿や下級生の質問に対しては、ジェスチャーを使って答え

たり、下級生にわかる日本語を選んで答えたりする工夫が見られました。自分たちで話し合いを進め、主体的に学習することができました。

　運動会後は、作文を書き発表し合いました。毎時間日記を書いてきたこと、運動会という実体験に基づいた題材だったことにより、書くことに抵抗なく、楽しんで書くことができました。しかし、助詞、動詞、形容詞、接続詞の使い方に間違いが見られ、今後の課題の１つだと考えています。

（3）友だちになろう（2014年度の取り組み）

　児童が、「目的をもって」意欲的に学習に取り組めるよう、視野を広げられる題材、興味や関心を持続させる場の設定を行いました。その際、体験したことを日本語で表現したり、学習の過程やその結果を日本語でまとめたり、さらには、学習したことを他者に向けて日本語で表現したりといった「日本語で学ぶ力」を意識して指導計画を立てました。特に、日本語による他者とのやりとりの場を設定したり、具体物による支援や体験に基づいて学習内容の理解を図ったりする必要があると考えました。そこで、

　　①秋田県の小学生と交流する
　　②タブレットのビデオ機能を使って自分の日本語表現を振り返る
　　③タブレットのテレビ電話機能を使い友だちと日本語でやりとりする

という場を設定しました。

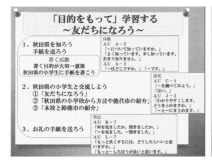
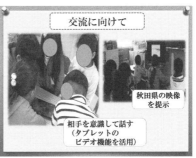

地球儀と日本地図を提示し、「秋田県について知っていますか」と問いかけ、日本の位置、秋田県の位置、三重県の位置を確認しました。このとき「知っています。知りません」といった答え方、「日本はどこですか」「秋田県はどこですか」「三重県はどこですか」という問いに地図を指さして、「ここです」と答える学習も取り入れました。その後、秋田県の冬の暮らしについて学習しました。地球儀や日本地図、映像を提示することで、行ったことのない場所、体験したことのない生活についても具体的に捉えることができました。

　この学習は、3学期という寒い時期に行いました。雪国の映像（雪の中を学校に通う小学生の姿、雪おろしをする様子や除雪車など）を見せ、鈴鹿市とは違う雪国の暮らしに興味をもたせました。その上で、秋田県の小学生に交流を依頼する手紙を出す学習につなげていきました。児童の多くが、書くことに苦手意識をもっているため、「目的をもって書く」「相手を意識して書く」という場を設定する必要がありました。「交流したい」気持ちを「雪国に住む小学生」に伝えたいという強い思いから、書くことに抵抗を示す児童はいませんでした。メモ用紙に考えた文をどんどん書いていく児童、「こういうことが書きたいのですが、どう書いたらいいですか？」と質問する児童など、積極的に書き進める姿が見られました。

　ここでは、「相手を意識して書く」ことと「手紙文の簡単な形式」を知ることに重点をおき、文末の表現や手紙の書き方も学習しました。郵送前には、書いた手紙を異学年の友だちに発表しました。

　手紙を受け取った秋田県の小学3年生から返事があり、交流することになりました。直接やりとりをすることで「相手に伝えたい」という強い思いをもつと考え、テレビ会議を3回行うことにしました。

　はじめに、あいさつや自己紹介、学校紹介、鈴鹿市の紹介をどのように発表していくかを考えました。話し合いの結果、1、2年生は、学校紹介

をし、3年生以上は、社会で学習した自動車工場、伊勢型紙、伊勢茶について紹介することになりました。

　まず、個々に紹介したいものを決め、その内容をメモ用紙に書きました。次に、同じ事柄を紹介するグループに分かれ、メモをもとに発表内容をまとめました。そして、タブレットのビデオ機能を使い、交代で撮影し合い、話し方・文末表現・助詞など、互いに教え合いました。最後に、タブレットのテレビ電話機能を使い友だちと日本語でやりとりをしました。一方的に話すのではなく、相手のことを考えて会話を進めることの大切さに気づくことができました。

　1回目の交流は、初めて出会う場なので、互いのことを知り合い、友だちになることをめあてとし、自己紹介や母語でのあいさつ、様々な国のジャンケンをしました。2回目は、秋田県の方言や特産物の紹介を聞き、質問や思ったことを伝えました。3回目は、本校の紹介と鈴鹿市の紹介をしました。

　テレビ会議を行い、直接やりとりすることにより、「秋田県の友だちに伝えたい」という思いが強くなり、相手の話を理解しようとする姿や大きな声ではっきり話そうとする姿が見られました。テレビ画面で相手の様子や提示された資料を見ることができ、話の内容が理解しやすかったようです。提示された雪の写真を見て、以前に学習した「秋田県は雪が多い」という知識がより実感を伴ったものとなりました。

　準備したものを発表するのではなく、相手とのやりとりが進んでいく中で、正確に聞き取り、考え、答えていかなくてはならない場面がたくさんありました。児童は、クイズに答えたり、質問したり、感想を伝えたりと、意欲的に日本語で伝えることができました。

　聞き取れないときは、「もう一度言ってください」と頼んだり、伝わらなかったときは、ゆっくりはっきりともう一度話したり、知っている

日本語を使って言い換えたりと、よりわかりやすく伝え合うための方法を実際の会話の中で学習することもできました。また、クイズの正解を考える中では、「近い」「逆」という相手のヒントから類義語や対義語を考えることになり、語彙を増やす機会にもなりました。さらに、同じ日本でも、地域によって気候が違うという驚きに加え、方言や特産物があることをこの学習から知ることができました。

　毎回、交流を終えてから、話し方や聞き方について振り返りを行いました。最後の交流の後は、お礼の手紙を書きました。

　この取り組みを進める中で、「こんなことが書きたいです。どう書いたらいいか教えてください」「発表するときには、です・ますをつけたほうがいいのでしょうか?」など、教師が教えなくても、必要に迫られ、児童から教師にどんどん尋ねてくるようになりました。また、「この漢字は習った。ドリルにあったから調べてみる」と、わからない日本語を進んで調べる姿が見られました。

　この取り組みでは、遠くの友だちに「日本語で伝えたい」、そのために「日本語を学びたい」、学んだ日本語を使ったら「相手に伝わった」という体験を繰り返しました。このような体験の繰り返しが、自信や次の学習への意欲につながり、自ら進んで学習する姿となって表れたと考えます。

6 成果と課題

成果

　①「目標をもって」「目的をもって」学習したことにより、次頁の図のようなサイクルができ、児童が進んで学習に取り組むようになりました。

　○学習意欲が向上しました。
- 「明日も○○の勉強がしたい!」「明日はどんな勉強をしますか?」と学習することを楽しみにする姿が頻繁に見られるようになりました。
- 宿題以外の家庭学習に自ら進んで取り組む児童が増加し、欠席

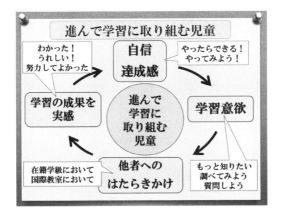

や宿題未提出が大きく減少しました。

○ 他者への働きかけが増えました。

- 在籍学級の授業でわからないことがある場合、担任に質問にいくなど、理解しようと努力する姿が見られるようになりました。
- 音読の時間、「○○まで読んだら交代しよう」と声を掛け合い、一緒に学習する姿が見られるようになりました。
- 漢字の読みや書き順を教え合うなど、学び合う姿が頻繁に見られるようになりました。学び合う中で、知識を再確認したり、他者から認められる喜びを味わったりすることもできました。

○ 学習の成果を実感し、自信を得たことが、次の学習への意欲につながりました。

- 努力が成果となる体験を繰り返したことにより、学びへの自信につながりました。その自信が「次は○○の勉強がしたい！」など、次の学びへ向かう姿となって表れるようになってきました。

○ 主体的な言動が増えました。

- 「これが終わったら○○をしよう」など、友だちを先導する姿が頻繁に見られるようになりました。
- 1時間の授業を「漢字」「音読」「その日の学習内容」「書く」

　　　の４つに区切り、パターン化したことにより、やるべきこと
　　　がわかり、自ら進んで次の学習に取り組む姿が頻繁に見られる
　　　ようになりました。
　　・自ら考え、判断し、行動する児童が増えてきました。
　○仲間意識が育ってきました。
　　・声を掛け合い、異学年で一緒に学習する姿が見られるようにな
　　　りました。
　　・目的達成に向けた取り組みの中、友だちの新たな一面に気づい
　　　たり、互いに認め合ったりすることができました。

②日本語を使って伝えたり、書いたりする場を意図的に設定したこと
　により、児童は、日本語でどのように表現するのかを自ら調べた
　り、質問したりするようになりました。児童が「今、この日本語を
　使いたい・知りたい」と感じているときに、的確な日本語をイン
　プットしたことにより、学んだ日本語が強く・長く記憶に残りまし
　た。

課 題

　学習意欲の持続が難しいという課題があります。そのため、定期的に体
験、探求、発信の場を設定し、学習意欲を喚起していきます。
　今後も、外国人の人権に関わる問題を解決するための取り組みを推進す
るとともに、児童一人ひとりが、主体的に進路を切り拓くことができる力
をつけていきます。

実践② 「自分」への気づきの中で 成長する子ども

──イスラムの文化・習慣の中で生きる 6年児童への支援

園田　みゆき

1　はじめに

　私たち小学校教師にとって、外国につながる子どもたちの日本語教育は、まだ成長の途上である子どもたちを丸ごと支援するものでなければなりません。それは、子どもたちが日本語能力を身につけるだけではなく、自分がいかに生きるかを思考する力をつける必要があるからです。

　異文化間の移動を繰り返している子どもたちにとって、自分と周りの世界がどのようにつながっているのかを捉えることは難しいことです。とても広い世界を移動していることで、かえって狭い範囲のことしか理解できていないことも多いのです。たとえば、突然目の前に現れた違う世界の中で、子どもたちは周りとどう接点をもてばいいのかわからないまま取り残され、家族や少数の母語話者とのコミュニケーションに終始することも少なくありません。そして、周りの世界と自分との違いを日々感じているものの、どう対処していいのかわからず、常に不安を抱えています。不安の中身は、子どもの成育歴や家庭環境などによって様々です。つまり、異文化間に生きる子どもたちが、この社会の中で自己実現していくためには、子ども一人ひとりの状況に合った支援が必要だということです。そして、そのためのプログラムは、子どもたちが、この複雑な世界を理解するために十分な言語能力を身につけ、この世界で関係性を構築していけるという自己有能感をもつための学びのプログラムでなければなりません。そして、その学びの中では、日本文化を知ると同時に、自分の文化について

も深く知る機会が必要です。成長の途中にある子どもたちが文化の違いを
はっきりと認識することはできません。また、母国の文化とは何かがわか
らない子どもたちもたくさんいます。もちろん教師もわかりません。しか
し、文化の違いを知ることは、自分と周りの世界をうまく調整したり、起
こり得るトラブルを回避したりすることにつながるでしょう。そして何よ
りも、自分の生き方を見つけていくための道しるべになるのではないで
しょうか。教師が子どもと共に違いを学ぶ取り組みは、子どもたちにそれ
ぞれの文化の価値を認識させ、その違いによって生じる摩擦に耐え、この
先子どもたちが1人でも学び続けられる力となるでしょう。

　さらに、この取り組みは、日本の子どもたちにとっては、自分の世界を
広げる学びになるのではないでしょうか。彼らがいることで自分たちの価
値観を問い直し、自分たちの文化や習慣を客観的に見る視点を与えられるの
です。

　スリランカと日本の間で生きる6年生Aへの支援の中で、見えてきた
ことです。

2　子どもの1年後を見据えて支援目標を立てる

6年女児A（国籍：スリランカ　母語：タミル語　宗教：イスラム教）

　2011年に来日し入学したが、1か月ほどで退学。2014年11月に4
年生に編入。その間、日本とスリランカを行ったり来たりしていた。
短期間スリランカの小学校に通っていたこともあるようだが、ほとん
どの期間は、家庭で母親に英語とタミル語の読み書きや四則計算など
を教わっていたようである。父親は、主にスリランカへの中古車輸出
の仕事をしていた。当面スリランカに戻る予定はなく、保護者は、中
学校・高校と日本で教育を受けることを望んでいた。

　5年生3学期にJSLバンドスケールを使って測定された日本語能力
は、【聞く】3【話す】3【読む】2【書く】2であった。5年生のとき
は、休み時間に担任のそばに行って覚えた日本語で話そうとする姿は
あったが、友だちとのつながりは薄かったようである。6年生になっ
てすぐは、担任やクラスが変わり不安もあったのであろう。日本語教

室の取り出し授業では、「○○先生の言っていること全然わからない」「○○ちゃんがにらんできた」「日本人は変だ」等々、ひとしきり文句を言ってから学習が始まるといった状態であった。

5月中旬、3日後に行われる宿泊学習ための練習をしていたAにある出来事が起こりました。

　キャンプファイヤーのダンスの練習をしていたとき、Aは、自分の手を握ろうとした男児の手を振り払い、汚いものが触れたかのように手を振ったのである。周りの児童は驚きを隠せず、男児もかなり戸惑った様子であった。Aは、その後の担任の聞き取りで、「恥ずかしかった」と答えた。しかし、何か違う理由があるのではないかと考え、次の日にするはずであった家庭訪問（宿泊学習での配慮事項を確認するため）を、急遽その日に行った。母親は、「『男性と肌を触れ合ってはいけない』というイスラムの教えを守ろうとしたのだと思うが、その説明ができなかったのだろう。私は、イスラムの学校で学んできたが、子どもには、それをちゃんと教えることをして来なかった」と言った。

　Aは、自分と周りの子どもたちとの違いに苦しんでいるように見えました。しかし、A自身、何が違うのか、どう対処したらいいのかがわからなかったのでしょう。周りの子どもたちとうまくつながれない不安を、日本の「何か」のせいにして、自分の中で解消しようとしていました。当然日本語の学習にも意欲的になれず、授業の途中で学校生活への不満を話し出すときもありました。

　5月下旬、児童が小学校を卒業するまでにつけたい力と手立てを次のように設定しました。

【つけたい力】
・中学校であきらめずに学習を続けるための自立学習のスキル。

- 異文化の相手とコミュニケーションをとるためのスキル。
- 安心できる仲間関係を築くことができるという実感。

【手立て】
- 児童の日本語能力や理解に合った学習支援。
- 保護者と連携してイスラム教のことやスリランカのこと、家族の歴史など、自分のルーツを知るための支援。
- 見通しをもって行事に取り組ませ、仲間関係を築いていけるための支援。
- 日々の生活の中で、主体的に動けるための支援。
- クラスの児童への働きかけ。

3　日本語の学習

　日本語教室の学習を中心にして、さらに手立てを具体化しました。

　6年生の1年間という短い期間でどんな学びができるのか、見通しをもって取り組まなければ、有効な取り組みを行うチャンスを逃してしまいます。6年生はとにかく行事が多いのです。さらに、2学期までは学習内容もかなりあります。

　そこで、教科書を使用した学習に軽重をつけたり、修学旅行の事前学習

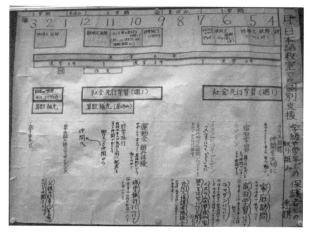

クラスや学年、保護者と連携して日本語学習を進めるためのプログラム

として、独自に国語科や社会科の内容を連携させた学習を行ったりしました。また、作文のように時間をかけて何回も取り組む必要のある課題には、目標を決めて取り組ませました（このときは、「卒業作文を一人で書く」という目標を設定しました）。在籍学級や保護者との協力した取り組みを行うためにも、このプログラムの作成は有効でした。

（1）リライト教材を使用して、6年生の学習をする

　国語科の学習では、6年生の教材文を児童の日本語能力に合わせてリライトしたものを使用しました。内容は、丁寧に少しずつ読むのではなく、自分で読み取ろうとするように、前もって文章に出てくる日本の生活や習慣などに関する部分は知識を与え、絵や写真を使って視覚支援を行いました。また、わからない言葉を漢字の意味や文脈から読み解いていく練習や、辞書やインターネットを使って語彙を調べたりする練習などの時間もできるだけとるようにしました。

　社会では、毎週1時間の取り出し授業を行って、1週間に学習する分の予習を行いました。全然わからないと最初はあきらめていましたが、なんとかテストでは60〜70点程度とれるようになり、少しずつ自信がもてるようになっていきました。日本の歴史を理解することは、今後の様々な学習の理解につながると考え、言葉が難しいところを、写真や図、漫画などを使ってできるだけ理解を支援する教材を準備しました。2学期の国語の教材文の理解にも活かせました。

（2）自分のことをプレゼンする
● 母親を通してイスラムについて知る

　6月中旬から1か月間、Aの家族はラマダン（日の出から日没まで一切何も口にしない）を行うと保護者から話がありました。Aも昨年までは、休日だけで参加していましたが、今年は11歳になったので、1か月間通して頑張らせたいとのことでした。

　そこで、自分の文化や習慣について理解し、安心してラマダンに臨めるように、クラスの仲間にイスラムの教えや習慣についてプレゼンテーショ

ラマダンの間の給食の時間は、妹と日本語
教室で過ごした

ンをすることにしました。ちょうどテレビでは毎日のように IS について報道しており、両親も「喜んで協力します」と言ってくれました。父親が、「仲間の通っているモスクでは、投石があったり、心ない言葉を言われたりしたことがあり、悲しい。日本の子どもたちに理解してもらえることは嬉しい」と話してくれました。放課後 4 回、計 10 時間ほどかけて、母親からイスラムの習慣や教えなどについての話を児童と一緒に聞かせてもらい、「イスラムの女性」「食べ物」「モスク」「ラマダン」の 4 つのテーマで A が書いたものを、教師が手直ししてクラスで発表しました。6 年生 3 クラスでプレゼンを行いました。初めに行った自分のクラスのプレゼンでは、声がとても小さく、子どもたちが A の周りに集まって聞いてくれました。しかし、子どもたちがとても集中して聞いてくれたことや、後から質問が出るなど、関心をもってくれたことに安心したのか、徐々に声は大きくなり、3 クラスが終わった後には笑顔が見られ、「ドキドキしたけど楽しかった」と言っていました。

　　イスラム教はテレビとかで見てあんまりよくないのかなと思っていた。でも、A さんの話を聞いて、それはただの思い込みで、平和をいのってつくられたものだから、かってなことを言うのは、いじめになると思った。

(子どもたちの感想より)

　　ぼくは今日の話を聞いて、A さんや B さんがなんでぶた肉を食べないのかがわかって、かってに変だと思っていたぼくが、変だと思った。

(子どもたちの感想より)

　最後の聞き取りに行った日、「日本の子どもたちに伝えてほしいことは

ありますか」と聞くと、Aの父親は、「神様はたくさんいる。信じている神様は違うかもしれない。でも、神様はみんないいことを言う。家族の幸せとか平和とかを願うのが神様だから。人を傷つけたり悲しませたりする神様はいない。もし、神様の名前を使ってそういうことをする人がいたら、その人はきっと違う目的がある人だ」という話をしてくれました。

　Aのプレゼンの後、父親の言葉を教師から話しました。子どもたちの多くは、少なからず「イスラム」という言葉にマイナスイメージをもっていました。しかし、この言葉は子どもたちにはとてもわかりやすかったようで、たくさんの子どもたちが、自分の理解と違ったという主旨の感想を書いていました。また、たくさんの6年生の前で話すAの姿を見て、5年生のときとの変化に「びっくりした」と書いた子どももいました。

● 父親を通して母国を知る

　3学期の社会の教科書に「日本とつながりの深い国々」という単元があります。在籍学級担任と話し合い、この単元の学習後に、Aがスリランカについての発表を行うことにしました。この単元では、文化や習慣の違う国々でも、視点を変えてみると、つながりがあることをいくつかの例から学ぶようになっています。Aの父親は、日本の中古車をスリランカに輸出する仕事をしており、日本の子どもたちにとっては、Aの父親の仕事を切り口にスリランカという国について知る学習ができます。また、Aにとっては、なぜ今自分が日本にいるのかということの大きな理由の1つを理解し、外国で頑張ってきた父親の生きざまに触れる機会になりました。国語の取り出しの時間に合わせて、Aの父親に日本語教室に来てもらい、前もって考えておいた質問をAが父親にしました。Aの知らないいくつかの印象的な出来事について、父親は具体的に話してくれました。父親が自分の会社を

クラスの子どもたちがAの周りに寄ってきて発表を聞いてくれた

作ることを夢見て、何度となく困難にぶつかりながらも頑張ってきた話。また、Aの父親が東京で財布をなくしたとき、帰るためのお金を電車の中で知らない人にもらった話。スリランカの内戦の話、等々。——「お父さん、頑張ったんだね」「どうすればスリランカも日本みたいに戦争をしないって決められるかな」「いつか私がスリランカへ帰って、もう戦争をしない国にしたい」——Aの考える姿に心を打たれました。

（3）作文を書く

　9月下旬、運動会後に作文を書かせた後、2学期の終わりまでに、以下の7つのテーマでの作文＋行事作文を書こうと提案しました。

　　　①私の家族
　　　②私の母国
　　　③イスラムの生活と仲間
　　　④日本の学校
　　　⑤日本の友達
　　　⑥中学生になったら
　　　⑦将来の夢

　「子どもにとって価値ある学び、価値ある活動をさせる」。そして、「それを書かせる」。その繰り返しの中で子どもは何が価値あることなのかを学び、自分が頑張りきれたとき、「子どもは自ら書きはじめる」。書くことによって、自分が経験したことや学んだことはいったいどういうことだったのかを振り返り、頑張りきれた自分を評価できたり、次への目標を設定できたりするのです。

　作文を書かせるときは、Aの日本語能力や経験に合わせたモデル文をその都度用意し、表現できる世界が広がるように、新しい表現や語彙を学習しました。何度かそれを繰り返すと、モデル文を読んでいるときに、自分が使えそうな表現や語彙に線を引くようになりました。1月に書いた卒業作文は、教室でみんなと一緒にほぼ支援なしで書き上げました。

● 運動会

　6年生の夏、児童は家族とともに、スリランカに一時帰国しました。そのために、通常より1週間早く夏休みに入り、2学期が始まってから2週間して戻ってくることになりました。Aは、そのことと、9月の3週目の土曜日にある運動会には参加したいことを、自分でクラスの仲間に伝えてから帰国しました。

　9月に入り、クラスでは、運動会を成功させるための学級会が行われ、その中でAが帰ってきたときに一緒にできるようにするためには、どうすればいいかの話し合いももたれました。

　　S小にもどってきたとき、みんなが体そうふくで私だけふつうのふくで、体育館に行くとき、はずかしかったです。それに、みんなが組体そうのれんしゅうができるようになっていて、私だけぜんぜんわからなくて、はずかしかったです。

　　でも、運動会の日、Cさんがどこの場所か教えてくれました。Cさんの後ろをついて行きました。Dさんが、私と手をつないでいっしょに行ってくれました。Eさんが、かたをとんとんして、「ここだよ」と教えてくれました。タワーのとき、みんながばらばらになって、私はどこの場所かわからなくなりました。その時、友だちが「A、ここだよ」と教えてくれました。

　　組体そうをしているとき、楽しかったです。

　　私は、全部できました。

（Aの運動会の感想文より）

　＿の部分は、Aがひとりで書いたときにはありませんでしたが、「よかったね。でも、短い期間でよくできたね。どうして」と言うと、付け加えた箇所です。

　運動会の日から、Aは、友だちや学校に対する不満を言わなくなりました。

私の母国

　私は小学校4年生のときに、スリランカのアクラナというところから日本に来ました。アクラナは、いつもゴミがたくさん落ちていて、あちらこちらに犬がいて、きたないです。いいところは、いっぱいお店があって食べ物とか服とかが買えるところです。日本に来たとき、道がきれいでいいところだと思いました。アクラナには、いっぱい車や自てん車が走っていて危けんです。ときどきどろぼうが入ります。それが、とてもこわいです。スリランカは、小さくてあつい国です。雪はふりません。でも、食べ物は、おいしいです。私は、カリが大好きです。

（Aが10月に書いた作文より）

　表現は拙いですが、スリランカと日本について、感じたことを素直に書いているAの様子がうかがえます。

●修学旅行

　11月の修学旅行。どこへ行っても、みんなと同じ食事をとれないという不自由さを抱えていましたが、友だちが自分のことをわかってくれていることの安心感からか、とても楽しみにしているようでした。そして、友だちと一緒に行動できた嬉しさを、帰ってきた次の日、ひとりで一気に書き上げました。

　修学旅行では、たくさんいいことがありました。困ったことはありませんでした。どうしてかと言うと、みんなが助けてくれたからです。宿泊学習より修学旅行のほうが楽しかったです。

　ホテルに帰ってきたときです。その時、Fちゃんが帰ってくるのがおそくて、私たちは、ずっと待ました。待つのは、いいことだと思いました。何でかというと、みんな友だちだからです。

　ホテルの部屋で、先生たちが言わなくても、しおりを見て次に何をするかを考えて、時計を見て行動することができました。もう6年生

だからです。私は、とれもいいことだと思いました。

　夕食の後、旅行会社の人と話しているとき、Dちゃんが、私が来るまで待ってくれたのが、うれしかったです。私も友だちが来るまで待ちたいです。

（中略）

　これからも続けていきたいです。

（Aの修学旅行の感想文より）

4　未来の自分を思い描く

●外国人児童にための中学校ガイダンス

　12月初め。中学校生活について具体的に知ることで、安心して意欲的に残りの時間を過ごせるように、中学校から先生2名と外国人生徒2名に来てもらいました。

　先生方に、1年間の中学校生活と小学校生活との違いなどについて話してもらった後、2名の外国人の先輩から、部活動や中学校の勉強についての話をしてもらいました。

　特に、美術部に所属して頑張っている女子生徒の話は、自分が希望していた部活だったこともあり、とても熱心に聞いていました。次の日の取り出し授業では、いつもより饒舌なAがいました。そして、ガイダンスの日まで「アート部」と言っていたのが、「美術部」に変わっていました。この後に書いた「中学生になったら」の作文では、「私は、びじゅつ部に入って、本物みたいな絵をかいて、しょうじょうをもらいたいです」と書かれていました。中学校生活でのモデルと出会えたのでしょうか。

　卒業式の3日前に在籍学級で書いた「3か月後の自分へ」という手紙には、次のように書かれていました。

　卒業式に大きな声を出しましたか。あいさつが言えるようになりましたか。勉強に集中して先生の話をきくようにしていますか。また、わからないことがあったらはずかしがらずにきけるようになりましたか。それに、あたらしいともだちができるように話したりあそんだり

179

していますか。もっとやれるようになったことはありますか。元気よ
くすごしていますか。

この文から、こうやって頑張ることで、私は成長していけるんだという
自信が読み取れます。未来の自分への期待が感じられます。

5　おわりに

園田先生へ
　エスペランサの時間に、わからない事をおしえてくれて、ありがと
うございました。それに、自分で考えてといってくれて、私も考える
ことを自分でつづけられるようになりました。また、いろんな事を説
明できるようになったり、やれるように手つだいをして自分でがんば
れるようにしてくれて、ありがとうございました。また、算数の時間
にきて、自分で考えられるようにおしえてくれてありがとうございま
した。この1年間ありがとうございました。

卒業式直前にAからもらった手紙です。
　この手紙から、できるようになった（前はうまくできなかった）自分を認
める素直さ、自分で考えて行動しているんだという自信、これからも頑張
り続けるんだという勇気が伝わってきます。
　中学校の学習を理解するには、まだ十分な日本語能力とは言えません。
小学校とは違う困難なことにも出会うでしょう。しかし、小学校での経験
がきっとAの背中を押してくれるのではないでしょうか。

実践③ 思考力・表現力を育てる

──在籍学級への学びをつなげるために

吉川　恵

1　児童について

　国際教室で日本語を学習している 5 年児童 3 名は、日本で生まれています。途中で帰国している子もいますが、日本での生活はとても長くなっています。

　3 名とも在籍学級は同じで、日本人の友だちと関わるものの 3 名でいると安心なのか、いつも一緒に過ごすことが多いです。日常生活ではほとんど困っている様子は、見られないようですが、B は、教師の指示に対して「わかった」と返事はするものの、まったく違うことをしたり、行動できなかったりと本当に理解しているようには見られないことが多いです。そんな中で、子どもたちと関わりながら、3 名とも日本語の力をしっかり把握しなくてはいけないと感じていました。

JSL バンドスケール

A

来日年月日	日本生まれ		家庭内言語		ポルトガル語、日本語	
バンドスケール	聞く		話す	読む		書く
	5		4〜5	3		3〜4
学習の様子	生活上の日本語はよく理解できる。学習も真面目に取り組み自信のあるときは、発表もする。しかし、やや積極性に欠ける。					

B

来日年月日	日本生まれ		家庭内言語	ポルトガル語	
バンドスケール	聞く	話す	読む	書く
	2	1〜2	1B	1B〜2
学習の様子	本人は「わかった」と言うが実は生活面でも理解できていないことが多いと思われる。質問の意味がわからず、まったく違う答えをすることもある。				

C

来日年月日	日本生まれ 2014 年再入国		家庭内言語	ビサイア語	
バンドスケール	聞く	話す	読む	書く
	2〜3	1〜2	2	2
学習の様子	学習はまじめに取り組むが定着はしない。何がわからないのか自分で理解できていない。				

2　つけたい力

　子どもたちと日々関わる中で、課題と思われたことがいくつかありました。1つ目は、自分の考えや思いをもてないことです。「ア」という課題についてどう考えるか、どう思うかと問われたとき、どんなふうに考えればよいかわからず、自分の生活経験、体験を振り返ったり、友だちの考えを聞いたり、文章を読んだりして考えるということができません。経験や体験が乏しいということもあるかもしれませんが、おそらく今まで「自分で考える」という機会が少なかったのではないかと思われます。

　2つ目は、自分の思いを相手に伝えることが難しいことです。授業の中で、「ここが、わからない」ということが言えなかったり、たとえ短い言葉でも自信がもてず自分の思いを話そうとしなかったり、どう言えばいいか言葉がわからなかったりして伝えられない姿があります。そこでまず、自分の思いを伝える場面を多く設定し、話型をもとに伝える取り組みが必要だと感じます。

　3つ目は、学習をしたことを生かす場面が少ないということです。国際教室で学習したこと、在籍学級で学習したことがなかなかつながらず、学習が定着していかない実態が見られます。国際教室で学んだことを在籍学級でも生かせるような教材や支援方法を考えていきます。

　以上のことを踏まえて、国語科を通して日本語の授業を実践しました。

3　単元名

「資料を用いて書き方を工夫し、自分の考えを伝えよう」
教材「天気を予想する」「グラフや表を引用して書こう」（光村図書5年下）

4　指導について

　「天気」「天気予報」は、子どもたちにとって身近な話題であり、興味関心がもてる単元だと思われます。「今日は、昼から晴れたらプールに入れる」とか「明日は暴風警報が出たら学校は休みになるね」など天気の話題は、学校の中で子どもたちの会話からよく聞かれます。

　第1次では、1学期理科の授業で学習した「台風と気象情報」の単元で使用した図表や写真を使い、何の資料なのか、数値や数値の変化からどんなことがわかるかを読み取る学習からはじめます。外国人児童にとって、言葉の意味がわかりにくい表やグラフを読み取ることはかなり難しいと考えます。算数科で学習した簡単なグラフや表も用意し、子どもたちの理解に合わせて使用する図や表を提示し読み取らせたいです。このときに、図や表は文章表現より見てわかりやすいという特徴に気づかせておきたいです。さらに、天気用語の学習も行います。「雨、雪、晴れ、曇」

表・グラフの読み取りの勉強

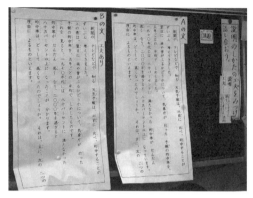

文章の比較

などの天気用語はわかっていても、「雨が上がる」「台風が発生する」のような気象に関わる表現を理解したり、自分で使ってみたりすることは、難しいと考えられます。本文に出てくる「降水量」「観測する」などの意味も合わせて理解させておきたいです。

　第2次では、筆者の説明の工夫を見つけさせます。まず、本文の文章構成をおさえたいです。この説明文は、問いと答えを3回繰り返し筆者の考えを述べるという構成になっています。言葉は専門用語があり難しいですが、段落相互の関係は捉えやすいと考えられます。問いの文を見つけたり、その答えがどこに書かれているのかを探したりしながら気づかせていきたいです。次に、表やグラフなどを用いることによってよりわかりやすくなるという点にも気づかせていきたいです。本時では、第1段落を取り上げ、表を用いた文章と表を用いなかった文章とを用意し、比較をさせます。そこで、表を用いるときに使う表現に気づくこと、表があると筆者の言いたいこともよりわかりやすくなることに気づかせていきたいです。また、3種類の表を用意し、どの表を使うとよいか本文から読み取らせて考えさせたいです。「5年ごと」「的中率」などの言葉を手がかりに考えさせたいです。

　さらに5〜7時では、様々な段落で使われている図、写真、グラフの効果、また、筆者の言いたいことは、どこに書かれているか、何を言いたいのかについても考えさせたいです。

　第3次では、実際にグラフを用意し、それらからわかることを読み取り、自分はどんなことを考えるかをそれぞれ話し合わせたいです。資料のグラフは、子どもたちの将来を考えさせるものを用意します。はじめに、その資料からわかることは何か、自分はどう考えるかを話し合わせます。

日頃、子どもたちは、自分の将来について考える機会がないのですが、中学校進学に向けて少しでも自分の将来についてのことや、夢について考える機会にしたいと考えています。次に、書く活動へとつなげていきたいです。書くときには、表やグラフを用いる際に使う表現や、「初め」「中」「終わり」という文章構成に意識をさせたい

本文を読み取って、表を選ぶ

です。また、すぐに長い文は書けないと思われるので、ワークシートを使いながら、少しずつ書けるようにしていきたいです。

　第4次では、書いた作文を友だち同士や学級で発表させます。友だち、学級での発表の機会を通して、自分もできるという自信をもたせたいです。また、「伝える」ということを意識し、どんなふうに発表したら聞いている人にわかってもらえるかを考えさせたり、友だちの発表を聞いて自分はどう考えるかを話し合わせたいです。また、この話題を家庭で話すことで保護者にも進路に対して関心をもってもらえればと考えています。

5　単元展開の構想（ねらい）

- 資料（図表、グラフ、写真など）の数値や数値の変化を見て、何を表しているのか読み取ることができる。さらに、読み取ったことをもとに、自分の考えをもち、話すことができる。
- 天気予報、気象に関する用語を知る。
- 資料（図表、グラフ、写真など）を用いることで、筆者の考えがより伝わりやすくなることに気づき、資料を用いるときに使われる表現方法を知る。
- 資料から読み取ったことをもとに書き方を工夫し、自分の考えが読み手に伝わるよう文章を書いたり、友だちの発表を聞いて感想を伝え合ったりすることができる。

6　指導計画（全 17 時間）

第 1 次　• 理科や算数で学習した資料を読み取り、自分の考えを話す
　　　　　　ことができる。（1、2 時）
　　　　　• 天気予報で用いる用語を知る。（3 時）

第 2 次　•「天気を予想する」を読み、説明の工夫を知る。（1 〜 3 時）
　　　　　• 文章と資料を対応させ、資料を用いるときに使う表現方法
　　　　　　を知る。（4〈本時〉〜 7 時）
　　　　　• 筆者の伝えたかったことをまとめ、感想をもつ。（8 時）

第 3 次　• 資料を読み取り、自分の考えをもつ。（1、2 時）
　　　　　• 資料を用いて自分の考えを工夫して書く。（3、4 時）

第 4 次　• 自分の考えたことを友だちに伝えよう。（1 時）
　　　　　• 自分の考えを学級で伝えよう。（2 時）

7　本時の指導

(1) 目標

国語科の目標

　　• 資料（表）を用いることで、筆者の言いたいことがわかりやす
　　　くなることがわかる。
　　• 文章を読んで文章と対応している資料を見つけることができる。

日本語の目標

　　• 資料を用いるときに使われる表現を知る。
　　　「○の表は、――を（で）しめしたものです」「これらを見ると
　　　――ことがわかります」
　　• どの表を使うとよいか本文を読んで考え、理由を入れながら意
　　　見を言うことができる。
　　• 今日の学習でわかったことを話したり、書いたりすることがで
　　　きる。

(2) 準備物

　　• 3 種類の表、①段落の文章を拡大したもの

（3）学習過程

学習活動	指導上の留意点	日本語表現
1　学習課題を知る。 筆者の言いたいことが、わかりやすくなる説明の工夫を知ろう	・「工夫」という言葉の意味は捉えにくいので前時までに理解させておく。	
・説明の工夫がされている文を見つける。	・工夫がある文章とない文章を用意し、スモールステップで文を見つけさせる。	・「○の表は、――を（で）しめしたものです」「これらを見ると――ことがわかります」
・同じ言葉に線を引く。同じではない言葉を四角で囲う。		
2　種類の表の中から文章にあった表を見つける。	・本文をしっかり読んで考えさせる。表について書かれている文章から「5年ごと」「的中率」などの言葉をてがかりに考えさせたい。 ・発表は、理由も入れながら発表をできるよう話型を意識させる。	
・表があると何がわかりやすくなるのかを考える。	・表があるときと、文章だけのときと比較させて考えさせる。	
3　わかったことを話したり、書いたりする。	・課題を意識させ、どんな工夫があることがわかったかを書かせる。自分で書くことは難しいと思われるので書き方のモデル文を用意しておく。	・説明の工夫は、＿＿＿＿＿ところです。そうすることで、＿＿＿＿＿＿＿＿＿。

(4) 評価の観点

- 子どもたちは、意欲的に学習できたか。
- 資料を使うときの表現を理解できたか。
- わかったことを話したり、文で書いたりすることができる。

8　成果と課題

　毎日音読の練習は、繰り返し行っていますが、読むことが精一杯で、文章に書かれていることを理解するまでには至っていないのが現状です。教科書の資料を読み取り、「資料があることで筆者の言いたいことが伝わりやすい」と学習しても、「そうなんだ」で終わってしまう姿が見えていました。しかし、今回ははじめから資料を提示せず、文章を読んで対応する資料を探すというしかけ教材を作り取り組んでみました。授業の中で、「自分で考える」という学習を取り入れることで、読む＝文章の内容を理解することがおさえられたように思われます。そして、この教材で何を学ばせたいかを明確にし、教材にしかけを作り、「考える」という場を設定することが有効であると感じました。

　また、説明文の文章構成を学習しておくことで、問いに対してどこに答えが書かれているのかを予想して文章を読み進めていくことができ、今後の学習に活用できると考えました。そのため、日本語の力に合わせて、系統立てた学習を進めていく必要があると思います。

　さらに学習したことを定着していくために、今後在籍学級と連携し、発表の場の設定や取り組み内容を検討していかなければいけないと考えます。それが子どもたちの学びがつながっていくのではないかと思いました。

実践④ 未来に向かって

──仲間とともに考える

中川 智子

1 はじめに

　K小学校には外国につながる子どもたちが多く在籍しています。ブラジ
ルやペルーにつながりのある子どもたちが多いのですが、フィリピンや中
国などアジアにつながりのある子どもたちもいます。日本生まれ日本育ち
の子どもたちが大半ではありますが、一方で海外から編入してくる子ども
も増えてきているため、在日年数も様々、生活習慣も様々です。言葉の面
を見ても、「家庭では母語だけで生活している」「兄弟とは日本語で、親と
は母語で話す」「外国籍だが日本語しか話せない」など、個々によって違
いが見られます。多様な文化や言語、習慣の中で育ってきた子どもたちが
学校や教室で関わり合うようになり、多様な経験や見方に触れる機会が多
くなってきています。

2 共に考えたい

　私はK小学校の日本語指導教室で外国につながる子どもたちに関わっ
ています。日本語指導教室での関わりが長くなるにつれ、特に高学年の子
どもたちが休み時間に日本語指導教室に来ることや、在籍学級で目立た
ないように過ごしていることが気になるようになりました。自信がもて
ず、周りにどのように思われるかを気にして自分を出せない子がいると感
じました。日本語のわからなさ、友だち関係、授業……など、子どもたち
が自信をもてないいくつかの理由は思い浮かびましたが、子どもたちの本

音をつかむことはできていませんでした。外国につながりのある子どもたちは、日本で生活しながら自分のことをどのように捉えているのでしょうか。ありのままの自分を大切に思い、前向きに将来のことを考えているのでしょうか。

　外国につながる子どもたちが日本の学校に通い成長していく過程で、必ず日本の子どもたちや先生たちとの関わりがあります。進学すればまた新しい友だちや先生との出会いもあります。ありのままの自分を大切に友だちとの関係を築いていくために、そして家族や身近な人とともに前向きに将来を考えていくために「周りの人との関わりの視点」と「キャリア形成の視点」、この2つの軸で外国につながる子どもたちを見つめ、同じ中学校区の小学校や中学校とも連携して必要な取り組みを考えていくことにしました。

3　日本語指導教室で学ぶ子どもたち

　2019年2月現在、24名の子どもたちが日本語指導教室で学んでいます。そのうち、6年生は5名で、つながりのある国や家庭で使っている言語、日本語能力などは以下の通りです。

子どもについて			JSL バンドスケール			
	国籍	家庭内言語	聞く	話す	読む	書く
A	ブラジル	ポルトガル語	2〜3	2	2	2
B	ブラジル	ポルトガル語	5	5	4	5
C	ブラジル	日本語	5	5	4	4
D	ブラジル	ポルトガル語	4	3	3	3
E	ペルー	スペイン語／ポルトガル語	5	5	3〜4	3〜4

　Aは5年生の5月にブラジルからK小学校へやってきました。恥ずかしがりですが、真面目に取り組む様子が見られました。隣のクラスのBは日本生まれで日本語もポルトガル語も話せるため、いつもAを気にかけて学校生活をサポートしていました。Aと同じクラスにCがいました

が、Cはポルトガル語が話せないためAをなかなかサポートできないことを残念に思っていました。DとEは6年生になってからK小学校に転入してきました。Dは自分から話すことがあまりなく、質問をしても「わからない」と答えることが多かったです。Eは前の学校で休みがちだったことをEの親から聞いていました。在日年数、使用する言語、家庭環境、学校生活での経験など、いろいろな面で気にかけることは多いのですが、日本語指導教室に通室する子どもたちはそれぞれがおかれた状況の中で学校生活を送っていました。

4　日本語指導教室――1年目の「未来に向かって」の取り組み

(1) 親と話そう

　2学期、日本語指導教室の5、6年生は将来について考えていく「未来に向かって」という学習に取り組みはじめました。親や身近な方と話す活動、自分のことを見つめる活動を通して、将来について考えてほしいというのがこの取り組みを考えたきっかけでした。

　まず、子どもたちが取り組んだのは親と話すことでした。家族の歴史を子どもたち自身が聞き取ってくるという活動です。しかし、思っていたよりもこの活動を進めるのは難しかったようです。親は仕事が忙しく、聞き取る時間がありません。「まだ聞いていない」という子どもの言葉から、忙しく働く親の様子が伝わってきました。長い時間をかけて聞き取りの作業は続きましたが、「自分も日系人のルーツがあったなんて知らなかった（A）」とか、「お父さんが日本に来て、辛いことがあったことを知った。人生はあまくないとわかった（C）」とか、子どもたちなりに親の思いに触れる機会になりました。また、親にとっても子どもと自分たちのルーツについて考えるよい機会になっていました。Aの親は「自分たちの祖先がなぜブラジルに渡ることになったのか、子どもと一緒に振り返ることができた」と、喜んでいました。Cの親も「家族のことを勉強するのはとてもいい勉強です」と、仕事が終わってから子どもの学習に協力してくれていました。

(2) 自分を見つめる時間

　次に子どもたちが取り組んだのが自分を見つめる活動です。授業の中でブラジル人の指導助手のR先生に今までの経験を語ってもらいました。R先生は文化や言葉を超えて懸命に生きてきた今までの経験を日本語指導教室の高学年の子どもたちに語ってくれました。この「未来に向かって」に取り組みはじめた頃、Aは日本の生活に慣れることで精一杯でしたが、R先生の生き方に触れ、Aは「学校で通訳をする先生に出会って、自分も通訳の仕事に興味をもった。自分の選んだ道を進みたい」という思いをもつようになりました。身近にいて、同じようなルーツをもつR先生の言葉だからこそ、子どもたちの心に届くものがあります。自分だけの力ではどうしようもないことも多いけれど、自分にできることもあるということにAは気づくのです。「将来のために勉強を頑張ることはできる」と、親や身近な人の思いを知って、Aはより前向きに勉強に取り組むようになりました。

　日本語指導教室で「未来に向かって」という学習に取り組んだ子どもたちは、お互いのことをより深く知り合い、気にかけるようになっていました。AとBの関わりを見てきたCも、「ポルトガル語をわかるようになりたい。友だちを手伝えるようになりたい」と言うことが多くなりました。ブラジルにつながりがありながらも、ポルトガル語を話せない自分をもどかしく感じているようでした。しかし、CはAの頑張りをいつも私に伝えてくれていました。「Aはめっちゃすごいで。Aは日本語がわからんけど、考えとる」と。その度に私は「ありがとう。Aはクラスで頑張っとるんやなあ」と嬉しい気持ちになりました。Cの将来ポルトガル語を学びたいという気持ちを応援しつつ、「言葉でなくても十分Aを支えて

日本語指導教室「未来に向かって」の活動
（家族の歴史について、親への聞き取り学習）

いるんだよ」とＣに伝えることが私にできることでした。

　「未来に向かって」の取り組みが進み、日本語指導教室での友だち関係が深まる一方で、Ａの在籍学級での友だち関係は広がっていませんでした。休み時間もＢと日本語指導教室で過ごすことが多く、同じクラスの友だちと過ごす時間が少なかったです。クラスの子どもたちもＡが休み時間に教室にいないことが普通になってしまっていました。

5　6年生多文化共生の取り組み

　6年生になって学年全体で多文化共生の学習が始まり、在籍学級の道徳や総合の授業で外国につながりのある友だちの思いに触れたり考えたりする時間が増えてきた頃、日本語指導教室での授業中にＡが涙をこぼしました。一緒に授業を受けていたＢやＣ、Ｄに聞いてみてもわからないと言います。唯一Ａから聞き出したのは「日本語がわからない」ということだけです。ポルトガル語でも話そうとしないのにはわけがありそうでした。ただ涙を流すＡに、ＢもＣも「とにかく頑張るしかない」と励ましていました。ＢやＣがそのように言うのは、自分が頑張ることでしか解決の道がなかったからではないでしょうか。クラスのみんなと共に考えることがやはり必要だと感じました。

　その後、担任と指導助手のＭ先生とともに話を聞いてみると、Ａは「日本語がわからない」「クラスでもひとりぼっちな気がする」という思いを話してきました。席替えがあり、近くの席になった子とうまく関われていないことや、クラスの友だち関係だけでなく、今まで仲よく頼りにしてきたＢと少し距離をおいていることもわかりました。担任は聞き取ったＡの思いをクラスの皆に伝えました。放課後に担任から聞いた話では、Ａの様子に気づいている子はほとんどいなかったようでした。自分から積極的に関わろうとしていなかったクラスの子どもたちは、「そんなふうに思っとったんや」とＡの思いに真剣に耳を傾けていたそうです。そして、自分に何ができるかを考えはじめていました。

　その後の6年生の多文化共生の学習の調べ学習は、子どもたちの感想をもとに7つのグループに分かれることになり、Ａは「身近な多文化共生」

のグループに入りました。Aと同じグループの1人が「Aさあ、初めて日本に来たとき、めっちゃ不安やったんちゃう？　オレやったら、めっちゃ不安」と話し出しました。「Aはどんな気持ちやったか、詳しく聞きたい」という声が上がりました。M先生が周りの子の言葉をAに伝えてくれました。後日、Aは5年生のときから今に至るまでの自分の気持ちをポルトガル語で書いてきました。そこには日本の学校へ来てAが感じた気持ちが正直に書かれていたのです。

> 　日本の学校に来たときは、ひとりぼっちに感じました。友だちがいなくて、家に帰りたくて学校で時々泣きました。2回、私は笑われました。（略）これが続いたら友だちはできないと思いました。悲しい気もちのまま過ごし、最後にお母さんにこのことを話しました。お母さんは引っ越そうと言いました。

　5年生の夏休み前、Aが「引っ越すかもしれない」と私に伝えてきたことがありました。当時の私は親の仕事の関係で引っ越すのだとばかり思っていました。AやAの家族がそこまでの思いでいたことに気づいていなかったのです。担任はAの気持ちを皆に伝えました。クラスの子たちはより詳しくAの気持ちを知って、自分たちに何ができるかを考えはじめました。授業中に隣の席の友だちがさりげなく声をかけたり、クラスの何人かが「次、体育やよ」と日本語指導教室にいるAに声をかけに来たりするようになりました。クラスの子と関わりが増えていく中で、Aは地域や校内に向けて何を伝えたいかを考えていました。そして発表原稿の最後を次にようにまとめていました。

> 　私は前よりも日本語を覚えることができました。コミュニケーションも取れるようになってきました。友だちもできて、今はひとりではありません。今、学校で幸せです。

　Aの気持ちはA自身の声と担任の声によってクラスの友だちへと届き

はじめました。グループでの学習のとき、ブラジルで通っていた学校についていきいきと調べる A の姿がありました。以前 A のことを笑ってしまった子たちや関わっていこうとしなかった子たちが、A が日本に来たばかりの頃の思いを知った上で今の A の思いを大切にし、ともに学習を進めていました。A は発表後に「発表ができてよかった。他の人が話を聞いて、外国人が日本に来てどんな気持ちになるかわかってもらえたと思う」と振り返りました。A の笑顔が増えていくのがわかりました。

　　はじめは、みんな私のことを笑うのではないかと思っていましたが、みんなは私を支えてくれました。先生がクラスのみんなに話してくれたおかげで、クラスの友だちとつながることができました。秘密の話をしても、その秘密を守ってくれます。つながりがないままだったら、中学校へ行くことは不安でした。今は友だちがいて、新しい場所へいくこともこわくはありません。もし 5 年生の自分にもどることができるなら、みんなが話しかけてくれるのを待つのではなく、自分から話しかけるように変わりたいです。

（A が卒業前に書いた作文）

　この多文化共生の学習は、グループを組んで話し合ったことで、お互いを「知り合っていこう」という気持ちが高まっていきやすかったです。A はグループのみんなと共に発表し自分の声で思いを伝えることができました。特に人権集会での発表は声も大きく、堂々とした発表でした。A は「外国からきた私のような子の気もち」をみんなと共に伝えることができたことが一番嬉しかったと、感想に記していまし

多文化共生の学習を地域へ発信する 6 年生

た。また、Bも「前までは、ブラジルのことあまり言わんかったけど、友だちといろいろ話すのがいい」と話し、卒業前に書いた作文にも「私は日本で生まれてよかったし、ブラジルに関係を持っていてとても幸せです」と書いていました。それぞれが周りの友だちと関わりながら考えていました。友だちの存在はAたちの支えになっていました。

6　日本語指導教室──2年目の「未来に向かって」の取り組み

　「未来に向かって」では、中学校へ行って外国につながりのある中学生や中学校の先生と交流する活動にも取り組んでいます。神戸中学校区の国際教室の担当者同士で「同じ中学校に進学する子どもたちの出会いの場」や「将来について考えたり話したりする場」を作るために話し合い、計画した活動です。12月の交流会に向けて、夏休み頃から中学校区の担当者が集まって、打ち合わせを重ねました。小学校は交流会までに自分のことや家族のこと、将来について考えることにしました。中学校では高校生の先輩を中学校に招き、体験談を語ってもらう活動を取り入れました。それぞれの発達段階に応じて考える活動をしてきた上での交流で、他の学校の小学生はどうか、先輩はどう考えているのか、など興味がわいてくるようでした。

　AもBもCも2回目ということで「今年はもっと中学生と話して交流したい」という希望を伝えてくるほど、この取り組みに対するモチベーションが高いようでした。同じ中学校区で、外国につながりのある子どもたちが集まっての交流ということで、質問したいこともたくさんあるようでした。Aも「友だちたくさんいますか」「こまっている人をたすけますか」など、いくつもの質問を日本語で言えるよう準備し、中学生や中学校の先生の意見が聞けることをとても楽しみにしていました。日本の中学校生活のことでイメージできないことも多く、不安に感じていることがよくわかりました。

　交流会では部活を頑張る先輩、行事を楽しみ充実した学校生活を送る先輩、「勉強は難しい。特に社会」と素直に語る先輩など、中学校での学習に苦労しながらも、前向きに学校生活を送る中学生の姿を見ることができ

ました。何よりも「言葉がわからなかったら、私、ポルトガル語で通訳できるから」と、小学生たちに日本語と母語で関わってくれた中学生の親身な姿に小学生たちは安心したようでした。中学校の先生も質問に丁寧に回答してくれ、子どもたちのほっとした様子も見られました。他の小学校の友だちにも出会い、仲間がたくさんいることも直に感じることができました。中学校区で連携して取り組んでいくことができれば、身近なモデルと出会う場、将来を考える場として、もっと充実していくと感じています。

7　取り組みから学んだこと

　6年生は学年全体で多文化共生の学習を進め、並行して日本語指導教室では「未来に向かって」という活動に取り組んできました。これまでも自分のルーツや親の思い、自分に向き合って多文化共生や将来について考える時間はありましたが、今年は学年全体で活動し「友だちとの関わり」の中で自分を見つめることができました。AもBもCも、友だちと多文化共生の調べ学習に取り組めることを喜んでいました。ブラジルのことを親に聞き取ってきていたり、ブラジルについての資料を探してほしいと相談してきたり、前向きに学習に取り組む姿がありました。6年生になってから加わったDやEも自分のことや将来のことなど、今まで考えなかったことを友だちと共に考える経験をしました。「わからない」と言うことの多かったDは、みんなが自分の思いを素直に話したり夢を話したりしているのを聞いて、少しずつ自分の好きなことや得意なことを話すようになりました。在籍学級の周りの友だちも、日本語指導教室で「未来に向かって」という学習をしていること知りました。日本の中学校生活のイメージができないことや家で親に勉強を教えてもらえないことなど、自分たちが感じていなかった苦労を知り、中学校へ行って交流する活動の意味や外国につながりのある友だちの思いに気づくことができました。

　この経験を通して、クラスのみんなはAとの関わり方を見つめ直し行動しはじめました。Aはクラスの何人かと帰りも誘い合って一緒に帰るようになっていました。一緒に帰っている同じクラスの友だちにAとどんな話をしているのか聞いてみると「どんなテレビが好き？　とか、帰った

ら遊ぼ、とか」という返事が返ってきました。一方で A も自分からクラスの友だちと関わろうとしていなかったことに気づいたようでした。「友だちを誘う言葉」を教えてほしいと私に伝えてきました。B も「前までは、ブラジルのことあまり言わんかったけど、友だちといろいろ話すのがいい」と話していました。それぞれが友だちの話すことに興味をもったり、反応したり、他愛もないことかもしれませんが、普段から自然に関わり合う姿が見られるようになってきています。E はクラスのみんなと多文化共生について学ぶ過程で、前の学校での経験を語ることができました。友だちもできて安心できることを周りの友だちに伝えることができました。

　そんな子どもの姿に親も気づいています。A の親は「ブラジルにいるときよりも積極的になった」「担任の先生は授業の中で A が発表する機会を作ってくれた。だから A も自分に必要な勉強だと頑張る気持ちでいる」と、嬉しそうに話してくれました。また、多文化共生の学習のことも A から聞いていたようで、「自分の気持ちを伝える機会があるとは思っていなかったから、発表できてとても喜んでいた」と、家での様子も教えてくれました。

　私は外国につながる子どもたちも、友だちとの関わりの中で自分を見つめ、ありのままの自分を大切にしてほしい、そして自分なりに自身の人生について前向きに考えてほしいと願ってきました。子どもたちがそのような姿に近づいていくためには、外国につながる子どもたち自身が自分を見つめ向き合う取り組みだけでなく、在籍学級の友だちとの関わりを築いていく取り組みの両方が必要だと感じています。外国につながる子どもたちの思いに触れるような取り組みが学年全体で行われ、子どもたちは改めて周りの友だちとの関わりを見つめ直し行動しはじめました。「自分の文化と違うから面白いという考え方をしたことがなかった」など、学んだことが全校での人権集会で共有されていきました。お互いが話すことに興味をもったり反応したり、肯定的に捉えてくれる友だちが周りにいるとわかり、何かを隠そうとせず楽しくつながり合う経験ができたことで、A だけでなく B も C も D も「自分からも行動することが大切」という前向きに関わろうとする力がわいてきています。A は約 2 年間を K 小学校で学び、

友だちと過ごしました。卒業文集には次のように書かれていました。

> 　コミュニケーションをとるために言葉を覚えたいと思いました。今
> は一緒に遊んだり、話したり、帰ったりすることができます。勉強も
> 前よりわかるようになり、わからないことは質問でき、自分の気もち
> も伝えることができるようになりました。もっと日本語を勉強して、
> 英語や他の言語も覚えたら、多分大人になって色々な国で仕事ができ
> ると思います。世界を旅行できて、新しい文化を学び、自分のことを
> もっと知ることができると思います。そして、自分の好きなこと、や
> りたいことを見つけたいです。
> 　今、私は子どもが好きなので一年生の先生になりたいです。大人に
> なったら変わるかもしれませんがその時は他の選択肢を考え、探すこ
> とができると思います。学んだことがいつ必要になるかわかりません。
> やりたいことを見つけて夢に向かってがんばりたいです。K小学校、
> ありがとう。OBRIGADA!

　最後に、6年生は学年全体で身近にいるM先生から話を聞く機会を得
ました。M先生のブラジルと日本での経験、今の思いを知りました。M
先生の話を聞いて「ブラジルに行ったら日本人、日本に行ったらブラジル
人、今の世界はおかしいなあ」と振り返りに書いた子がいました。Aを
笑った1人は学年集会の振り返りでM先生への感謝を、そして、卒業文
集には「自分が六年生になって学んだこと、大切に思ったことは多文化共
生です」と書いていました。周りの仲間たちも、自分たちが思っているこ
とを言葉や行動でAに伝え、Aとつながろうとしていました。卒業後、A
から連絡先を交換してみんなで遊びに行ったことを聞きました。Aは学校
の外でもつながりが増えたことを嬉しそうに話してくれました。
　Aたちが卒業して1年以上が経った頃、以前Aを笑ってしまった子が
小学校に来てくれました。当時の担任が6年生で取り組んだ多文化共生
の学習について話を聞いてくれました。その子は「多文化共生の学習をす
るまでは、外国人児童のことは意識をしていなかった。自分も積極的に行

動できず、ひとりでいる子がいても、他の子が声かけしているなあと見ているだけだった。6年生の取り組みで、自分たちで調べることで、考えるようになった」「自分が実行委員として全校に呼びかけてポルトガル語の歌を練習したときも、ポルトガル語の話せるDたちが教えてくれ、よい発音で歌ってくれて助けられた。支えられた経験をして、互いに助け合うことが大切だということを感じた」と、自分自身の変化について振り返ってくれました。私たち教員も取り組みを通して子どもたちが考えてきたこと、今でも心に残っていることを知り、「周りの人との関わりの視点」と「キャリア形成の視点」を意識して学年や学校全体で取り組むことの大切さを確認することができました。

　私はこの取り組みを通して、思いや考えを言葉や行動にして「なんとか伝えたい」「知りたい」と関わり続けることの大切さを学びました。外国につながる子どもたちや家族の思いを知り、周りとつながりながら自分や未来について考えていく取り組みをこれからも実践していきたいと思っています。

実践⑤　多文化共生教育の取り組み

大山　久美

1　本校の現状と課題

　本校がある A 地域は、外国人が多く居住する国際色豊かな地域で、全校児童の約 15% を占める外国につながりのある児童がいます。つながりのある国も、ブラジル、ペルー、ボリビア、フィリピン、スリランカ、タイ、インドネシア、ベトナム、オーストラリア、中国、韓国、ロシアなど様々ですが、共に学んだり遊んだりしており、外国人児童が孤立することはあまりありません。また、複雑な家庭環境や、経済的に厳しい家庭状況におかれている児童も少なくありませんが、明るく素直な児童が多いことが特徴として挙げられます。

　一方、言葉の問題や家庭環境などによって、基本的な生活習慣や学習習慣が身についていない児童も非常に多く、子どもたちの学力保障をどのように進めていくかが本校の重要な教育課題であると考えています。

　保護者は、アンケートから見ると、外国人児童と一緒に学ぶことには肯定的で、外国の文化に触れる機会が多いのはよいことであると捉えています。しかし、日本の家庭と外国人児童の家庭との関わりは多いとは言えず、地域での行事に参加をしていることは少ないといえます。外国人児童の保護者も、自分の国のコミュニティで集まることが多く、子どもたち同士を通じてでしか接点がないことが課題の 1 つです。一方、地域には「A地域づくり協議会」や「A いろは教室」など、多文化共生に向けて活動している団体もあります。「A 地区地域づくり協議会」では、多文化共生委

員会を設置し「わいわい春まつり」や「多文化交流会」を行い、積極的な
関わりをもっています。そういった取り組みを学校や地域でもっと広げて
いくことが今後必要であると感じています。

2　日本語教育の取り組み

(1)　日本語教室と在籍学級との連携

　このような子どもたちの実態から、本校では、算数科の「基礎基本の学
力の定着」と「日本語指導の充実」を目指して取り組んできました。外国
籍児童を視点児童として捉え、外国籍児童にわかりやすい授業を行うこと
で、すべての児童の学力保障を目指し、研究を進めています。その上で、
在籍学級と日本語教室の連携こそが重要であると感じています。

　子どもたちの言語の力を把握するために、バンドスケール判定会議や、
通級児童の情報交換会を行い、支援シートを作成し、すべての教員で情報
を共有しています。バンドスケール値を基準として、通級が必要かどうか
を検討したり、学級でどのような支援が必要かを話したりして、その児童
が日本語の力をどう伸ばしていけるかを検討しています。

　日本語教室に通級する児童は、(1年生8時間、2年生7時間、中学年5時
間、高学年4時間の) 国語の時間に同じ学年で一斉取り出しを行い、日本
語指導をしています。同じ学年の教材をグループで学習することで、日
本語でのやりとりが生まれ、日本語を使う場面を増やす目的があります。
「相手の話を聞き取る力」「自分の考えを話す力」「要点を読み取る力」「条
件に合わせて書く力」という在籍学級の学びにつながる力をつけるため
に、1時間の授業の中に、4領域の活動を意識的に取り入れ、よりきめ細
やかな指導、支援を心掛けて授業を工夫しています。

　また、日本語教室で独自に授業を行うだけでなく、今年度から在籍学級
に入って一緒に学ぶ単元を設定し学習をはじめました。先行授業を行った
り、日本語教室担当が支援に入ったりして学習しました。日本語教室で身
につけた日本語を在籍学級でも発揮したり、在籍学級の子とやりとりした
りする中で、通級児童も刺激を受け、成長する姿を見ることができまし
た。また、一緒に教材に取り組むことで、日本語教室担当や在籍学級担任

の連携に対する意識も向上しました。

　さらに、本校は、年度途中に来日編入する児童がとても多くなっています。編入児童には、「初期支援」として個別指導を集中的に行い、日本語の基礎を学習しています。算数などで、「入り込み」による支援も行っています。

編入児童の初期支援

　2年生の児童は、人数も多く、日本語でのコミュニケーションを積極的にとる児童が多いといえます。そのため、単語だけを使って話すことも多く、それで会話が通じるため子どもたちは、正しい日本語を使えないという現状がありました。また、自分の意見を言いたいという思いだけで、友だちの意見を聞くことが苦手でした。そこで、わかりやすい発問、指示を工夫するとともに、反応の仕方のモデルを示しながら学習をすることで、正しい日本語の使い方や語彙力を増やす取り組みをしてきました。その結果、児童は、いろいろな日本語の表現法で自分の考えを表すことができるようになってきました。また、声に出して読むことは、内容理解につながる大切な活動であると考え、音読の宿題を毎日出してきました。しかし、毎日の音読練習に、家庭の事情のために協力が得られにくい子どもたちの実態がありました。そんなハンディを軽減するために、週2回、朝の読書の時間にボランティアさんに音読を聞いてもらうことで、少しでもその機会が得られるようにしてきました。「上手になったね」「もう一回聞かせて」と励ましてくれるボランティアさんのおかげで、以前よりも音読が上手になり、音読の時間を楽しみにする児童も多くなりました。

　また、「聞く」「話す」「読む」「書く」の4領域の中でも一番課題が多く見られたのが「書く」ことでした。書きたい思いはあっても、語彙が不足して、表記の間違いも多いことから、作文や視写など書く活動授業の中で取り入れるようにしました。日本語の表記の間違いについては、個別指導することで、次につなげられるようにしてきました。また、物語文など

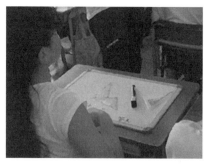

在籍学級で「説明名人」を使って自分の考えを説明する

　の登場人物の気持ちを読み取る学習では、会話をふくらませたり、心の中で考えたことを想像したりして、ワークシートの吹き出しに書いて読み取りを深めるという活動を継続して取り組みました。そのことにより、会話の中でも日本語の語彙力が増え、「話す」力もつきました。

　さらに、「お手紙」の学習では、まとめとして音読劇に取り組みました。日本語教室での発表会に在籍学級の児童を招待し、披露し、頑張る姿を友だちに認めてもらうとてもよい機会となりました。

　日本語教室で身につけた日本語の力を在籍学級の教科指導で生かすことも大切であると考えています。子どもたちが自分の考えをしっかり説明するためには、与えられた課題に対して「自分の考え」をもつ必要があります。そのために本校では、ノートやホワイトボードに自分の考えを書くことを授業の中で取り入れるようにしています。そして、自分の考えを説明するときには、ここ数年本校で同じく取り組んでいる「説明名人」を意識させています。「説明名人」とは、話の話型を使い、順序立てて話す取り組みで、自分の考えを「まず」「次に」「だから」などの接続詞を使って筋道立てて説明していく方法です。外国につながる児童も、この話型に慣れ、どの教科でも説明を行うときの基本形にしています。

　算数科以外の授業においても、「日本語を使う必要性」のある場面を積極的に設定することが必要です。6年生の総合的な学習の時間を例にとると、【資料の収集・選択】【構想】【原稿作り・プレゼン制作】、そして【A万博での発表】を行いました。外国籍児童も日本語教室で身につけた言葉

の力を使い、多文化共生のために何ができるか、自分の考えをプレゼンすることができました。

(2) 学力保障の取り組み

　児童の基礎学力を保障するため、高学年（ステップ学習）低学年（放課後スクール）で算数の補充学習を行っています。また、長期休業中にも、補充学習を実施しています。いずれの学習とも、地域や保護者から学習支援ボランティアの協力を得ており、地域を含めて、外国人児童の学力向上や日本語力の上達に力を入れています。そういった取り組みや関わりが、地域として外国人児童が過ごしやすい雰囲気にもつながっているのではないかと考えています。

(3) 成果と課題

　本校は外国につながる児童の割合が高く、教員の話す言葉がすべて理解できているわけでありません。日常会話ができても、学習言語の理解が十分な児童は少ないといえます。そのような児童が不安なく授業に参加するためには、授業の進行に見通しがもてることが大切です。外国籍児童が見通しのもてる授業はすべての児童の見通しのもてる授業であり、どの学級でも授業スタイルを確立していく必要があると取り組んできました。このような地道な関わりによって、低学年の頃は日本語教室で学習していた児童も、日本語の力や学力をつけて在籍学級で学ぶ子も増えてきています。

　また、地域や学校で多文化共生の取り組みを積極的にすることで、多文化共生の意識をもつ雰囲気が校内に根づいていることが、取り組みをしていく上で一番大きいと感じています。学校と家庭、地域がつながり、外国につながりをもつ児童が学ぶ喜びを感じられる居場所を作っていくことを続けていきたいと考えています。

3　多文化共生のなかまづくり

(1) 本校の取り組みについて

　本校の現状から、研修では、算数科の「基礎基本の学力の定着」と「日

本語指導の充実」を目指して研究を進めています。外国人児童を視点児童
として捉え、その子たちにわかりやすい授業を行うことで、すべての児童
の学力保障を目指しています。

　また、人権教育では、多文化共生教育の取り組みに力を入れています。
出会いや体験を大切に、年間を通して取り組んでいます。低学年では、
「遊びや体験を通して、外国の文化にふれる」、中学年では、「友だちにつ
ながりのある国を知る・地域で活動する人たちの、思いや願いを知る」、
高学年では、「世界の人権問題について学び、自分にできることを考える・
多文化共生に向けて、周りに啓発したり、自分たちで行動したりする」と
いう内容で取り組んでいます。そして、全校児童、保護者、地域に発表・
発信する場として「A万博」を毎年行っています。

● 1年生の取り組み

　1年生は「せかいのあそびでいっしょにあそぼう」ということで「遊び」
をテーマに取り組みました。地域の方々に教えていただいた日本の伝統遊
びの他に、ブラジル・フィリピン・中国・韓国など、子どもたちにつなが
りのある外国の遊びを紹介しました。

　その中で、韓国の遊びは児童の保護者に教えてもらうことになりまし
た。事前の打ち合わせのとき、父親は「韓国名を教えることで、いじめら
れないか心配である」という思いを話してくれました。知人に韓国名を名
乗るといじめにあうから日本名を名乗っているという方がいるということ
でした。父親には、子どもたちが自分につながりのある国に誇りをもち、

自分の国のあいさつをみんなに教える

大切に思えるような取り組みをしていきたいという教師の思いを伝え、取り組みを進めていきました。

1年生の子どもたちは、友だちが外国人だと知ると「アメリカ人」と言ったり、外国語の通信を配付していると「英語」と言ったりすることがありました。また、日本国籍で日本名の友だちが、外国につながりのあることを知らない児童も多いです。そこでまず、友だちがどんな国とつながりがあるのかを知る活動を行いました。外国につながりのある児童に、世界地図の中にシールを貼らせ、自分の国のあいさつをみんなに教えました。どの子も嬉しそうに前に出て、自分の国のあいさつを発表していました。韓国籍の児童も、大きな声で自信をもって「アンニョンハセヨ」と、あいさつを教えることができました。また、日本と外国の2つの国につながりをもつ児童も多いことから、取り組みの中で、ハーフ（半分の国）という言い方ではなく、ダブル（2つの国）という言葉を使うことも学習し、子どもたちにも「2つの国をもっている」という言い方をすることを確認しました。

万博発表に向け、クラスを解体して学年全体で取り組んだことで、子どもたちの関わりも増え、協力して準備や練習に取り組む姿が見られました。中国人児童は「他の学年の子に、中国人なん？　すごいな。って言われてうれしかった」と振り返りに書いていました。韓国人児童も練習に一生懸命に取り組み、遊び方を紹介することができました。外国の文化を知るだけでなく、外国につながりをもつ児童が活躍できる場となったことがこの取り組みの一番の成果とも言えるでしょう。

● 2年生の取り組み

2年生は「外国の歌遊び」をテーマに取り組みました。歌遊びは、2年生にとって親しみやすい内容であり、歌遊びを通して、その国を身近に感じることができました。ペルーの歌遊びを教えてもらう授業では、通訳の先生に母語で話してもらい、母語の通じる児童と会話をしてもらいました。すると他の児童が「何を話しているの？」と戸惑ったことから、「日本語がわからない子は、いつも今のみんなのように困っているんだよ。み

んなは、どうしたらいいと思う？」と投げかけることで、子どもたちから
は「ゆっくり話すといい」「動きをつけて話すとよくわかる」などの意見
が出てきました。この取り組みで、在籍学級の児童が外国人児童の立場に
立って考えたり、今までの自分の行動について振り返ったりする機会とな
りました。また、普段の授業では、なかなか積極的に活動できない外国人
児童たちが、この取り組みの中では、中心となって活動する姿が見られま
した。

● 3年生の取り組み
　3年生は「友だちにつながりのある国について知ろう」をテーマに取り
組みました。3年生には、多くの外国人児童が在籍しているため、自分が
つながりのある国について知り、その国に誇りをもってほしいという願い
と、友だちにつながりのある国についての理解を深めてほしいという2つ
の願いから本テーマで取り組みました。「気候」「場所」「学校」「食べ物」
などについて、保護者への聞き取りや資料を調べた。その中で、外国人児
童が、保護者への聞き取りを積極的に行ったり、改めて保護者自身が祖国
について子どもに話したりする機会となりました。

● 4年生の取り組み
　4年生は、「わたしたちの町・A」をテーマに、自分たちが住むA地区
のよさを発信しました。社会科で自分の校区のごみ集積所や送水場を見学
しました。そこにポルトガル語やスペイン語などで書かれた案内板がある
ことを知り、外国人の人たちも利用しやすい工夫があることに気づきまし
た。その後、地域づくり協議会の方々から、まちづくりについて話を聞き
ました。当初は、外国の人が多いことから、ごみの捨て方のきまりなど日
常生活に必要なことを伝えたくてもうまく伝わらず、様々な行き違いがあ
りましたが、文化の違う人たちと親しくなり、共に力を合わせて町づくり
を進めていきたいと考えた協議会の人々は、イベントや祭りを通して様々
な人たちと交流ができる場を計画するようになりました。そういった場を
設けることで、相手と接するきっかけが生まれ、日常生活でも相手にわか

るように伝えるにはどうしたらいいか考え、絵やいろいろな言葉でわかるように提示するなどの工夫するようにしたそうです。

　また、鈴鹿市には、鈴鹿国際交流協会があり、日本語を学ぶ教室がいくつかあります。その１つである「いろは教室」「ワールドキッズ」がこの地区で開かれています。本校の児童たちもそこを訪れ、日本語を学ぶ方たちの思いを聞いたり、友だちの家族からも聞き取りをしたりして、外国の人たちの目を通して見たA地区の姿をまとめ、発信することができました。

● 5年生の取り組み

　5年生は、JICAへの社会見学をきっかけに「国際ボランティア～JICAの方から学んだこと～」をテーマに取り組みました。貧困の問題は、子どもの力だけで解決できる問題ではありませんが、話を聞いた中で、「自分の力ってすごく小さいが、どこかの誰かではなくて、自分の近くにいる人を、少し幸せにする力はある」と教えてもらった言葉を基に、身近なところから自分のできることをやっていけば、多文化共生につながっていくのだということを感じ、自分たちにできることは何かを考えその実践を発表しました。

● 6年生の取り組み

　6年生は、代表者が「鈴鹿市子ども議会」に参加したことをきっかけに、「多文化共生～自分たちにできること～」というテーマで、A地区に住む自分たちにできることは何かを考える活動に取り組みました。A地区地域づくり協議会の方には、「共助」をしていくために、外国人の人も含めたA地区の人々が共に活動する場所があることが大事であることを教えてもらいました。外国人が多く住むこの地区の特徴から、その方たちの思いを知るということで、外国人指導助手のB先生、C先生からは、来日したきっかけや、来日してからの苦労や喜び、先生たちがされている活動や思いなどについてお話を聞きました。また、中学校との連携として、D中学校の日本語教室担当の先生に、中学校の様子や、外国人生徒の活動の様

子、そして先生が考える多文化共生について話してもらいました。

　また、学年の中に在籍する外国人児童からも、日本の生活で戸惑ったこと、学習や友だち関係で感じていることなどを改めて発信してもらいました。1年生から在籍し、友だちとのトラブルが多かったブラジル人児童がいました。今では日常会話は問題なく、すっかり日本の生活に溶け込んでいますが、「1年生のときは、言葉がわからなかったから、友だちが話しかけてくる言葉は、全部悪口のような気がして、けんかが多かった」と語りました。周りの児童はその言葉に驚いていました。また、5年生で編入してきたフィリピン人の児童は、みんなの前で自分の思いを語ることに抵抗を示していましたが、日本語教室の中で、聞き取り、文章にしていくうちに、だんだんみんなに伝えようという意欲が出てきました。「日本に来る前に『ありがとう』と『ごめんなさい』は両親から教えられて覚えてきた」こと、「友だちがやさしく話しかけてくれたけれど、わからないのではずかしくて逃げ回っていた」こと「友だちや先生が言う言葉をノートに書いて、家に帰ってから意味を調べておぼえていた」ことなどを友だちに伝えました。周囲の児童は、その子の不安や、努力を改めて知り、わかっていたつもりでも、何もその子のことを知らなかったと感じたようでした。フィリピン人児童も、語った後は、「みんなに自分のことをわかってもらって、とてもうれしかった」と話していました。

　6年生の児童は、そういった様々な立場に立った多くの人から話を聞き、自分が感じたことや、これからの生活にどのように生かせるのかを考え、自分に何ができるのかを発表しました。その中で児童たちは「外国人の方を知ることだけが多文化共生なのではなく、自分たちがクラスの子や周りの人と支え合い、助け合いながら、互いを理解し、関係を築いていくことが『多文化共生』だと考える」と伝えていました。

(2) 成果と課題

　本校では、日常生活の場面でも、朝の会や帰りの会のあいさつ・児童会のあいさつ運動・校内放送なども、多言語で行っています。学校生活の中に、多文化の視点が当たり前のように根づいていると感じています。児童

は、大変柔軟に互いの違いを認め合っているという成果も感じられます。一方、利害が絡んだときに、それが外国人差別につながりかねない状況もあります。そんなとき、私たち教師が敏感に察知し、その機会を捉えて子どもたちとともに考え、変わっていくことを大切にしなければならないと心がけています。

　日本語教室担当者は、外国人児童が学習や生活を支える日本語を獲得することを目指し、在籍学級担任は、学習や生活全般をしっかり見ていくというように、両者が連携していくことを大切だと考えています。そのために、教職員も多文化共生の研修会をもち、学び続けていく必要があります。

　また、保護者への発信も重要です。外国人児童の保護者には、共に子どもたちの進路を考えていくための懇談会や学習会を開催しています。この2年間は、教育を語る会のテーマを多文化共生にして、取り組みを進めています。

　外国につながりのある子どもたちが、自分につながりのある国を大切に思い、自分がやりたいことに向かって努力できる子どもに成長してほしいと思っています。また、周りの子どもたちも、日本や友だちの国を大切に思い、外国の人たちが多く暮らすこの町を大切に思う大人へと成長してほしいと願っています。多文化共生教育を「互いに認め合い、支え合い、よりよい関係を築いていく」仲間作りの1つとして位置づけ、児童と教職員、保護者、地域が一体となって取り組んでいきたいと思います。

4　学校と保護者の連携

(1)　多文化共生教育の取り組み

　多文化共生を広めていくためには、A小学校では、まず教師がその意識をもち、それを子どもたちに伝え、それを保護者や地域にも発信できたらと考えています。そこで、本校では、まずは、職員自らが学ぶ多文化共生の学習会を毎年行っています。

　そして、児童が外国人保護者や地域の方をゲストティーチャーとして招き、「体験や活動を通して、人と出会い、様々な国の文化に触れる」学習

図　本校の多文化共生教育の取り組み

へとつなげています。各学年でテーマを決め、学習に取り組み、学んだことを全校児童、保護者、地域に発表、発信する機会として毎年「A 万博」を行い、その取り組みにより、子どもたち自身が「多文化」について考え、行動できるようになってきたと感じています。

　さらに、保護者と職員が共通理解をして取り組んでいくために、外国人児童の保護者懇談会を行っています。日本の学校のシステムに慣れてもらうための説明や、児童についての話し合いの他、毎年 1 回は児童の進路についてともに考えるための懇談会を開催しています。

　これらの 3 つの取り組みは、すべて連携して行っています。職員の多文化共生教育研修会をしたことを発端として、児童「A 万博」の取り組みへ、さらに外国人児童保護者懇談会の取り組みへと発展させ、様々な立場の人が同じ方向を目指すことへとつながっていくと考えているからです。

　そこで、今回は、3 年間の取り組みを振り返っていきたいと思います。

● 2014 年度の取り組み

　職員の多文化共生についての研修会は、バンドスケール判定について、JSL カリキュラムについて、中学校生活についてなど、様々な内容で行ってきました。その中で、外国人児童の高校進学について知りたいという職員の要望が多く、2014 年度は、外国人生徒が多く在籍する E 高校の先生に話を聞きました。外国人児童の高校進学の厳しい現実を知ったことは衝撃的あり、外国人児童が高校に進学できる力をつけていくために、小学校での取り組みの重要性をいっそう感じました。職員は研修を通して、「やってきたことに間違いはないものの、甘かったというのが実感である」「子どもたちにやりたいという気持ちや、やらなければという学ぶ意欲を

もたせることが大切だと感じた」「基礎学力を小学校でつけ、中学校、高校の学習につなげていくことが必要だ」「遅刻や欠席をしない、提出物の期限を守るなどの習慣を小学校のうちに身につけさせることの大切さを感じ、今がんばっていることを大切にしたいと感じた」などの感想をもちました。

「外国人児童にとって、不利なことばかりではなく、母語も日本語も話せる子どもたちの将来の有望性ついても知ることができた」「高校やその後の進学、就職について夢をもたせるキャリア教育の必要性を感じた」「中学校や高校の先生の話を保護者にも聞いてもらって、子どもたちの将来についてぜひいっしょに考えたい」という様々な意見をもらいました。多くの教師が、今だけを見るのではなく、子どもの将来を考え、自分たちがその子たちに何ができるかを考える機会となしました。さらに、研修会で学んだことから、小学校のうちに日本語力（基礎学力）を身につけさせるために、全職員で取り組んでいくことを再確認しました。

その中で、今できる具体的な指導として、「音読練習や漢字学習にしっかり取り組んでいくこと」「読書習慣を身につけさせていくこと」「国語辞典を活用すること」「家庭学習を徹底させていくこと」「日本語教室と在籍学級が連携して将来を見据えた学力を身につけさせていくこと」「保護者への啓発」などの自分たちが今できることを目の前の子どもたちにしていきたいという意見が多く見られました。

次に、研修会で学んだことを、子どもたちや保護者へも広げていこうと考えました。6年生の児童は、多文化共生の視点から、A地区に住む一員として自分ができることをテーマとしていました。多文化共生のまちづくりに取り組んでいるA地域づくり協議会の方や、日本に来て生活している身近な存在である外国語指導助手の先生などとともに、外国人が多く進学するE高校の先生に話を聞きました。子どもたちは、自分たちが感じたことやこれからの生活にどのように生かせるのかを話し合いました。その中で「外国人の方を知ることだけが多文化共生なのではなく、周りの人と支え合い、助け合いながら、互いを理解し、関係を築いていくことが多文化共生である」と考えを伝えていました。

　さらに、保護者懇談会でも高校の先生に高校進学のための話をしてもらいました。保護者の中には、子どもの将来のため、高校やさらに続く進路に向け、子どもには学習を、自分たちは資金を蓄えて頑張りたいと感想をもってくれた人もいました。高校に進学するためには、今からきちんと準備をしたり、学習を積み重ねたりしていかなくてはいけないということをお互いに確認することができました。

● 2015年度の取り組み

　高校進学の厳しい実情を知り、そのために中学校ではどのようにしているのかを学びたいということで、翌年の研修会は、D中学校日本語教室の先生に来てもらいました。中学校は小学校と違い、高校入試という問題を目の前に抱え、その指導の難しさを教えてもらいました。外国人児童が中学校でどんな学習をするのか、中学校の日本語教室の仕組み、受験の現実などを知り、よりいっそう小学校でつけなければいけない力が明確になりました。前年度と同様、小学校のうちに日本語力（基礎学力）を身につけさせるために自分たちがしていくべきことを再確認しました。なかなか成果は出ませんが、あきらめてスルーせずに粘り強く、あの手この手でやってみることが大切であると感じました。

　A万博のゲストティーチャーの1人として、中学校の日本語教室の先生に来てもらい、中学校生活について、将来の進路に向けて、中学校での多文化共生の取り組みについて児童も話を聞きました。

　そして、外国人児童の保護者懇談会にも来てもらい、「中学校生活の様子」「高校進学を目指すためにすべきこと」「そのために今できること」などについて話をしてもらいました。義務教育を終え、社会に送り出すための準備である中学校の取り組みや、その中で頑張っている先輩の具体的な姿について伝えてもらいました。

● 2016年度の取り組み

　取り組みを進めていく中、児童や保護者は、高校や大学、職業について、いろんな選択肢を知らないことがわかりました。外国人児童のモデル

となるような先輩に出会わせたい、そのことが将来の夢につながり、キャリア教育につながっていくのではないかと考えました。そこで2016年の職員研修会は、Aいろは教室の担当であり、F大学の学生支援課担当者Gさんに来てもらいました。Gさんからは、校区にある大人の日本語教室「いろは教室」に通う人たちの現状と思いを伝えてもらいました。さらにF大学の学生が作成し、ワークショップで発表した「draw my life」を見せてもらいました。これは絵を描きながら、自分の生い立ちを語る動画です。親の仕事の都合で、9歳で来日したHさんという学生がいろいろな問題にぶつかってきた自分のこれまでのこと、未来のことについて心のうちを語った動画に心揺さぶられました。今、私たちの目の前にいる子どもたちは同じような葛藤を抱えているのだろうか、どんな将来を思い描いているのだろうかなど、改めて子どもたちの心に思いをはせました。

　研修会後、小学生なりに子どもたちが自分を見つめ、自分の気持ちを表現できればという思いで、6年生がA万博で「draw my life」に取り組みました。出来上がった動画を、友だちや職員、そして万博に訪れた保護者にも見てもらいました。そこで、日本に来たときの気持ちや、これまでの苦労などを、初めて子どもたちの言葉で知ることができました。

　子どもたちの将来について、職員と保護者だけでなく、児童も一緒に考えるきっかけになればと願い、その年の保護者懇談会は、高学年児童も参加して学ぶことにしました。研修会でお世話になったGさんと「draw my life」の作成者のHさんに来てもらいました。児童や保護者の反響は大きく、中でも保護者は全員が母語や日本語で感想を書いてくれました。「自分の子どもが見習うのにとても役に立った。大学に行けるという可能性が広がった。親はいつでも自分の子どもに最適の道を選んでほしいと思っている」「私も娘に大学に入ってほしいと思っている。子どもたちも勇気づけられたと思う」「外国人生徒が進学することに興味を失う現実がある。この講演を聞いて、大学に進学することは難しいことだけど、可能性があるということを子どもに示すことができてよかった」「大学生の経験を聞き、子どもたちが早い段階で、チャンスがあること、そのためのサポートがあることを知ることができてよかった。子どもも保護者も準備ができる

ので大切だと思った」「外国人の子どもは、工場でしか仕事ができないと言われる中、すばらしい経験を聞き、励ましになった」などの保護者の感想をもらいました。子どもと保護者が一緒に参加したのは、初めての試みでしたが、将来について親子が一緒に考える機会になりよかったです。また、子どもたちも自分たちと同じような先輩に出会えたことで、将来を具体的にイメージするきっかけになりました。

　この他にも、保護者懇談会で、日本で子育てをしてきた先輩として、外国人指導助手の方に来てもらい、日本での子育ての経験を話していただく「子育てトーク」をしてもらいました。

(2) 成果と課題

　いろいろな取り組みをしても、参加してくれる保護者とそうでない保護者が決まっている、そのとき深まった思いが日常で長続きせず、力がついていかない、など課題も多くあります。しかし、目の前にある難しい課題をあきらめずに取り組み続けていくこと、あいさつ運動が大切であると思っています。

　これらの取り組みを通して、学校と子どもと保護者が連携し、子どもたちの将来を見据えて取り組んでいくことの大切さを感じています。それは担当だけでなく、全職員で共通理解をして取り組んでいくことが必要です。今頑張ることが、将来のその子のためになると教師や保護者が願って関わっていくことが、将来につながっていくと考えています。また、小学校単独ではなく、保育園、幼稚園、小学校、中学校、高校、さらにその先などがつながっていければ、よりいっそう取り組みが深まると思います。

実践⑥ 学校全体で取り組む多文化共生教育

植村 恭子

1 T小学校の概要

　本校の校区には昔からの地域と比較的新しい住宅地とが混在していま
す。「外国につながる児童」も年々増加し、一時期は90名以上が本校に
在籍し、そのほとんどが校区の団地で生活するようになりました。彼らは
いわゆる「移動する子どもたち」で、保護者の移動に伴い来日したり日本
で生まれ育ったりしており、それぞれの文化的生活背景の中で移動してい
ます。

　鈴鹿市の「地域の子どもは地域で育てる」という方針のもとに、彼らの
学力を保障するため、T小学校には2006年度に国際教室が設置され、通
級による日本語指導を行うようになりました。このような背景から、本校
では多文化共生教育を基盤とした日本語
教育を進めています。

　本校に在籍する「外国につながる児
童」は、ここ2〜3年は減少傾向にあ
り、2020年1月現在、ペルー・ボリビ
アなどスペイン語基盤の児童をはじめと
して、ブラジル、フィリピン、中国など
8か国の文化的背景を有する児童が44
名います。中には日本国籍であっても、
家庭内言語は日本語以外である児童も在

児童を見守る校庭のクスノキ

籍しています。このような中、一人ひとりの夢や願いを実現させるために、学校全体で多文化共生教育を基盤とした日本語教育を行うことが大切だと考えています。

　また、JSL児童だけでなく、日本人児童にも自分の生まれ育った環境や文化に誇りをもち、地域で共に支え合い学び合えるようになってほしいと願い、取り組みを推進してきました。具体的には、なぜT小学校には多くの外国につながる友だちがいるのか、様々な国の友だちと一緒に学ぶことがいかに素敵なことかを考え、感じることができる学習を組みました。

　本稿では、国際教室担当者だけでなく、学校全体で多文化共生教育および日本語指導を進めてきた取り組みについて述べます。

2　組織づくり

　本校では、日本語教育はすべてのJSL児童に生活言語および学習言語を獲得させるために行う教育とし、校長のリーダーシップのもと、児童に関わるすべての職員が行う教育であり、**在籍学級担任が主体**となって行うものとしています。

　そのために、「多文化共生教育を基盤とした日本語教育」を学校全体で進める具体的方策を考える「国際教室運営委員会」を設置しています。鈴鹿市の日本語教育支援システム構築プロジェクト会議で示される指針を基盤に、学校長をはじめ教頭、各学年代表、専科、特別支援代表、国際担当とで組織し、本校での日本語教育を進めるにあたって、学力保障・JSLバンドスケール・多文化共生・JSL保護者会の4つの視点で役割を分担しています。

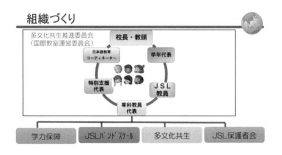

（1）学力保障

　本校では、在籍学級で行わ
れている夏の補充学習に加え、
JSL 児童だけを対象とした補充
学習も行っています。在籍学級
の補充学習では、クラスの友だ
ちと学び、JSL 児童対象の補充
学習では、個別学習をして学力
を伸ばすようにしています。

夏休みの補充学習

　1 日に 2 コマ、5 日間実施し、延べ 70 名ほどの児童が参加しています。
すべての教員で分担し、できるだけ 1 対 1 対応ができるよう、学校全体
で取り組んでいくことを大切にしています。また、学級担任以外の教員が
積極的に関わることで、JSL 児童の日本語の能力や学習状況を多角的に把
握するようにしています。

　補充学習では、まずは夏休みの宿題に取り組みます。日本語の理解が難
しい児童も、個別指導なので、自分のペースでじっくり考えることができ
ました。宿題が早く終わった児童は、担任が事前に用意しておいた課題に
取り組みました。2 コマ目になると集中力が途切れる児童もいましたが、
個別指導のよさを生かして、うまく気分転換を図りながら、引き続き学習
を進めることができました。

（2）JSL バンドスケールの活用――実態把握と指導・支援方針の共有

　本校では、JSL 児童の日本語能力の実態を把握し、指導・支援方法を
教師間で共有するために、JSL バンドスケールを活用したサポート会議
を行っています。1 年生と転入生がいる学年は年間 3 回、それ以外の学年
は年間 2 回、それぞれの学年ごとにグループに分かれて実施しています。
サポート会議では、JSL 児童の日本語能力を判定したり、その判定をもと
に児童につけていきたい力や指導・支援方法について意見を出し合ったり
します。

　サポート会議までに、同学年に在籍している JSL 児童の様子をそれぞ

◆ 実態把握と指導・支援方針の共有
　～　JSLバンドスケールの活用　～

4月	5月	6月	7月	8月	9月	10月	11月	12月	1月	2月	3月
						1年生・編入生					
						その他の児童					

れの教師が観察しておくことが共通理解されており、判定会議では、その児童の担任以外の教師も積極的に児童についての様子を話し合っています。多くの教師が関わり、様々な視点から児童の様子を出し合うことで、担任だけでは気づくことができなかった児童の姿を知ったり、日本語能力の捉え方の違いに気づいたりすることができます。また、学年全体で判定をしたり、支援・指導方法を話し合ったりすることで、初任や異動してきたばかりの教員にとっての学びにもなります。このように、多くの教師が関わってJSL児童の実態を把握し、指導・支援方法を教師間で共有することで、JSL児童の学びにつながっていくと考えています。

　本校は、教職員の人数が多く、入れ替わりも多いですが、毎年教員がJSLバンドスケールについて共通理解をし、児童の日本語能力を把握するように努めています。

（3）多文化共生──国際委員会による「国際集会」「国際週間」

　本校には、子どもたちの委員会活動の1つに「国際委員会」があります。国際委員会は、様々な国のよさや楽しさを知ってもらうことを目的として活動する委員会です。児童会の年間活動計画に「国際集会」と「国際週間」を位置づけて取り組んでいます。

　国際集会は、自国や他国のダンス・音楽・スポーツなどを鑑賞することにより、それぞれのよさを知り楽しむことをねらいとして実施しています。

　国際集会での発表者を募集するにあたって、単なる特技の披露とならないよう、「何を披露したいか」だけではなく、自分が披露したいと思う内容がどの国とつながりのあるものなのかも聞きながら参加者を募ります。毎年、全校から多くの応募がありますが、国や学年、内容のバランスを考

慮して、発表者を決定しています。

　これまでには、入退場時のピアノ演奏をはじめ、ボリビアやブラジル
の紹介、カポエイラ、空手、カンフー、新体操、フラダンス、ラグビー、
サッカー、マリネラなどについて、実演も交えながら発表がありました。

　発表にあたっては、国際委員会で調べた各国と日本とのつながりを紹介
したり、3択クイズなどで会場にいる児童も参加できるようにしたりしま
した。発表の合間には、国際委員会のインタビューにも答え、楽しさなど
を伝えました。また、見るだけ聞くだけの一方通行の集会とならないよ
う、全部の発表後には、フロアの見学者にも感想を求めました。普段自分
たちが何気なく習っている習い事の中にも外国とつながりがあることを学
んだ児童や、衣装の美しさを伝える児童がいました。特に、本物の衣装を
着て踊るマリネラは児童の印象に強く残り、いろいろな国につながりのあ
る友だちが周りにたくさんいることで味わえる楽しさや面白さがあること
を感じることができる集会となりました。

　また、こういった集会が一過性のイベントとならないよう、学級に配付
するお便りに、集会のねらいや事前学習のヒント、また集会後の振り返り
ポイントなどを記載して、各クラスでの事前・事後指導の取り組みを呼び
かけるようにもしています。

　国際週間は、世界の国や地域について楽しみながら学ぶことをねらいと
して実施しています。

　実施内容は委員会で話し合うため毎年少しずつ異なりますが、一例とし
ては、後期の国際委員会の児童が分担して、それぞれで調べたその国の食
べ物や飲み物、遊び、遺跡や衣装、言葉などを紹介カードにまとめ、校内
に掲示します。その掲示物の中には、クイ
ズコーナーを設けてあり、児童は各自に配
られたクイズシートに答えを書きながら、
クイズラリーを楽しみました。

　また、それと同時に国際教室を会場にし
て、業間や昼休みにイベントを行いまし
た。教室を3つのブースに分け、フィリ

クイズラリー

バンブーダンス

ピンの遊びである「バンブーダンス」に挑戦するコーナー、インドネシアの遊びである「バンブーベラ」で遊べるコーナー、英語で書かれた絵本の読み聞かせコーナーを設けました。

　さらに、会場の入口では、クイズラリーのシートと交換で、参加賞のしおりを渡しました。このしおりは、国際委員会の児童が手作りしたもので、1枚ずつ国旗や各国の代表的な料理が貼ってあります。貼ってある写真をもとにクラスで子どもたちが話しているという様子も見られました。

　T小学校を説明する文章を書いた児童の中に、「T小学校のいいところは、外国につながりのある友だちがたくさんいることです」と書いた児童がいるなど、国際委員会の活動は、様々な国につながりのある児童が在籍していることで、児童に多くの文化を楽しむことができるというよさを味わわせることにつながっています。

　また、JSL児童本人が自分に誇りをもつ1つのきっかけになる取り組みにもなっています。国際集会は本年度で4年目を迎え、「発表したい」「どんな発表があるのか楽しみだ」と、集会を心待ちにしている姿も見られました。今後も継続的に、また計画的に取り組むことで、児童の中にさらに多文化共生の視点が根づいていくことにつなげていきたいと考えています。

(4) JSL保護者会──キャリア教育の一環として

　本校では、外国につながる家庭の保護者に集まっていただき、交流することを通して、普段の悩みを出し合ったり、児童の将来について考え合ったりする機会を設けています。年に2回実施しており、1学期は平日に行っており、各学年の学習のポイントや家庭学習の習慣づけのために家庭で協力してほしいポイントなどを伝える機会としています。

　3学期に行う2回目は、「土曜の課外授業」の位置づけで実施しています。2回目は保護者だけでなく、JSL児童も多く参加します。

第1部は、進学先でもあるF中学校の日本語指導教室担当の先生をお招きして、小学校と中学校の違い、進路を選択するために今から準備しておくことなどについて、生活面・学習面・経済面などから説明をしていただいています。

◆ JSL保護者会①

2018年度は、豊橋市立の中学校に勤めるブラジル出身の先生をお招きし、ご自身の生い立ちや経験を交えながら、日本で生活することについて、参加者に力強く語りかけていただきました。児童に

◆ JSL保護者会②

◆ JSL保護者会②

とっては、モデルとなる先輩の姿に直接接する機会となりました。

第2部は児童の進行によるミニパーティーを行います。各家庭から、各国の料理やお菓子、飲み物などを持ち寄り、参加者全員で楽しくいただきました。また、児童の学習発表会も行いました。国際教室で学習している児童だけでなく、JSL児童全体から広く発表希望者を募ります。保護者の方々が温かく見守ってくださるなか、国語の教科書教材の音読や、楽器演奏、社会体育で頑張っていることなどを、作品紹介や実演を交えながら発表しました。

さらに、家族でフィリピン音楽の演奏をしてくれた御家庭もありました。そのお父さんは、外国から日本に来たときの思いを演奏の合間に語っ

てくださり、教職員にとっても保護者の思いを知る貴重な機会となりました。

3　在籍学級との連携

　日本語指導で大切なのは、国際教室で学んだことを在籍学級で、在籍学級で学んだことを国際教室でというように、児童の学びをつなげ、広げ、深めることであると考えています。そのために、毎日の「連絡ノート」により、国際教室と在籍学級との連携を図るとともに、学びをつなげるために、相互に学んだことを確かめ、それぞれの場で活用させたり、言葉の補充をしたりするのに役立てています。

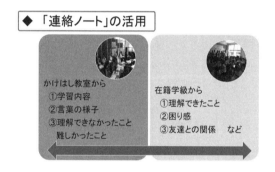

◆　「連絡ノート」の活用

かけはし教室から
①学習内容
②言葉の様子
③理解できなかったこと
　難しかったこと

在籍学級から
①理解できたこと
②困り感
③友達との関係　　など

【参考：連絡ノートの様式】

児童生徒名						
月	日	曜日	限目	日本語 プログラム	指導内容・学習活動 児童生徒の様子	担任から
				①日本語基礎		
				②音読・読解		
指導者名				③文字学習		
				④作文・文型		
累積時数				⑤教科学習		
			時間	⑥その他		

4　在籍学級での取り組み

(1) 6年生

	聞く	話す	読む	書く
2017年　6月	1〜2	2	1A	1A
2017年12月	4〜5	4〜5	3	3〜4

　Aは日本語をまったく習得しないまま5年生末に編入してきました。6年生の学級開きでは、誰にとっても安心して自分を出すことのできる、過ごしやすいクラスをみんなで作っていこうと確認しました。また、毎日の日記をもとに、クラスについて、なかまについて、自分自身について立ち止まって考える時間を作るようにし、クラスで起こっていることをみんなで考えていくことを大事にしてきました。これにより、自分にできることはないか、一緒にできることはないかと考えていける子どもたち、集団にしていきたいと考えたからです。

　英語の時間は、ALTによる英語での語りかけがわからない他の児童が、Aの日々の大変さ、不安さを考えるよい機会となりました。さらに、英語の時間のみんなは「わからない」ことを共有できるなかまがいるけれど、普段のAは、1人だけわからない状況であり、みんなが思っている以上の孤独感を感じているだろうことも、考えさせることができました。

　また、Aが随分日本語が理解できてきたと感じていた頃、ある子が「Aに『きもいってどういう意味？』って聞かれた」と学級担任に伝えてきたことがありました。その子は、いい日本語ではないから使ってはいけない言葉であるとAに説明したそうです。Aが日本語を習得する一番の場は学校であることを、担任はクラスの児童に伝えました。児童にとっても、自分たちの言葉づかいを振り返るいい機会にもなりました。

　このように、在籍学級でのなかまづくりこそ、すべての基盤となる大切にしていきたいことだと考えています。

(2) 3年生

	聞く	話す	読む	書く
2017年12月	4	3〜4	4	3

　Bは、学習したことがなかなか積み上がらず、発達面で配慮が必要な児童です。日本で生まれ育っていますが、不安定な生活をしているため、仕方がないと思われていました。しかし「それだけではないのではないか」と気づいたのが、国際の担当者でした。母親に話をし、発達検査を受けてもらいました。

　その結果、「Bは耳から入る情報よりも、目から入る視覚情報のほうが優位である」とわかりました。国際教室でもいろいろと試し、「フラッシュカードで取り組むと、Bは写真を撮るように、映像とともに記憶することができる」ということがわかってきました。そこで、担任も手作りカードを活用したところ、それまでなかなか覚えられなかった学習用語を、覚えられるようになってきました。Bは次第に自信もつき、クラスでの発表も増えていきました。

　フラッシュカードは、初めはBのために用意しましたが、他の日本人の児童にも効果があり、視覚支援としてとても有効だということがわかってきました。他にも、リライト教材の活用や、漢字プリントなど、国際教室でうまくいった方法をクラスでの指導に生かすことによって、ずいぶん理解が深まりました。

　T小学校には、外国につながる児童が多く在籍しており、日々連携していくのは時間的にも大変ですが、連絡ファイルの活用や、放課後の在籍学級担任と国際教室担当とのやりとりは大変有効だと考えています。

（3）4年生

	聞く	話す	読む	書く
2018年 8月	1〜2	1	1A	1A

　Cは、特別支援学級に在籍する児童です。

　2年生から特別支援学級に在籍しており、当初の課題は、欠席や遅刻が多く、登校しても眠そうにしており、学習が定着しないことでした。担任は、まずは保護者と信頼関係を結ぼうと、身振り手振りや筆談を交えて、片言の日本語とスペイン語で話しました。お互いになんとか伝えようとすることが重要だったと思います。日本の学校のことがよくわからず、保護者も困っていたということもわかってきました。重要な話は通訳を介して行いました。3年生では、クラスの友だちと過ごすことが増え、関わりが増えました。保護者も学校に慣れ、Cが徒歩で登校することも増えました。4年生になると、平仮名の学習が進み、清音を8割ぐらい読むことができるようになりました。濁音・半濁音も少しずつ読めるようになってきました。多少の遅刻があるものの、欠席も減ってきました。

　このCのケースから学んだことは、保護者との連携の大切さと難しさです。その児童の特性や、どんな場面で困り感が見られるのか、また、個別にどんな支援を行っているのかなどは、通常学級の保護者と話をする上でも難しいことです。JSL児童の保護者に対しては、言葉がうまく伝わらないことで、よりいっそう難しさを感じました。しかし、保護者との信頼関係を第1に築き、その児童にとってよりよい方法を保護者と共に考えるという基本的な考えは同じであり、伝えたいことを厳選し、より伝わる方法を選べば、少しずつでも前進していけるということを実感したケースです。

5　学校全体の取り組み

（1）学力保障の視点から

　本校の研修主題は、「わかる喜びとできる楽しさを子どもたち自身が実感する授業〜算数科における学び合いを通して〜」です。学びの基盤とな

学力保障の視点から

◆ 三角形 △ 定義:3本の直線に囲まれた図形

曲がっている

つながって
いない

直線でない
からですね

囲まれて
いないから
ですね

る、落ち着いた学習環境づくりをはじめ、基本的な授業スタイルの統一、「学び合いにつながる基礎学力」を重視し研修を進めています。

　本校の多文化共生教育における学力保障の視点から

このことを考えるときに、「生活言語と学習言語の区別」を念頭において指導することの大切さがわかります。単元におけるわかりにくい学習言語を洗い出すと、次のような授業の一場面が考えられます。

　たとえば、三角形であるか否かの問題で、「三角形とは、3本の直線に囲まれた図形」という定義から、「直線でない」や「囲まれていない」などの用語を使う必要があります。ところが児童は、普段の生活言語を使って「まがっている」や「つながっていない」といった言葉で発言することがあります。指導者はこの場合、「直線でないからですね」「囲まれていないからですね」と学習言語を正しく使うよう指導することが必要です。

　そのため、単元の学習言語を特に意識して授業を行い、また指導案上に明記して研修を進めています。

　全国学力・学習状況調査の結果から見える本校の課題も、①算数用語が正確に使えず、既習事項が定着しない、②論理立てて記述することが苦手である、ことが挙げられます。JSL児童の視点からどの子にも「わかる」授業を組むことは、とても重要なことだと考えています。

(2) 人権教育の視点から

　本校では、「いじめや差別を許さない児童の育成」を人権教育目標として、子どもたち一人ひとりを大切にし、誰もが安心して学校生活が送れるようにという願いをもって、日々の教育活動に取り組んでいます。

　全児童の約6%が外国につながる児童である本校において、子どもたち一人ひとりが、とりわけマイノリティの立場の子が、自分も大切な存在と

して周りに受け入れられて
いると実感できるために
は、あらゆる教育活動を通
して学級集団づくり（なか
まづくり）の取り組みを進
めることが重要であると考
えます。そこで、まずは、

人権保障の視点から

学年でしっかり子どもたちの様子やなかまづくりの取り組みについて交流
しよう、そして、学年での取り組みを話し合おうと学年会を充実するよう
にしています。そして、学年会で話し合ったことを人権保障部会でも交流
します。さらに、職員会議の場で共通理解することもあります。こうして
交流したことも参考にしながら、それぞれの学級で、なかまづくりに取り
組んでいます。

　また、日頃から子どもの言動に注意して、「差別につながる偏見や価値
観」に気づくことが大切だと話し合っています。気になる発言があったと
きには、その場で指導することはもちろん、学年あるいは部会で状況を
把握し、対応やその後の指導方針を話し合うことにしています。

　さらに、各学年系統的に人権総合学習に取り組んでいます。本校では、
どの学年でも、朝の会や帰りの会で、日本語だけでなく世界のあいさつを
しています。スペイン語、ポルトガル語、中国語、英語、……学年に応じ
て、また学級にいる児童に応じて、それぞれ世界の言葉であいさつをして
います。いろいろな国につながる子たちと共に学べるよさを感じられるこ
とにつながっています。

　3年生では、「出会おう　気づこう　まちに伝わる祭りから」の学習の
中で、「唐人おどり」を学んでいます。「唐人おどり」保存会の方から話を
聞いたり、おどりや口上を教えていただいたりして、唐人おどりとは何か
ということや、唐人おどりを続けていくために大切にしていることなどを
学びます。その中では、朝鮮半島とのつながりについてや、江戸時代の頃
の朝鮮通信使の華やかさについても知ることができます。唐人おどりから
学び、そこから自分たちの生活を振り返り、「なかま」や「つながり」に

3年生「唐人おどり」に学ぶ

ついて考えています。

　5年生では、「世界を広げよう　ちがいをこえて豊かにつながろう」をテーマに取り組んでいます。国際教室を見学したり、担当教員、通訳の話を聞いたりすること、「リトルワールド」の見学、地域別の調べ学習、それらの学習に取り組む中で、身近にいる外国につながる友だちの気持ちに気づき考えたり、学級・学年のなかま、特に外国につながりのあるなかまについて新たな一面を知り、違いがあることのよさに気づいたりすることができる機会となっています。

(3) 保健室から

　T小学校に在籍しているJSL児童は中度肥満・高度肥満である割合が高いです。そこで、JSL保護者会で「健康な体づくり」について伝える機会をもちました。

　具体的には「最近気になる健康問題」という切り口で、どうして肥満はよくないのかということを中心に、主に次の3つの話をしました。1つ目は、肥満が生活習慣病につながるということです。これは、毎日の生活の仕方が原因となって起こる病気であるということを伝えました。2つ目は、子どもの肥満は大人の肥満のもとになるということ。そして3つ目は、お腹周りの長さが75cmを超えると、メタボリックシンドロームという病気の危険性が出てくるということです。

　加えて、肥満は気をつけなくてはならないものではありますが、今子どもたちは成長期であるということを忘れてはならないことも伝えました。体重が少し増えてきたからといって無理に食べる量を減らすのではなく、食事の仕方に気をつけたり、体を動かしたりすることで、太りすぎを防ぐ取り組みをしていくことが大切であることを、今後も伝えていきたいと考えています。

　また、食事面についても気をつけることを伝えています。よく噛んで、

ゆっくりと食べること、1回の食事は早すぎても、遅すぎてもよくないこと。料理の盛りつけは、大皿ではなく、1人1つの食器に取り分けて決められた量を食べること、お肉を食べるときなどは、焼いたり、ゆでたりすると油の量が落ちるので、調理方法を工夫するのも効果的というように具体的に伝えています。

さらに、運動面についても話をし、まずは小さなことからはじめてみようということで、家の手伝いをすることを勧めています。また、JSL児童の中には登下校時に車を使う児童が多く見受けられるため、体調が悪いときやケガをしているとき以外は、歩くことも大切であるという話をしています。

最後に、子どもたちが健康な体を作るために努力をするのはもちろんですが、保護者の方の協力が必要であることも伝えています。子どものときに健康な体づくりを心がけることで、大人になっても健康な体でいるということにつながるので、親子で取り組んでいただけるようお願いしています。

6　今後に向けて

どの学年にもJSL児童が在籍していることで、児童にとって日常的に触れ合い、学び合う機会があることは、本校の強みです。児童会活動の一環として、多文化共生教育が位置づいており、国際教室担当者だけに頼らず、学校全体でJSL児童を見守る職員体制ができています。

今後も、在籍学級における日本語指導が基本であるという意識を全教職員がもち続け、今の体制を維持できるように努め、JSL児童の適応・学習指導が十分行えるように環境を整えていきたいと考えています。

実践⑦　ネットワーク会議、夏季研修講座、そして多文化共生教育実践 EXPO

　鈴鹿市教育委員会では、日本語教育担当者や多文化共生教育担当者の研修の場を多数設定しています。その中から、ネットワーク会議、夏季研修講座、多文化共生教育実践 EXPO について述べます。

1　日本語教育担当者ネットワーク会議（年 6 回実施）

　ネットワーク会議は、日本語教育担当者が集まり、課題を共有し、協議をする会です。2019 年度は年に 6 回、実施しました。プロジェクト会議（2020 年 2 月）では、ネットワーク会議について、以下の報告がありました（以下、会議資料より抜粋）。

　　• 日本語指導担当者の指導力向上を目指す日本語教育担当者ネットワーク会議において、グループごとに研修を深めた。まず、子どもの現状から課題を焦点化し、参加 16 校を 4 つのグループに分けて、各学校の日本語教育に係る授業や活動内容を話し合い、多文化共生教育実践 EXPO においてそれぞれの学校の実践報告を行った。

> **ネットワーク会議参加校　（16 校）**
>
> 牧田小学校、神戸小学校、桜島小学校、河曲小学校、一ノ宮小学校、旭が丘小学校、玉垣小学校、明生小学校、清和小学校、飯野小学校、神戸中学校、白子中学校、創徳中学校、千代崎中学校、平田野中学校、大木中学校

研修①グループ【来日間もない児童生徒への日本語初期指導】
　　　　　　　　　（明生小・玉垣小・神戸小・飯野小）
研修②グループ【日本語指導・教科指導の統合学習の実践（小学校）】
　　　　　　　　　〜書く力をつけるための授業の工夫・指導の手立て〜
　　　　　　　　　（牧田小・桜島小・旭が丘小・清和小）
研修③グループ【日本語指導・教科指導の統合学習の実践（中学校）】
　　　　　　　　　〜話す力をつけるための授業の工夫・指導の手立て〜
　　　　　　　　　（創徳中・白子中・千代崎中・平田野中・大木中）
研修④グループ【中学校区で学びのつながりに視点をおいた授業の取組】
　　　　　　　　　（神戸小・河曲小・一ノ宮小・神戸中）

成　果

○初めて国際教室を担当した教員にとって、グループでの授業公開や指導方法の情報交換等が参考になった。

○国際教室を設置していない学校の参加があった。

○それぞれの学校の実践を多文化共生教育実践 EXPO において、市内の小中学校の教員に対して発信することができた。

課題と対応

▲外国人児童生徒数の少ない学校のネットワーク会議への参加が進まなかった。今後も継続した参加の呼び掛けを行うと共に、教育委員会担当者が学校訪問をして、支援・助言等を行っていく。

日本語教育担当者ネットワーク会議の取組経過

第 3 期（平成 28 年度）　　　　　第 4 期（平成 29 〜令和元年度）

第 3 期（平成 28 年度）	第 4 期（平成 29 〜令和元年度）
• 各校の国際教室（担当者）による多文化共生教育実践 EXPO 等での発表 • 各校の国際教室の授業公開	• 各グループで研修テーマを設定し、多文化共生教育実践 EXPO 等での発表 • 国際教室未設置校（担当者）の参加 • 中学校区におけるキャリア教育の連携 • グループ間における国際教室の授業公開

2　夏季研修講座「日本語教育研修会」

　続いて、夏季研修講座です。これは、夏休みに日本語教育担当者が集まり、鈴鹿市全体の日本語教育について、研修と協議を行う場です。プロジェクト会議（2020 年 2 月）では、夏季研修講座について、以下の報告がありました（以下、会議資料より抜粋）。

　　【令和元年 7 月 25 日(水)13：00〜16：30　於：鈴鹿市役所1203会議室】
　　参加者 59 名　発表校：牧田小学校・明生小学校
　　　• 牧田小、明生小の実践報告をもとに研修を深め、全職員で多文化
　　　　共生教育にむけて取り組む大切さを共有した。

　　　参加者のアンケートから
　　　　　• 学校全体で外国人児童生徒の教育に携わっていくことの大切さ
　　　　　　がわかった。多文化共生の視点を大切にした子どもが主体的に
　　　　　　取り組むことができる行事が行われているのがよいと思いまし
　　　　　　た。
　　　　　• 具体的な実践を学ぶことができたので、自校の日本語教育にも
　　　　　　取り入れていきたい。

　　　課題と対応
　　　　　▲ 初めて国際教室を担当する教員や国際教室のない学校の教員も
　　　　　　多く参加することから、日本語教育の在り方や方向性など専門
　　　　　　性の高い講師を招聘した研修会が必要である。

3　多文化共生教育実践 EXPO

　鈴鹿市では、2017 年度から「多文化共生教育実践 EXPO」を毎年一回開催しています。ここには市内の学校の日本語教育担当者、多文化共生教育担当者が日頃の実践を持ち寄り、交流しています。時には、市内だけではなく、他市町からの見学者も、また教員だけではなく、議員も参加する

ことがあります。プロジェクト会議（2020 年 2 月）では、多文化共生教育
実践 EXPO について、以下の報告がありました（以下、会議資料より抜粋）。

【令和 2 年 1 月 27 日(月)15：00〜17：00　於：鈴鹿市役所1203会議室】
　参加者　67 名

> 発表内容　（発表校 16 校）
>
> - 日本語の初期指導の実践（神戸小・明生小・玉垣小）
> - 書く活動を大切にした日本語学習（牧田小・桜島小・旭が丘小）
> - 学びのつながりに視点をおいた実践（河曲小・神戸小・一ノ宮
>   小・神戸中）
> - バンドスケール「話す」の領域を上げるための日本語学習
>   （創徳中・白子中・千代崎中・大木中・平田野中）
> - 多文化共生の仲間づくりと日本語指導実践（石薬師小）
> - 多文化共生を視点とした人権学習（庄内小）

講評・講演　早稲田大学大学院日本語教育研究科　小林　ミナ教授
「外国籍児童生徒への教師の関わり方について」

参加者のアンケートから
- 鈴鹿市には外国につながる子どもが多いので、日本語の指導はもち
  ろんのこと、周りの子が理解していく指導も必要だと感じました。
  共生ということを大切にしていきたいと思います。
- 各学年の日本語教室での学習や小学校と中学校の連携などをとても
  具体的に教えていただけたので、とても勉強になりました。

成　果
○国際教室の日本語指導や、外国人児童生徒が少ない学校の日本語指
　導、外国人児童の在籍していない学校での人権学習を基本とした多
　文化共生取組など、多くの実践発表を交流することができた。

課題と対応

　▲グループごとによる発表のため十分に時間を確保する必要がある。

　次頁は、2019 年度（2020 年 1 月）に開催されたプログラムです。日本語教育担当者のネットワーク会議で日頃より議論を重ねているグループ、「小学校グループ」「中学校グループ」の成果（発表概要は 238 〜 239 頁に転載）や、各学校の実践が発表され、活発な質疑応答や意見交流が見られます。

　また、この多文化共生教育実践 EXPO には、市内 38 校の学校の日頃の実践もレポートとしてまとめられ、事前に提出され、それが参加者に「報告書」として配付されます。それを見ると、鈴鹿市のすべての小中学校で、日本語教育や多文化共生教育が多様に実践されていることがわかります。

　鈴鹿市の多文化共生教育実践 EXPO は、教育実践の交流の場であり、教員それぞれの実践研究の場となっているのです。

令和元年度
多文化共生教育実践 EXPO

令和 2 年 1 月 27 日（月）15：00 ～ 17：00
鈴鹿市役所 12 階　1203 会議室
鈴鹿市教育委員会事務局　教育支援課

タイムテーブル

	会場①	会場②
14：30～15：00	受 付	
15：00～15：05	あいさつ	
15：05～15：20 第 1 ステージ	ネットワークグループ① 【初期指導・小学校グループ】 「日本語の初期指導の実践」	ネットワークグループ③ 【神戸中学校区連携】 「学びのつながりに視点をおいた実践」
15：20～15：25	移 動	移 動
15：25～15：40 第 2 ステージ	ネットワークグループ② 【統合学習・小学校グループ】 「書く活動を大切にした日本語学習」	ネットワークグループ④ 【統合学習・中学校グループ】 「バンドスケール『話す』の領域を上げるための日本語学習」
15：40～15：45	移 動	移 動
15：45～16：00 第 3 ステージ	庄内小 「多文化共生を視点とした人権学習」	石薬師小 「多文化共生の仲間づくりと日本語指導実践」
16：00～16：10	移動・休憩	
16：10～16：50	講評・講演	
16：50～17：00	アンケートの記入	

発表概要

ネットワークグループ①【初期指導・小学校グループ】

「日本語の初期指導の実践」

　来日間もない子どもたちへの日本語指導は、どのように指導していく
か迷うことが多々ある。そこで、しっかりねらいをもち、ねらいを達成
するための手立て・教材・活動をどう進めていくかを研修してきた。各
校での取り組みを発表する。

ネットワークグループ②【統合学習・小学校グループ】

「書く活動を大切にした日本語学習」

　普段の日常会話ができても、学習のための日本語の力がついていかな
い現状である。

　「話す・聞く」力に比べて、「読む・書く」力がついていかない子ども
のために、次の4つの視点から「書く活動を大切にした日本語学習」を
テーマに取り組んだ。

　　（1）体験活動を通して日本語を獲得していく。

　　（2）子どもの日本語の力・発達段階に合わせた指導をしていく。

　　（3）4月から系統立てた支援や取り組みをしていく。

　　（4）子どもの書こうとする意欲、伝えようとする意欲を育てるため
　　　　の手立てを工夫していく。

ネットワークグループ③【神戸中学校区連携】

「学びのつながりに視点をおいた実践」

　神戸中学校区では、外国につながりのある高学年児童と中学生が交流
会を行っています。その事前学習の中で、将来の夢や自分と家族のルー
ツについて考える機会をもちました。外国に繋がりのある児童が未来に
向かって輝けるような取り組みについて発表します。

ネットワークグループ④【統合学習・中学校グループ】

「バンドスケール『話す』の領域を上げるための日本語学習」

    (1) テーマとその背景の設定理由

    (2) 実践例　出来事トークや作文、すごろくトーク、かるたの取り組み

    (3) 課題　欠席が多い生徒や複数の教員が指導するにあたっての連携方法など

    (4) 成果

    (5) 今後取り組みたいことなど

庄内小　「多文化共生を視点とした人権学習」

　全校児童 77 名の小規模校で、外国につながる児童は在籍していない。校区内で、外国の人と関わる機会も少ないため、「外国の文化や日本で暮らす外国につながりのある人の思いや願いを知ろう！」などをテーマに、講師を招いて人権集会を行っている。

　様々な国や地域の文化や伝統、暮らしについて、楽しみながら学んだり、日本で暮らしていく上での思いや願いを知ったりするなど、外国とのつながりの少ない地域であるからこそ、積極的に外国のことや外国につながりのある人の思いや願いを知り、考える学習を続けていきたい。

石薬師小　「多文化共生の仲間づくりと日本語指導実践」

　本校は、全校児童 259 名であり、数名の外国につながりのある児童が在籍しており、ほとんどが、日本生まれで生活言語を獲得している。

　地域的に外国の人と接する機会が少ないことから、外国につながりのある人を珍しく感じ、どう接していいか戸惑う姿も見られる。

　外国につながりのある児童は、日本語教室での取り出し学習の中で次第に力をつけ、それとともに児童の学習に向かう姿勢も変わってきた。しかし、学習面以外の課題もまだまだ見られる。また、すべての児童が異なる文化や習慣を理解・尊重し、お互いを認め合って共に成長していけるよう、実践に取り組む必要があると考える。

実践⑧ 「日本語教育ガイドライン」

　「日本語教育ガイドライン」は、鈴鹿市の公立学校における日本語教育の指針となるものです。

　この「日本語教育ガイドライン」は、鈴鹿市のこれまでの教育実践を踏まえ、歴代の「日本語教育コーディネーター」と学校現場の教員が協働して長い時間をかけてまとめ上げたものです。具体的には、学校の受け入れ体制から、「JSL バンドスケール」を活用して、どのように実践を作っていくか、どのように学力をつけていくのか、その考え方が明示されており、新任教員からベテラン教員まで、鈴鹿市のすべての教職員が共通理解をもって、日本語教育に取り組めるように工夫されています。このガイドラインは、全国に類のない、鈴鹿市独自のガイドラインであり、それゆえ、このガイドラインの作成自体が、優れた「教育実践」なのです。

　この「日本語教育ガイドライン」の優れた点は、以下の 3 点です。

> 1　鈴鹿市における外国人児童生徒などへの日本語教育の基本方針により、教育委員会、学校、教職員が一体となって取り組むシステムを、「JSL バンドスケール」「プロジェクト会議」「日本語教育コーディネーター」「ネットワーク会議」「多文化共生教育実践 EXPO」などを含めて、明示している点
> 2　日本語教育実践を学校現場でどのように進めるかという日本語教育体制づくりを、「JSL バンドスケール」「判定会議」「個人票」「個別の指導計画」などを使用して、学校全体で行うという方法論が示

された点
3　外国人児童生徒などへの授業づくりを、「特別の教育課程」「授業
　　で大切にする視点」などを含めた具体的な実践論として提示してい
　　る点

　これらは、初めて鈴鹿市に赴任した教員でも、鈴鹿市でどのような日本
語教育が行われているか、またその考え方と進め方を理解できるようにわ
かりやすく作成されています。
　以下に、「日本語教育ガイドライン」の一部を抜粋して転載します。な
お、このガイドラインの全容は、インターネットでも公開されています。
http://www.city.suzuka.lg.jp/kouhou/gyosei/plan/kyoiku/pdf/j-edu_guideline.
pdf#search='鈴鹿市日本語教育ガイドライン'

－ 目　次 －

第1章 鈴鹿市での外国人児童生徒等の日本語教育の基本的な方針

1 「日本語教育ガイドライン」の策定

(1) 趣旨

　鈴鹿市では，1990（平成2）年の「出入国管理及び難民認定法」の改正後，ブラジルやペルーなどの日系の外国籍移住者が徐々に増加し始めました。特に，平成18年度頃から平成20年度にかけては，外国人児童生徒等が，年間約100人ずつ増加し，市内公立小中学校では，多くの外国人児童生徒等を受け入れてきました。

　鈴鹿市での外国人児童生徒等の受入れは，居住する校区の小中学校での受入れを基本とし，特定の小中学校で受け入れる拠点校方式を採用してはいません。

　これは，外国人児童生徒等の通学への利便性や，どの学校でも等しく一定水準の日本語教育を受けられる教育環境を整える考えからであり，生活基盤となる居住地域での交流なども考えてのことからです。

　そのため，外国人児童生徒等への日本語教育は，全ての小中学校で取り組む必要があり，鈴鹿スタイルとしての外国人児童生徒等への「日本語教育支援システム」の構築が不可欠でした。

　そこで，2008（平成20）年度に，早稲田大学大学院日本語教育研究科との間で日本語教育についての協定を結び，これまで12年間にわたり「鈴鹿市日本語教育支援システム」の構築に取り組んできました。また，外国人児童生徒等一人ひとりの日本語能力の的確な把握の下に日本語教育を行うため，「JSLバンドスケール」を活用した日本語教育の取組を進めてきました。

　2008（平成20）年のリーマンショック後においても，外国人児童生徒等の減少はさほどみられることなく，この10年間は，約650人前後の外国人児童生徒数を維持している現状にあります。

　しかし，近年では，市内全体の児童生徒数は減少傾向にありながらも，外国人児童生徒等が全児童生徒に占める割合は増加傾向にあるとともに多国籍化も進み，外国人児童生徒等への日本語指導の充実が一層求められています。

　また，教職員の世代交代が進む中，市内の公立小中学校に勤務する全ての教職員が，鈴鹿市における外国人児童生徒等への日本語教育について共通理解を深め，日本語教育の実践力を高めることが求められています。

　さらに，2019（令和元）年6月28日「日本語教育の推進に関する法律」が施行され，外国人児童生徒等への日本語教育の重要性は，益々大きくなっています。

　このようなことから，市内のどの公立小中学校においても，外国人児童生徒等を円滑に受け入れ，効果的な日本語指導や学校生活への適応指導を実施していくため，「日本語教育ガイドライン」を作成しました。

第2章　外国人児童生徒等受入れ体制づくり

1　受入れ手続き

2　学校・教育委員会の組織体制

（3）学校での組織体制

> 　管理職を中心に，学校組織全体で受入れ体制や支援体制を整えていくことが必要です。
> 　また，児童生徒はもちろんのこと保護者との連携を大切にする必要があります。

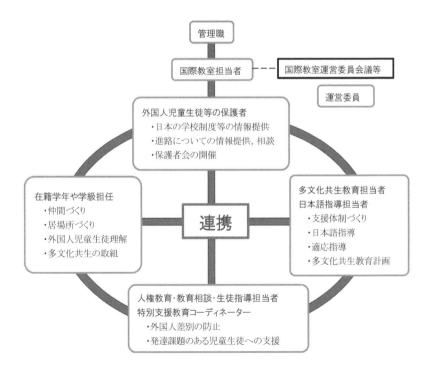

第3章 外国人児童生徒等日本語指導体制づくり

1 JSL バンドスケール

> 「JSLバンドスケール」とは, どのようなものですか。

(1)「JSL バンドスケール」の概要

> 「JSLバンドスケール」は, 早稲田大学大学院日本語教育研究科により開発された, 「日本語の力」をはかる"一種のものさし(スケール)"です。
>
> 「JSLバンドスケール」の考え方の基本は, 決して子どもの日本語能力の数値化ではありません。その子どもの「日本語によるコミュニケーションの姿」を, 多角的に判断するものです。

総合的な視点

生活場面の日本語の様子

友達とのやりとり
大人とのやりとり
読んでいる本

学習場面の日本語の様子

授業中のやりとり,
作文, 日記, テストの解答
指導記録, 動画

> 「JSLバンドスケール」の判定結果は, 教職員とその子どものコミュニケーションの様子によっても変化するものであり, 教職員のかかわり具合も反映されると考えられるものです。

(2)「JSL バンドスケール」による日本語能力の把握

① 目的	「JSL バンドスケール」を用いて，外国人児童生徒等一人ひとりの日本語能力の発達段階を把握し，今後の日本語教育に活用する。	
② 対象	・外国人児童生徒 ・日本国籍でも日本語指導が必要な児童生徒	
③ 判定の実施	・判定は，年1回（12〜1月）を原則とする。 ・2回以上の実施は，各校の実情に合わせて判断する。 ・新入生及び他市・他県からの転入生・編入生については，年2回実施する。 　　　　　　（1回目：5〜6月，2回目：12〜1月）	

(3)「JSL バンドスケール」によるPDCA サイクル

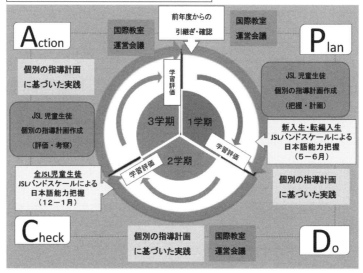

(4)「JSL バンドスケール」による日本語能力の判定

① 判定期間の設定
　「JSL バンドスケール」の判定会議にむけて，
1～2週間程を判定期間にあて，「チェックリスト」
と照らし合わせながら子どもの様子を観察します。

② 判定会議までに必要なこと
　判定会議までに，各自が自分なりに子どもの日
本語の力を見立てておきましょう。
　生活場面，学習場面など様々な場面の子どもの様
子をみて，総合的に把握していくことが大切です。
　判断できないときは，その子どもに関する様々な資料を準備するな
どして，判定会議のときに協議します。

③ 判定するための資料準備
　判定の根拠となるような資料を準備します。
　準備した資料は，判定会議の前や判定会議の中で，関係する教員相互
で共有しながら判定に活用します。
　国際教室担当者や在籍学級の担任が，それぞれの教室での子どもの
様子を観察することも大切な視点です。

〈聞く・話す〉
・授業観察（在籍学級，国際教室）
・作文，日記，感想文，手紙
・観察ノート，レポート
・普段のテストの解答，学力テストの解答　　など

〈読む〉
・授業観察（在籍学級，国際教室）
・普段のテストの読み取り
・学力テストの読み取り
・読んでいる本，新聞の内容理解
　など

〈書く〉
・授業観察（在籍学級，国際教室）
・作文，日記，感想文，手紙
・観察ノート，レポート
・普段のテストの解答
・学力テストの解答
　など

(5)「JSL バンドスケール・チェックリスト」【鈴鹿版】

> 「JSL バンドスケール・チェックリスト」は,「『聞く』・『話す』・『読む』・『書く』の4つの領域」から構成されています。
>
> 「4つの領域」ごとに1枚ずつ,計4枚になっています。
>
> 「小学校低学年用」・「小学校中高学年用」・「中学・高校用」の3種類があります。

【　「小学校中高学年用」の例　】

聞く			JSLバンドスケール小学校中高学年 チェックリスト	学年	組	児童の名前	記入者
回　数						主な特徴　と　具体的な様子	
1	2	3					
			聞く レベル1	初めて日本語に触れる。			
1			日本語を聞こうとする。他の人がしていることを注意深く観察したり、真似をしたりする。				
2			自分の文化と一致していることや、目に見えるものを手掛かりに理解する。				
3			クラス活動に参加するが、話さない場合もある。				
4			身ぶりやイントネーションから、類推して聞いている。				
5			第一言語を話す人に、説明や翻訳を求める。				
6			馴染みのない言葉が使われると、集中できなくなる。				
			聞く レベル2	よく知っている場面で，日常的な言葉を理解し始め，使い始める。			
1			よく使う挨拶や、簡単な指示を理解し、反応することができる。　　　　　食事の挨拶、お礼の言葉 など				
2			ジェスチャーや繰り返し、言い換えなどをしながら簡単な指示をすると、動作や言葉を使って応える。				
3			新しい単語を理解したり、日本語で返答するのに、時間がかかる。				
4			クラス活動では、限られた部分しか理解できない。				
5			第一言語の影響で、日本語の音がわからないことがある。　　　　　清濁の区別 など				
			聞く レベル3	生活場面や教室内での日常的・簡単なやりとりができるようになる。			
1			よく使われる言葉や質問を理解し、「うん」「ううん」など簡単に答える。　　「宿題、やってきましたか?」				

◆チェックリストの使い方

1　「子どもの様子を思いうかべながら」また,「子どもの活動・授業を参観しながら」,チェックリストのあてはまる項目にチェックをしていきます。

2　チェックリストのレベル数の横に太字で書いてある文は,そのレベルの主な特徴です。

　　また,その下の細かく分かれた項目は,その段階で見られる様子や特徴です。細かい特徴欄の左側にある数字は,判定会議のときに「私は,○番にチェックをしました。」など分かりやすくするためで,上から順番にクリアしていかなければならないといった意味ではありません。

3　チェックリストにある様子に思い当たれば枠にチェックし,思い当たらなかったり,そうした様子を見た機会がなかったりしたら,とばして先に進みます。判断に迷ったときは,子どもと関わりをもつことで,力が見えてくることもあります。

（6）「JSL バンドスケール」判定会議

① 判定会議のメンバー
- ・国際教室担当者
- ・在籍学級担任，在籍学年担当教員
- ・専科の授業担当者
- ・日本語指導担当者
- ・外国人教育指導助手　など

> 様々な立場の人が同じ子どもについて協議することは，その子どもの学校での姿を多角的に知ることや，学校全体での情報共有・支援につながります。

② 判定会議の進め方
〈例〉 ⅰ それぞれの立場から，見立てた子どもの力を出し合う。
　　　ⅱ 子どもの様子や日本語の力を共有し，日本語能力を判定する。
　　　ⅲ 子どもの日本語能力，生活面や学習面の様子から，今後必要な指導や支援を協議する。
　　　　　・在籍学級での指導や支援について
　　　　　・通級での指導や支援について
　　　　　・校内での支援体制について

> 各立場を活かし，その子どもに今後どのように関わることができるか，どのような指導や支援が必要なのかを考えていくことが大切です。

◆次の実践に活かしていくために・・・
　判定会議で協議した内容を学年，学校全体で共有します。協議したことを「個人票」や，「個別の指導計画」に反映させ，次の実践や担当者につなげます。

(7)「個人票」（児童生徒に関する記録）の作成

> 「個人票」とは，外国人児童生徒等の成育歴や日本語能力が記載されたもので，鈴鹿市内小中学校の9年間使用します。
> 「特別の教育課程」での「個別の指導計画」の「児童生徒に関する記録」にあたります。

① 作成について
・年度当初に作成し，必要事項はその都度書き加える。
・入学時または転編入時に作成する。

② 引継ぎ等について
・転校した場合　　　　⇒ 受入れ先の学校へ引き継ぐ。
・小学校を修了した場合　⇒ 進学先の中学校へ引き継ぐ。
・中学校を修了した場合　⇒ 在籍中学校で処分する。
・帰国をした場合　　　⇒ 在籍校で処分する。
・市外の学校への転校または進学した場合　⇒ 在籍校で処分する。

【 記入例 】 受入れ時の面談や家庭訪問等を活用し，外国人児童生徒等の状況を把握する。

【JSL バンドスケール個人票】 （9 年間使用）

名前			性別		生年月日	
本人の国籍		父の国籍			母の国籍	
生まれた国		入国年月日			家庭内言語	

期間	学年	成育歴や移動歴・日本語による学習期間など
○○保育園		
H20.4	1	◎◎市立◎◎小学校　日本語指導2h
H21.4	2	■■小学校　日本語指導2h　T.T1h
H22.4〜H25.11	3〜6	△△小学校　在籍学級
H25.12〜H26.3	6	一時帰国
H27.4	1	▲▲中学校　日本語指導2h
特記事項	転校を繰り返している。 母語の読み書きができる。	

(8)「個別の指導計画」（児童生徒の指導の記録）の作成

> 「個別の指導計画」は，支援の継続に必要です。
> 　作成する対象は，「JSL バンドスケール」の判定で「小学校は全て7」，
> 「中学校は全て8」の児童生徒以外は，毎年作成します。
> 　年度末には，国際教室運営会議等を活用して，外国人児童生徒等の状況を
> 共有し，次年度へ引き継ぎます。
> 　小学校6年生時は，中学校への引継ぎを行います。

個別の指導計画(小中学校版)

2　年　1　組	児童生徒名	○○○○　○○○	作成者	□□

● JSLバンドスケールによる日本語能力判定

判定日	聞く	話す	読む	書く
1 月 20 日	5	5	4	4
12 月 16 日	5	5	4-5	4

● 日本語指導の状況

指導時間	指導形態
週5時間	小集団指導

● 本人や保護者の願い

日本で全日制の高校進学を希望している。

> 作成時の最新の JSL バンドスケールの判定値を記入する。

児童生徒の様子 困り感やニーズの把握	目標 具体的な指導・支援の手立て	手立ての評価・考察
日本語・教科学習面	【話す】日常生活では日本語でのやりとりには困っていないように見える。授業中の発表のときには自分の考えをまとめて話せないことが多い。 【読む】本を読むことは好きで図書室でよく本を借りている。テストのときは問われていることは分かっている。熟語などは分からないことが多く，質問することが多い。 【書く】様々な話題について書こうとしているが，限られた表現を使っている。話し言葉で表現することも多い。	目標 ・教科学習に必要な言葉の獲得 ・考えをまとめて書くことができる 【在籍学級，国際教室】 ・生徒とのやりとりや生徒同士の学び合いを通して学習する。 ・書き言葉としてまとめる活動を取り入れる。 【国際教室】 ・先行学習でポイントになる部分を学習し，クラスでの教科学習に参加しやすいように準備する。	・生徒同士でのやりとりは増えつつある。楽しんで学習している。 ・書き言葉でまとめる活動をしているが，表記を間違えることが多い。モデル文などを提示しながら学習を進めていくようにする。 ・教科担任との連携が十分できず，それぞれの学習がうまくつながらなかった。教科担任と密に連絡を取り合えるように，連絡ノートを活用する。

> 前年度の個別の指導計画を確認し，1学期中に記入する。
> ○日本語指導の状況
> ○本人や保護者の願い
> ○児童生徒の様子　困り感やニーズの把握
> ○目標　具体的な指導・支援の手立て
> ○生活面で配慮が必要な場合は記入
> 　新しい目標や手立てなど，必要に応じて加筆しながら活用する。

> JSL バンドスケール判定後，年度末までに「手立ての評価」「考察」を記入する。
> ※考察
> 　手立ての評価を受けて，今後必要な支援についても記入する。

年度末までに記入

第 4 部

ことばの力と学力

　第 1 部から第 3 部までの記述でおわかりのように、鈴鹿市は、これま
で市内の学校などで長年実践してきた人権教育の歴史をベースに、一人ひ
とりの子どもをしっかり見つめ、「ことばの力」と「学ぶ力」を育成する
多文化共生教育をすべての小中学校で実践しています。

　2000 年代に入り、JSL 児童生徒の背景が多様化する傾向がありますが、
それらの子どもたちの共通点は、家庭では親の言語（第 1 言語）、学校で
は日本語のように、幼少期より複数言語環境で成長している点です。中に
は、父親と母親の言語が違う場合や、来日前に複数の国を移動し、多様な
言語に触れた経験のある子どももいます。また、近年は、日本生まれの
JSL 児童生徒も増加する傾向にあります。

　第 4 部では、これらの JSL 児童生徒の「ことばの力」と「学力」に焦
点をおき、鈴鹿市教育委員会と早稲田大学大学院日本語教育研究科の協働
的研究を通じてわかったことを述べます。

　はじめに、鈴鹿市で活用されている「JSL バンドスケール」の考え方、
次に、「ことばの力」の捉え方を説明します。その上で、近年の「JSL バ
ンドスケール」の判定と文部科学省の「全国学力・学習状況調査」（以下、
「学力調査」）の結果との比較検討を行い、今後の多文化共生教育、日本語
教育の実践のあり方を考えたいと思います。

1 「JSLバンドスケール」の考え方と実践

　鈴鹿市で活用されている「JSL バンドスケール」は、早稲田大学大学院
日本語教育研究科の川上郁雄研究室で開発された JSL の子どもの日本語の
発達段階を把握するためのツールです。その基本的な考え方は、以下です。

　「JSL バンドスケール」は、教師が、JSL の子どもの日常的な日本語使
用を観察し、そこから子どもの日本語の発達段階を理解し、そのことを、
子どもの日本語指導に役立てることを目的として開発されました（本書 34
頁参照）。

　「JSL バンドスケール」には、「聞く」「話す」「読む」「書く」の 4 技能
の発達段階の説明文があります。それと、子どもの日本語使用の様子を照
らし合わせながら、子どもの日本語の発達段階を把握します。

　よって、「JSL バンドスケール」は、「テスト」ではありません。私たち
は、子どもの日本語の力を、1 回のテストや 1 つの課題や場面だけで把握
することはできないと考えています。「JSL バンドスケール」は、子ども
の日本語の発達段階を広い視野で総合的に捉えるためのツールなのです。

　したがって、「JSL バンドスケール」は、日常的な実践の中で子どもが
どのような「やりとり」をしているか、また課題に取り組む際どのような
様子かを観察することが基本です。つまり、「JSL バンドスケール」と実
践を切り離すことはできません。発達段階を踏まえて、長期的な視野で、
子どもへの日本語教育の実践を組み立てることが大切なのです。子どもの
日本語の力を、1 日で把握することはできません。

1-1　フレームワーク

　「JSL バンドスケール」のフレームワーク（枠組み）を確認しましょう。

表1　「JSL バンドスケール」のフレームワーク

年齢集団	4技能	見立て（レベル）
小学校低学年	聞く	1・2・3・4・5・6・7
	話す	1・2・3・4・5・6・7
	読む	1・2・3・4・5・6・7
	書く	1・2・3・4・5・6・7
小学校中高学年	聞く	1・2・3・4・5・6・7
	話す	1・2・3・4・5・6・7
	読む	1・2・3・4・5・6・7
	書く	1・2・3・4・5・6・7
中学高校	聞く	1・2・3・4・5・6・7・8
	話す	1・2・3・4・5・6・7・8
	読む	1・2・3・4・5・6・7・8
	書く	1・2・3・4・5・6・7・8

　「子どもの年齢」は、子どもの発達段階による 3 つのグループを示しています。これは、子どもの脳の発達段階と学年を考慮して設定されています。

　　①小学校低学年（1、2 年生）
　　②小学校中高学年（3、4、5、6 年生）
　　③中学高校（中学 1 年生から高校 3 年生）

　「見立て（レベル）」は、小学校は 7 段階、中学高校は 8 段階に設定されています。

「初めて日本語に触れる段階」
（日本語の力の弱い段階：レベル 1）
↓
「日本語を十分に使用できる段階」
（日本語の力が十分にある段階：レベル 7、8）

「見立て（レベル）」に「0」はありません。これは、子どものもつ「こ とばの力」にゼロはないという考え方です。日本語の言語知識がなくて も、母語を含む「ことばの力」はあると考えるからです。

1-2 「見立て」

　教師が、子どもの日本語の発達段階を把握することを、「JSLバンドス ケール」では「見立て」と言います。たとえば教師は、

① クラスメイトや友だちとの間で、子どもがどのような「やりとり」 をするかを観察します。「やりとり」とは、母語や日本語、具体物、 ジェスチャーなどを使って、子どもが教師やクラスメイトとコミュ ニケーションすることです。
 　　〇子どもの様子の例
 　　「黙っている」「日本語がブツブツ切れる」「ジェスチャーに頼 る」など

② 実践の中で、教師自身が子どもと「やりとり」をする様子をメモし ます。
 　　〇子どもの様子の例
 　　「絵を使うと、よく理解が進む」「ペラペラしゃべるが、抽象的な ことは理解できない」など

③ 子どもが「読む活動」や「書く活動」にどれくらい参加できるか、 またどのような足場かけ（スキャフォールディング）をすればどれく らい読めるのか、あるいは書けるのかを観察します。
 　　〇子どもの様子の例
 　　「漢字にふりがなをつけると、声を出して読める」「絵の周りに、 単語を書くことができる」など

④ 「聞く」「話す」「読む」「書く」に関する子どもの情報と、「JSLバ

ンドスケール」の説明文を見比べます。「見立て」は「聞く」「話す」「読む」「書く」それぞれで行います。子どもの様子と「JSLバンドスケール」の説明文を見比べ、両者の重なりの最も多いレベルを当該の子どもの「聞く」「話す」「読む」「書く」レベルとして「見立て」ます。

　　○子どもの様子の例：小学校低学年「話す」レベル3

　　　•絵や具体物をたよりに、身近なことや好きなことについて、やりとりすることができる。

　　　•日常会話において、二語文、三語文から、徐々に自分の言葉で話し出す。

　　　•しかし、在籍クラスの授業では、教師とクラスメイトの会話に参加することは難しい。

　これが、「JSLバンドスケール」の「見立て」です。

1-3　いつ使うのか

　教師は、普段の実践の中でも子どもの様子を理解していきます。教室でのやりとりから子どもの「聞く」力、「話す」力について気づいたことをメモします。また、子どもと一緒に本やプリント教材を読む場面から「読む」力について気づいたことをメモします。あるいは手紙を書く活動、物語を作る活動など複数の「作文」から「書く」力の材料を集めます。それらをもとに、「JSLバンドスケール」の「説明文」と照らし合わせて、「聞く」「話す」「読む」「書く」のそれぞれの力を「見立て」ます。

　日本語の力の発達段階は、簡単に進むものではありません。鈴鹿市では「JSLバンドスケール」は、年に2回、使用しています。1学期、あるいは、半年に1回、使用し、子どもの日本語の発達段階を把握するのが、理想です。

　子どもの日本語力の発達のペースは、「聞く」「話す」「読む」「書く」で異なる場合があります。たとえば、「聞く」「話す」が4レベル、「読む」が3レベル、「書く」が2レベルのように、デコボコしていることはよく

あることです。文字に頼らない「聞く」「話す」の力が早く伸び、文字を媒介とする「読む」「書く」の力が伸びないように見えることはよくあることです。

したがって、鈴鹿市では、子どもの日本語の発達段階を把握するため、「JSL バンドスケール」を長期に渡って使用しています。

以上が、「JSL バンドスケール」の目的と使用の説明です。次に、「JSL バンドスケール」の考える「ことばの力」とは何かを述べます。

1-4 「ことばの力」とは何か

「JSL バンドスケール」の考える「ことばの力」について説明します。

①場面に応じて「やりとりする力」

日本語には、ひらがな、カタカナや漢字、文法規則、慣用句など、「ことばの知識」と呼ばれるものがあります。それらは「ことばの力」のほんの一部であり、すべてではありません。したがって、それらを覚えても「日本語のコミュニケーション能力」が必ずしも高まるわけではありません。JSL バンドスケールが重視するのは、場面や相手に応じて「やりとりする力」です。

②場面や相手により、「ことばを選択する力」

私たちは、日常的に、「どんなこと（内容）を」「誰に」「どのように」（話すのか、書くのか）を考えながら言葉を「選んで」使用しているのです。だからこそ、私たちは、子どもに話しかけるときと大人と話すときとでは、使用する言葉が異なっています。これは、私たちの日常会話を振り返れば、すぐにおわかりになるでしょう。

③「ことばの力」は、総合的な（ホリスティックな）力

私たちは場面や相手や伝達方法によって言葉を使い分けていることから、日本語を学ぶ子どもの「ことばの教育」においても、文脈（コンテクスト）が重視されます。

　　　場面に応じて「やりとりする力」とは、文脈（コンテクスト）を
　　理解し、言葉を使用する総合的な（ホリスティックな）力であると
　　いうことになります。だからこそ、日本語を教える際も、文脈と言
　　葉を切り離さず、ホリスティックに（場面と合わせた形でまるごと）
　　日本語を理解できるように指導することが大切となるのです。

④「ことばの力」は複合的な力
　　　私たちが日頃、言葉を使う際、その言葉の知識だけではなく、母
　　語（第1言語）や方言を使用した経験や外国語学習の経験など、多
　　様な知識や技能や経験を利用しながらコミュニケーションを行って
　　います。ひとりの人間の中にも、多様な知識や技能や経験が複合的
　　に結びついて、「ことばの力」を形成しています。したがって、「こ
　　とばの力」は「複雑で、不均質だが、全体としてひとつ」（コスト・
　　ムーア・ザラト2001）のものと捉えられます。

⑤日本語の力は動いている
　　　「ことばの力」は複言語・複文化的なものです。したがって、「こ
　　とばの力」をベースに日本語学習をする子どもの日本語は常に、
　　「日本語力が変化している」（動態性）、「4技能（聞く、話す、読む、
　　書く）が同じでない」（非均質性）、「場面や相手によって異なる」（相
　　互作用性）という性質があるように見えるのです。このような性質
　　（動態性、非均質性、相互作用性）のある日本語の力を、1回のテス
　　トで「測定」することはできません。

　「JSLバンドスケール」は、このような「ことばの理解」に立って作ら
れています。したがって、子どもの第1言語や日本語、また日本語以外
の言語を知識や技能や経験が複合的に結びついているものを、「ことばの
力」と表記します。

1-5　実践にどのように役立つのか

では、「JSL バンドスケール」はどのように実践に役立つのでしょうか。
まず、日本語を教える時に何が大切かを、考えてみましょう。

日本語を学ぶ子どもに日本語を教える上で大切な視点は、子どもの「こ
とばの生活」「成長・発達」「心」の3つです。

①「ことばの生活」

　　教師は子どもの「ことばの生活」を理解することがまず必要で
す。子どもはまだ日本語が話せなくとも、家庭では第1言語（親が
話す言語：母語）を流暢に使用していたり、来日する前に、その言
語で教育を受けたりしている場合があるように、日本語を学ぶ子
どもは日本語以外の言語をすでに習得していたりするのです。時に
は、日本語以外にすでに第3、第4言語に触れて成長しているかも
しれません。

　　鈴鹿市の人権教育の実践では、子どもの家庭訪問をし、子ども
の生活全体を理解することを基本としてきました。JSL の子どもの
「ことばの生活」を理解することは、人権教育の基本に通じます。

②「成長・発達」

　　子どもは日々成長していますが、身体的・認知的にどのような発
達段階にあるかを考えることも大切です。来日したばかりの中学生
に、日本語ができないからといって、小学生と同じ方法で教えるこ
とは適切と言えません。すでに第1言語で教育を受けた子どもの
場合、同じ年齢の子どもと同じ認知発達を経て、同じように考える
ことができる力をもっています。子どもの成長・発達段階と、「JSL
バンドスケール」を使用して日本語の発達段階を踏まえて、実践を
デザインすることが大切です。

③「心」

　　JSL の子どもの実践では、日本語を学ぶ子どもの言いたいことを
しっかり聞くことが大切です。別の言い方をすると、子どもがどん
な日本語を話しても、それを聞いてくれる人がいると子どもが感じ
ることが大切なのです。それは、自分の声が他者に届く体験です。
このような意味の「声が届く体験」は、子どもの学習意欲を高めま
す。なぜなら、子どもは「自分はここにいてもいいんだ」と思うよ
うな社会的承認を得たと感じ、自尊感情が育つことにつながるから
です。

　　このように、子どもの日本語教育の実践で欠かせない視点は、子
どもの「心」を受け止め、育てることです。

　　そのためにも、「JSL バンドスケール」を使って、子どもの日本
語の発達段階をしっかり把握し、子どもの現状を理解することが大
切です。

　この3点は、子どもの日本語教育の基本です。

1-6　「見立て」から実践へ

　「JSL バンドスケール」が基本とするのは、日常的な実践です。教師は、
日頃より子どもとやりとりすることを重ね、子どもの理解を深めていま
す。その「子ども理解」から見える日本語の発達段階を「JSL バンドス
ケール」と照らし合わせながら、確認していくことが大切です。

　また、「JSL バンドスケール」は、複数の教師で使用することが推奨さ
れています。子どもを指導する複数の教師（たとえば、日本語指導の教師と
在籍クラスの担任など）が、当該の子どもの「JSL バンドスケール」の「見
立ての結果」を持ち寄り、指導場面のやりとりの例や子どもの書いた作文
などを見ながら、日本語の発達段階を「見立て」ることを薦めます。

　そのため、鈴鹿市では、当初より、「JSL バンドスケール」を活用した
「見立ての会議」を、学年単位で、実施しています。複数の教師が集まり、
一人ひとりの子どもの日本語の発達段階を把握し、それに基づく実践を共

に考えることは、鈴鹿市で長年実施してきた人権教育実践の考え方と同じです。

　一人ひとりの教師の指導の場面は異なること、また、子どもの学びの形態や学習活動の内容が異なることによっても、子どもの日本語力は違ったように見える場合があります。たとえば、当該の子どもの日本語の発達段階について、ある教師が「レベル3」と見立て、別の教師が「レベル4」と見立てる人が出てくることは、自然なことです。どちらが正しく、どちらが間違っていると結論を急ぐよりも、どのような場面ややりとりで、そのように判断したかを教師間で情報交流することによって、子どもの理解が進むと同時に、教師自らの捉え方も深まっていくと考えることが大切です。

　つまり、それらを協議する「見立ての会議」では、教師一人ひとりがもっている実践観、「ことばの力」についての捉え方、ひいては教育観も反映されることになり、その結果として、「JSL バンドスケール」による協働的な見立てが生まれ、それらが次の協働的な実践へつながると考えられます。

　そのような意味で、それぞれの教師が自分で見立てた「JSL バンドスケール」の結果を持ち寄り、子どもについて協働的に協議することは、教員研修の意味においても重要なのです。

　したがって、「JSL バンドスケール」は、それぞれの教師が「見立ての結果」を持ち寄り、子どもの日本語の発達段階を協働的に把握し、子どもの抱える課題を教員間で理解し、「国際教室（取り出し指導）」教師、在籍クラス担任、教科担任、指導助手などの複数の教員による協働的実践を目指すためのツールなのです。鈴鹿市の「判定」「判定会議」は「見立て」「見立ての会議」の意味で使用されています。

1-7　「JSL バンドスケール」と「DLA」の違い

　「DLA」は、文部科学省が「外国人児童生徒の日本語能力測定方法」の開発の目的で委託し開発した「対話型アセスメント（Dialogic Language Assessment）」の略称です。

　「対話型アセスメント」の基本的な考え方は、「日本語能力を測定する」ということです。つまり、これは、「測定のツール」であるということです。よって、その方法は、あらかじめ設定された「タスク」を子どもがどのように達成できたのか、あるいはできなかったのかが重要な指針となります。

　また、この「DLA」の対象となる児童生徒は「日常会話はできるが、教科学習に困難を感じているもの」と限定されていることです。これは、すべてのJSL児童生徒を対象にする「JSLバンドスケール」と大きく異なる点です。

　活用の考え方も異なります。「DLA」を使用するときは、「指導者と子どもたちが一対一で向き合うこと」を基本としています。つまり、「DLA」を使用する際の場面が限定されているのです。その理由は、「日本語能力を測定する」ことが目的であるため、「一定の条件を設定」せざるを得ないと発想するからです。このような考え方が出てくるのは、「『DLA』は、『学びの力を伸ばすテスト』『学習支援に役立つテスト』をめざしているため、実施方法は、『対話』を重視し、マンツーマン形式で行います」（文部科学省 2014: 9）と説明されるように、基本的に「テスト」だからです。

　「テスト」であるからこそ、「DLA」の実施についての時間も、「子ども1人あたり所要時間は、45〜50分以内」と設定されています。また、名称にもある「対話的」については、次のように説明されています。すなわち、子どもたちの言語能力や思考力などが多様であると説明した後に「『DLA』の活用方法は『対話型』を基本とします。それは、指導者が子どもたちに向き合う大切な機会（対話重視）であると考えるからです」（文部科学省 2014: 6）と説明されるだけで、なぜ「対話」あるいは「対話重視」なのかは明確に説明されていません。したがって、「DLA」の対話は、テストのための方法論としての「対話型」であって、日本語教育の実践において広く言われている「対話」とはまったく異なることがわかります。

　さらに、「『DLA』が測定しようとしている言語能力」は、「おおむね『会話の流暢度』『弁別的言語能力』『教科学習言語能力』」であると説明されています（文部科学省 2014: 7）。この言語能力観は、個の能力主義の見

方をベースにした、固定的、数量的に設定された部分の集合としての言語力という考え方であることがわかります。

　以上の説明でわかるように、「JSL バンドスケール」と「DLA」とは、目的はもちろん、ことばの捉え方、ことばの力の捉え方、さらには、教育観、実践観がまったく異なるのです。実際に、鈴鹿市にも、「DLA」の専門家と呼ばれる人が来て、小学校で「DLA」のデモンストレーションが行われました。それに参加した、ある小学校教師は、「DLA」を鈴鹿の学校現場で使用することはないと判断したと話していました。その理由を聞くと、「DLA」を使用した専門家が説明した当該の児童の日本語能力の特徴は、「その子を1週間も指導していれば、わかること」とその教師は述べていました。

　つまり、「DLA」が限定的な方法で子どもを見ても、その結果は、鈴鹿で教師たちが日々の実践を積み重ねながら子どもの全人的な成長を目指して実施している教育にはまったく役立たないばかりか、「DLA」自体が学校現場の教師の成長や実践力向上にはほとんど役立たないという点が、これまでの鈴鹿市の実践から明らかなのです。

2 「JSL バンドスケール」の見立てと 「学力調査」の結果

　鈴鹿市では、2008 年より「JSL バンドスケール」を活用して JSL 児童生徒の日本語の発達段階を把握し、実践に役立ててきました。そして、その結果は、継続的に記録されてきました。

　また、当初より、人権教育の観点から JSL 児童生徒の日本語能力の向上とともに、学力保障、進路保障が主要テーマでした。そのため、日本語能力と学力の関係について、これまで年に 2 回開催される、教育長をトップとする「プロジェクト会議」においても、協議が重ねられてきました。

　「プロジェクト会議」に提出される資料には、「JSL バンドスケール」の結果だけではなく、毎年、市内の学校の 6 年生、中学校の 3 年生を対象に実施される「学力・学習状況調査」（以下、「学力調査」）の結果も報告されます（次頁からのデータは、すべて「プロジェクト会議」資料より転載）。

　では次に、「プロジェクト会議」において、「JSL バンドスケール」と「学力調査」について、どのようなデータが示され、どのように分析され、かつ、今後の課題についてどのように協議されてきたのかを、具体的に2012 年から年度を追って、見てみましょう。

2-1　2012（平成 24 年）

　この年度の「JSL バンドスケールによる日本語能力判定結果」では、小学校全体で 460 名、中学校で 191 名の結果が報告されました（表2、3 参照）。この年の「学力調査」の結果は、図 1 です。「JSL 児童」と「鈴鹿市の平均」を比較すると、小学校 6 年生で、「学力調査」を受けた JSL 児童数 80 名の場合、「正答率から見えてくる JSL 児童の学力」の特徴をまとめると、次の点です。

表2　2012 年度　JSL バンドスケール分析【小学校全体】　（対象人数 460 名）

	聞く	話す	読む	書く
レベル 7	23%	21%	19%	18%
レベル 6	25%	20%	18%	11%
レベル 5	20%	20%	16%	19%
レベル 4	17%	18%	18%	19%
レベル 3	9%	12%	14%	16%
レベル 2	5%	7%	10%	11%
レベル 1	1%	2%	5%	6%

表3　2012 年度　JSL バンドスケール分析【中学校全体】　（対象人数 191 名）

	聞く	話す	読む	書く
レベル 8	28%	28%	27%	24%
レベル 7	21%	18%	16%	16%
レベル 6	14%	14%	9%	11%
レベル 5	15%	14%	14%	13%
レベル 4	4%	11%	9%	11%
レベル 3	9%	6%	12%	12%
レベル 2	6%	5%	9%	9%
レベル 1	3%	4%	4%	4%

図1　2012 年度「学力調査」の正答率平均の比較【小学校】

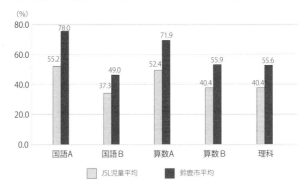

267

図2　2012年度「学力調査」の正答率平均の比較【中学校】

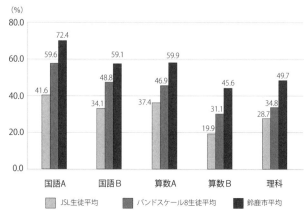

- 市全体平均の7割
- 国語・算数のA問題では、20ポイント程度の差
- B問題では、15ポイント程度の差
- 記述式問題の正答率が低い

　同様に、中学3年生で「学力調査」を受けたJSL生徒数は45名で、その場合の「正答率から見えてくるJSL生徒の学力」の特徴は、次のように報告されました。

- 市全体平均の6割
- 国語A問題では、30ポイント差
- 国語B問題、数学B問題では、25ポイント差
- 数学A問題、理科では、21〜22ポイント差
- バンドスケール8レベルでも各教科10ポイント差
- 記述式の問題には無回答が多い

　プロジェクト会議では、これらの結果を踏まえ、次の点が確認され、改めて協議されました。これまでの取り組みの「成果」として、「校内の支援体制を整え早期に日本語指導を行うこと」により、「日本語力と教科学

習の力」が確保されたこと、「リライト教材、ワークシートを活用した学
習」により、「適切な内容を取り出して書くこと」「音読の仕方を問う設問
に答えられるなどの効果」があったとされました。

　一方、「課題」としては、以下の点が挙げられました。

　　①読解力
　　• 自力で設問を読んで理解する力
　　• 内容をより正確に把握する力
　　• 学習内容と実生活を結びつけて考える力
　　　⇒※児童生徒のつまずきの把握が必要
　　②表現力
　　• 条件に応じて考えをまとめて書く力
　　• 各教科の学習用語を用いて表現する力

2-2　2013（平成 25 年）

　毎年行われる「JSL バンドスケール」判定結果について、さらに分析が
進められました。この年の小学校で「JSL バンドスケール」判定を行った
児童数は、479 名。そのうち日本生まれの JSL 児童数は 329 名で、全体
の 68.7％を占めていることがわかりました。これは、前年度より、56 名
（9.4％）の増加でした。また小学校低学年では、7 割以上が日本生まれの
JSL 児童でした。同様に、中学校で「JSL バンドスケール」判定を行った
生徒数は 199 名。そのうち日本生まれの JSL 生徒数は 115 名で、全体の
57.8％を占めました。

　どちらの結果からも、「日本生まれの JSL 児童生徒」数が、全体の約 6
割を占めることがわかりました。

　さらに、「JSL バンドスケール」の判定結果から、レベル別の人数を見
ると、小学校：479 名のうち、「聞く」「話す「読む」「書く」のレベル 4
以下の児童の割合は、「聞く」が 36％、「話す」が 42％、「読む」が 50％、
「書く」が 53％でした。つまり、日本語指導を行う必要がある子どもの割
合が高いということです（図 3 参照）。

図 3　2013 年度　JSL バンドスケール分析【小学校全体】　(対象人数 479 名)

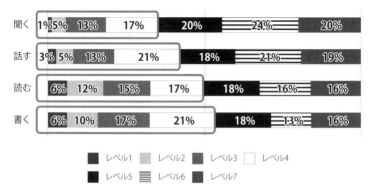

また、「学力調査」を受けた 6 年生の JSL 児童 83 名の日本語能力の状況においても、「読む」「書く」の力について、依然として 5 割ほどの児童がレベル 4 以下にとどまっていました（図 4 参照）。

図 4　2013 年度「学力調査」を受けた 6 年生の JSL 児童の JSL バンドスケール分析

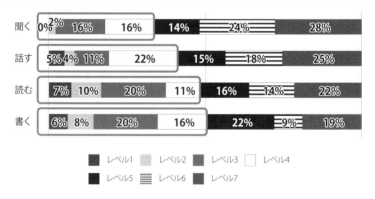

では、中学校の場合はどうでしょうか。

中学校の「JSL バンドスケール」の判定結果から、レベル別の人数を見ると、JSL 中学生：199 名のうち、「聞く」「話す」「読む」「書く」のレベル 4 以下の生徒の割合は、「聞く」が 20％、「話す」が 21％、「読む」が 31％、「書く」が 34％でした（図 5 参照）。

図5 2013年度 JSL バンドスケール分析【中学校全体】　(対象人数 199 名)

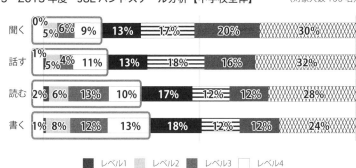

また、「学力調査」を受けた中学校3年生の JSL 生徒 63 名の日本語能力の状況においても、「読む」「書く」の力について、依然として4割ほどの生徒がレベル4以下にとどまっていました（図6参照）。

図6 2013年度「学力調査」を受けた中学校3年生の JSL 生徒の JSL バンドスケール分析

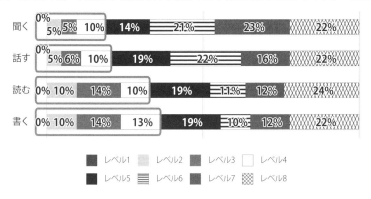

これらの結果から、プロジェクト会議では以下の点が指摘されました。

①4割強の JSL 児童が移動などの理由により、継続的に日本語能力が把握できていない。
　学校生活においても、転出や一時帰国などの移動により学びがつながっておらず、継続して指導・支援することが難しい。

②日本生まれであっても、6年生段階で、日本語指導が必要な（レベル4以下）児童が半数以上存在する。学習に必要な日本語の力が十分育っていない。

では、「学力調査」では、JSL児童生徒はどのような結果だったのでしょうか。

この調査に参加した小学校6年生のJSL児童数は、83名。それらの児童の「学力調査」の結果から、次の点が指摘されました。

○日本生まれ、もしくは早くに来日し日本の保育園や幼稚園に通っていたJSL児童であっても、鈴鹿市平均と比較して国語A、B、算数A、Bとも、約20ポイントの差がある。特に国語Bや算数Bのような記述の多い問題は、無回答が増える。
○国語のB問題の正答率は日本生まれの児童とそうでない児童とで、大きな差はない。長い文章を読んだり、解いたりするために必要な語彙が定着していないこと、自分の考えを文章でまとめることが難しいJSL児童が多い。
○算数Bについては、日本生まれの児童とそうでない児童とで12.9ポイントの差がある。
○途中で転・編入をしたJSL児童については、鈴鹿市平均と比較しても国語A、B、算数A、Bとも25ポイント以上の差がある。日本語の力が十分についていないことで、学年相応の学習ができていない。

これらの指摘は、大変重要で、プロジェクト会議では強い危機感が共有されました。同時に、さらに詳細な検討がありました。次のデータは、「学力調査」のうち、「国語A・B、算数A・Bとも、鈴鹿市の平均正答率に達しているJSL児童」、A児、B児、C児の「JSLバンドスケール」の判定結果と学校側のコメントの例です。

表4　A児の判定結果

生まれ・言語環境	学年	聞く	話す	読む	書く
日本生まれ	1	−	−	−	−
日本の保育所	3	6	6	6	6
家庭では日本語	6	7	7	7	7

- 1年生から在籍学級で学習してきた。
- 意欲的に学習に取り組んでいる。
- 将来の夢や目標をもっている（学力学習状況調査の質問紙回答）。

表5　B児の判定結果

生まれ・言語環境	学年	聞く	話す	読む	書く
4歳のとき来日	1	7	7	7	7
日本の幼稚園	3	7	7	7	7
家庭ではポルトガル語と日本語	6	7	6〜7	7	7

- 1年生から在籍学級で学習してきた。
- 様々な事柄に興味関心をもち、取り組んでいる。
- 将来の夢や目標をもっている（学力学習状況調査の質問紙回答）。
- 学校での学びは将来役に立つと思っている（学力学習状況調査の質問紙回答）。
- 将来、留学したり、国際的な仕事についたりしてみたい（学力学習状況調査の質問紙回答）。

表6　C児の判定結果

生まれ・言語環境	学年	聞く	話す	読む	書く
5年生のときに来日	1	−	−	−	−
4年生まで中国で生活	3	−	−	−	−
家庭では中国語	6	5〜6	6	5〜6	5

- 来日して 1 年であるため、国際教室でも支援をしている。
- 中国で学んできた力を日本語での学習に生かしている。
- 今後、日本での生活を望んでいる。
- 将来の夢や目標をもっている（学力学習状況調査の質問紙回答）。
- 学校での学びは将来役に立つと思っている（学力学習状況調査の質問紙回答）。
- 将来、留学したり、国際的な仕事についたりしてみたい（学力学習状況調査の質問紙回答）。

　次のデータは、同じ「学力調査」のうち、「国語 A・B、算数 A・B とも、鈴鹿市の平均正答率に達していない JSL 児童」、D 児、E 児、F 児の「JSL バンドスケール」の判定結果と学校側のコメントの例です。

表 7　D 児の判定結果

生まれ・言語環境	学年	聞く	話す	読む	書く
日本生まれ	1	5	4	4	5
日本の保育所	3	6	7	6	6
家庭ではスペイン語と日本語	6	7	7	7	7

- 1 年生から在籍学級で学習してきた。
- 日本文化独特の言葉はわからないことがある。
- 将来の夢や目標をもっている（学力学習状況調査の質問紙回答）。
- 自分の考えを説明したり、文章に書いたりすることは難しいと感じている（学力学習状況調査の質問紙回答）。

表 8　E 児の判定結果

生まれ・言語環境	学年	聞く	話す	読む	書く
5 歳のとき来日	1	2	2	2	2
日本の幼稚園	3	4	4	4	4
家庭ではポルトガル語	6	6〜7	6〜7	5〜6	5〜6

- 1 年生から 5 年生まで取り出しによる日本語支援を受けてきた。
- 言葉の使い方を間違えることがある。話し言葉で書くことがある。
- 記述問題では無回答が多い。
- 将来の夢や目標をもっている（学力学習状況調査の質問紙回答）。
- 自分の考えを説明したり、文章に書いたりすることは難しいと感じている（学力学習状況調査の質問紙回答）。

表 9　F 児の判定結果

生まれ・言語環境	学年	聞く	話す	読む	書く
4 年生のときに来日	1	ー	ー	ー	ー
ブラジルで生活をしてきた	3	ー	ー	ー	ー
家庭ではポルトガル語	6	3	3	2	3

- 国際教室で取り出しによる日本語支援を受けてきている。漢字、特に熟語が読めない。
- 授業の中で説明を聞いて理解するのは難しい。
- 将来の夢や目標をもっている（学力学習状況調査の質問紙回答）。
- 自分の考えを説明したり、文章に書いたりすることは難しいと感じている（学力学習状況調査の質問紙回答）。

　一方、中学生はどうでしょうか。「学力調査」に参加した中学校 3 年生の JSL 生徒数は、63 名。そのうち、「日本生まれ」または「日本生まれではないが、早くに来日し、日本の保育園や幼稚園に通った」JSL 生徒の成績を検討した結果、次の点が指摘されました。

○日本生まれであっても、鈴鹿市平均と比較して国語 A、B、数学 A、B とも、約 20 ポイントの差がある。
○数学の A 問題の正答率は「日本生まれの生徒」と「そうでない生徒」を比較すると、途中で転編入してきた生徒のほうが正答率が高い。母国で学んできた力を生かせていることが考えられる。

　JSL 生徒の課題が改めて確認された上に、後者の指摘のように、子ども
のもつ力の理解は来日前の子どもの生活を含めて目の前の子どもを理解す
ることが大切であることを意味しています。同時に、さらに詳細な検討が
ありました。

　次のデータは、「学力調査」のうち、「国語 A・B、数学 A・B とも、鈴
鹿市の平均正答率に達している JSL 生徒」、G の「JSL バンドスケール」
の判定結果と学校側のコメントの例です。

表 10　G の判定結果

生まれ・言語環境	学年	聞く	話す	読む	書く
日本生まれ 家庭では日本語	4	7	7	7	7
	6	7	7	7	7
	中 3	8	8	8	8

- 1 年生から在籍学級で学習してきた。
- 意欲的に学習に取り組んでいる。
- 学校で友だちと会うのは楽しい（学力学習状況調査の質問紙回答）。

　次のデータは、「学力調査」のうち、「国語 B で、鈴鹿市の平均正答率
に達していない JSL 生徒」、H の「JSL バンドスケール」の判定結果と学
校側のコメントの例です。

表 11　H の判定結果

生まれ・言語環境	学年	聞く	話す	読む	書く
日本生まれ 日本の幼稚園 家庭ではポルトガル語と日本語	4	5	5	4〜5	5
	6	7	7	7	7
	中 3	8	8	8	8

- 1 〜 3 年生はブラジル人学校。
- 3 年生 3 学期から 4 年生の期間は国際教室に通う。5 年生からは在

籍学級で学習。
- 母語の読み書きは十分できる。
- 将来の夢や目標を描けていない（学力学習状況調査の質問紙回答）。

　次のデータは、「学力調査」のうち、「国語 A・B、数学 B で、鈴鹿市の平均正答率に達していない JSL 生徒」、I の「JSL バンドスケール」の判定結果と学校側のコメントの例です。

表 12　I の判定結果

生まれ・言語環境	学年	聞く	話す	読む	書く
4 年生のときに来日	4	5〜6	5	5	4
鈴鹿市内の学校を転々とする	6	5	4	4〜5	4
家庭ではスペイン語と日本語	中 3	6	6	5	4

- 4 年生で来日。国際教室で支援を受ける。
- 日本での進学を希望している。
- 将来の夢や目標がある（学力学習状況調査の質問紙回答）。

　このように、「学力調査」の結果から、平均値を出して検討することも重要ですが、個別のケースを、「JSL バンドスケール」の判定結果も含めて、一人ひとりの状況を検討することも必要です。
　プロジェクト会議では、これらの結果から、今後へ向けて、〈学校全体での取り組みの視点〉として、次のことが提案されました。

①日本語でやりとりをし、関係を築く力を育てる。
　→日本語で伝えたい、関わりたいという関係づくり、ことばでのやりとりが生まれるような活動
②基本的な知識や語彙を増やしていく。
　→体験活動、読書（読み聞かせ）、低学年からの学習（基礎学力の定着）

③得た知識を活用できる力にしていく。

　　→授業や日々の生活の中で、学んだ日本語や知識を使う場を設定。

④設問の意図を読み取る力をつける。

　　→語彙力、類推する力など思考を伴う力を育てる。

⑤自分の考えを書く力、問題解決の過程を説明できる力を育てる。

　　→考えをもつこと、文章で話したり書いたりする機会をつくる。

　　→母語も大切にしていく。

⑥あきらめさせず、前向きに挑戦する気持ちを育てていく。

　　→日々の活動の中で成功体験を増やし、学習意欲につなげていく。

⑦将来の夢を描けない児童が多い。早い段階からキャリア教育の視点
　を取り入れた取り組みをしていく。日本の教育のシステムや職業な
　ど進路選択をしていくために必要な様々な情報を提供する機会を設
　ける。

　　→キャリア教育、保護者会や進路ガイダンス

2-3　2014（平成 26 年）

　鈴鹿市は、「JSL バンドスケール」判定結果を毎年記録し、その結果の
分析を継続的に進めています。この年の小学校で「JSL バンドスケール」
判定を行った児童数は 463 名。そのうち日本生まれの JSL 児童数は 315
名で、全体の 68.0％を占めることがわかりました。また、国際結婚の家
庭に生まれ育った児童や多様な背景をもった家庭が増えてきていると分析
しています。

　同様に、中学校で「JSL バンドスケール」判定を行った生徒数は 222
名。そのうち日本生まれの JSL 生徒数は 132 名で、全体の 59.5％を占め
ました。

　どちらの結果からも、日本生まれの JSL 児童生徒の占める割合が増え
てきていることがわかります。特に、小学校の低学年では 7 割程度が日
本生まれの JSL 児童でした。

　さらに、「JSL バンドスケール」の判定結果から、レベル別の人数を見
ると、小学校：463 名のうち、「聞く」「話す」「読む」「書く」のレベル 4

以下の児童の割合は、「聞く」が 36％、「話す」が 44％、「読む」が 50％、「書く」が 56％でした（図 7 参照）。

図7　2014 年度　JSL バンドスケール分析【小学校全体】　　（対象人数 463 名）

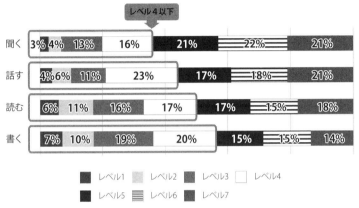

ここで、改めて、「JSL バンドスケール」のレベル 4 がどのような日本語能力の発達段階なのかを確認しておきましょう。たとえば、<u>小学校の中高学年のレベル 4</u> の大きな特徴は以下です。

> 「聞く」レベル 4……「身近な話題」から、「目の前にないもの」も理解しようとする。
> 「話す」レベル 4……「身近な話題」から、「目の前にないもの」についても日本語で話そうとする。
> 「読む」レベル 4……日本語能力が伸張するにつれ、読む範囲が広がっていく。
> 「書く」レベル 4……学習したことをもとに、長く複雑な文を日本語で書こうとする。

つまり、ようやく日本語が定着してきて、日本語を使った単純なコミュニケーションができるようになり、学校の中で日常的な生活を送れるよう

になるレベルです。しかし、在籍クラスでは補助がなければ授業に参加できません。鈴鹿市では、このレベルまでの子どもは「取り出し指導」の対象と考えています。ただし、レベル4の子どもが上のレベル5になっても、在籍クラスの授業に参加し、他のクラスメイトと同じように課題に独力で取り組むことはできません。レベル5と判定された子どもでも、在籍クラスで引き続き支援が必要になります。

　したがって、鈴鹿市の分析でレベル4以下の子どもに注目する理由は、明確に「取り出し指導」の対象になる子どもの数を見るためであって、レベル5以上の子どもへの支援が必要ではないというわけではありません。プロジェクト会議でも、その点を踏まえて、協議が行われています。

　次に、中学校の分布を見てみましょう。中学校の「JSLバンドスケール」の判定結果からレベル別の人数を見ると、JSL中学生：222名のうち、「聞く」「話す「読む」「書く」のレベル4以下の生徒の割合は、「聞く」が27％、「話す」が25％、「読む」が38％、「書く」が39％でした（図8参照）。

図8　2014年度　JSLバンドスケール分析【中学校全体】　（対象人数222名）

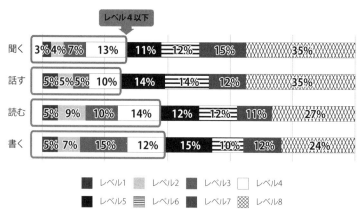

　鈴鹿市は、その年のJSL児童生徒の「JSLバンドスケール」の判定結果を見るだけではなく、同じ学年の子どもたちの経年的分析も行ってい

ます。次の 3 つのグラフは、同じ学年の子どもの 2 年前（2012 年度）のレベル別分布とこの年（2014 年度）のそれを比較したものです（図 9 〜 12 参照）。この年の小学校 3 年生、小学校 6 年生、中学校 3 年生です。

図 9　小学校 1 年生時の JSL バンドスケール分析との比較　（小学校 3 年生：64 名）
2013.1 → 2015.1

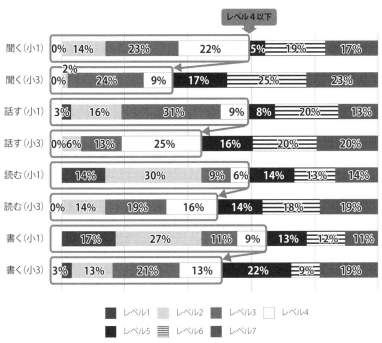

これらの 3 つのグラフ（図 9、10、11）からわかることは、2 年間で、レベル 4 以下の子どもの割合が下がっているということです。つまり、学年が進むにつれて、日本語能力が伸張していることを示しています。ただし、その伸張の幅は、「聞く」「話す」と「読む」「書く」とを比べると、後者のほうの伸び率は高くないということがわかりますし、まだまだ独力で授業に参加できない子どもが依然多いこともわかります。

さらに、鈴鹿市教育委員会では、経年変化を追うために個別のケースも検討しています。次の事例（表 13、14）は、「学力調査」を受けた小学校

図 10　小学校 4 年生時の JSL バンドスケール分析との比較　(小学校 6 年生：79 名)
2013.1 → 2015.1

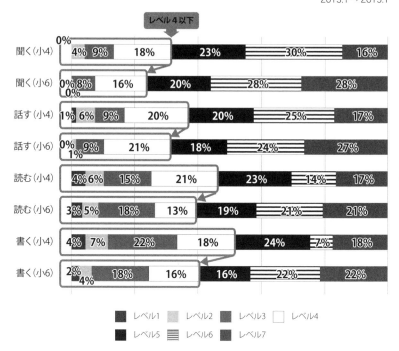

の 6 年生の 2 名の児童の「JSL バンドスケール」の推移と学力調査の結果をまとめたものです。児童 A は小学校 1 年生から 6 年生までの日本語能力の発達の様子がわかります（点線は 2 年生のときのレベルを示す）。児童 B は、小学校 3 年生のときに転入してきた児童です（内側の実線は 3 年生のときのレベルを示す）。この児童 B の日本語能力の発達の様子も順調ですが、児童 A と比べると、「学力調査」の結果に差が出ています。

　「学力調査」を受けた小学校 6 年生の JSL 児童 86 名と、中学校 3 年生 73 名の学力についての概要も、プロジェクト会議に報告され、協議されました。前年に比べ、正答率が高くなっていること、また「鈴鹿市全体」と「JSL 児童生徒」の正答率の差は依然あるものの、その差が小さくなっていることがわかりました。引き続き、日本語教育の指導の工夫と継続的な指導が必要であること、さらに JSL 児童生徒の学力に注目していくこ

図11　中学校1年生時の JSL バンドスケール分析との比較　（中学校3年生：61名）
2013.1 → 2015.1

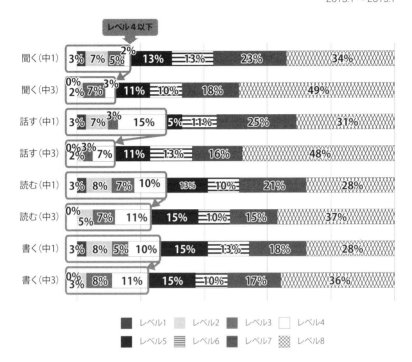

表13　JSL 児童 A さんのケース

バンドスケール	聞く	話す	読む	書く
1年	1	1	1	1
2年	3	3	4	5
3年	7	7	7	7
4年	7	7	7	7
5年	7	7	7	7
6年	7	7	7	7
学力テスト	国語A	国語B	算数A	算数B
正答率	86.7	60.0	100.0	100.0

表14　JSL児童Bさんのケース

バンドスケール	聞く	話す	読む	書く
1年	−	−	−	−
2年	−	−	−	−
3年	3	2	2	2
4年	5	4	4	4
5年	5	6	6	6
6年	6	6	5〜6	5〜6
学力テスト	国語A	国語B	算数A	算数B
正答率	53.3	30.0	58.8	38.5

とが確認されました。

　では次に、さらに2年後のJSL児童生徒の「学力調査」の結果を見てみましょう。

2-4　2016（平成28年）

　この年は、小学校6年生のJSL児童66名が「学力調査」を受けました。その内訳は、在籍学級で学んでいるJSL児童が49名、取り出し指導を受けているJSL児童が17名でした。

　「学力調査」の「正答率」は、以下の通りでした。

表15　2016年度「学力調査」を受けたJSL児童の正答率について

	2016年度	2014年度	2013年度	2012年
国語Aの正答率	51.6%（↑5.8）	45.8%	35.1%	55.2%
国語Bの正答率	42.8%（↑9.7）	33.1%	18.1%	37.3%
算数Aの正答率	59.1%（↑1.2）	57.9%	54.5%	52.4%
算数Bの正答率	36.3%（↑3.1）	33.2%	28.7%	40.4%

　この結果から、次の点が指摘されました。

- 2016 年度の正答率は「鈴鹿市全体」「JSL 児童」とも、2014 年度より高い。
- 2014 年度と比較して、「国語 A：5.8 ポイント」「国語 B：9.7 ポイント」「算数 A：1.2 ポイント」「算数 B：3.1 ポイント」高い。
- 「算数 A」については、2012 年度から正答率が高くなっている。
- 取り出し指導を受けている JSL 児童の受験数が少ないことも、正答率が上がった要因の 1 つと考えられる。

　また、「正答率」において、鈴鹿市全体と JSL 児童を比較すると、やはり差があることがわかります。具体的には、鈴鹿市の平均と JSL 児童の平均の差は、10.1 〜 17.1 ポイントありました（図 12 参照）。

図 12　2016 年度「学力調査」の鈴鹿市全体と JSL 児童との正答率の比較

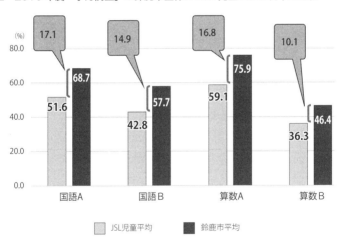

　取り出し指導を受けていない、「在籍クラスで学習する」JSL 児童の「正答率」においても、鈴鹿市全体と比較すると依然として 9.8 〜 15.0 ポイントの差があることも確認されました（図 13 参照）。
　さらに JSL 児童の学力調査結果が詳細に検討され、以下の点が指摘されました。

図 13　2016 年度「学力調査」の在籍学級で学習する JSL 児童の正答率

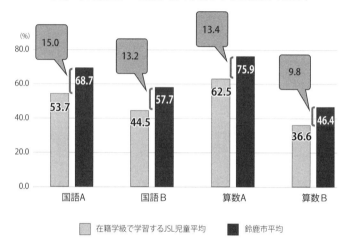

【JSL 児童　全体として】

・記述問題では無解答が多い。

・選択肢の意味をつかみきれない。

・問題文を読むのに時間がかかる。

・活用面で課題が見られる。

【国語 A】

・漢字は苦手な児童が多い。

・知識理解で定着も見られる。

・読み取る力が弱い。

【国語 B】

・長文を読んで理解することが難しい。

・内容理解をするために必要なことばがわからない。

・多様な形態の文章や資料から読み取ることに苦労した様子。

・意見を書いたり、考えを書いたりすることが苦手である。筋道立てて文章を構成することが難しい。

・「○字以上、○字以内にまとめて」など、条件に合わせて記述できていない。

【算数 A】

- 計算問題や公式を使う問題は正答率が高い。繰り返し学習することで定着している様子が見られる。
- 図形、数量関係の問題は正答率が低い。
- 選択問題であっても、日本語の文章を読み取って解答する問題、計算の根拠を考える問題は正答率が低い。無回答も多い。

【算数 B】

- 「理由を書く」「求め方を言葉や式を使って書く」ことは、正答率が低い。

これまでも鈴鹿市の各学校では、「JSL バンドスケール」の見立てと「学力調査」の結果をつき合わせて検討をしています。そして、多くの学校が両者に深い関わりがあると分析しています。つまり、「JSL バンドスケール」の見立てが高い児童は、正答率も高い傾向にあると見ています。

たとえば、「聞く」「話す」「読む」「書く」ともレベル 7 に達している児童は、鈴鹿市全体と比較しても、同程度もしくはそれ以上の正答率であり、日本語の力、学力とも力をつけていると考えますが、一方、「読む」「書く」でレベル 5 以上の児童でも、「読み取り」「記述」の力をつけていくことには依然、課題があると見る学校も少なくありません。

では、JSL 児童の生活にどのような傾向があるのでしょうか。プロジェクト会議では、「学力調査」で実施される「学習状況調査」についても分析をし、協議しています。

以下は、そのいくつかの項目とコメントです。

質問紙の回答からみえる JSL 児童の様子

● 自分にはよいところがあると思いますか

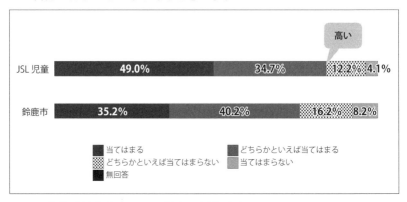

・ 自尊感情をもっている児童の割合は高い。

● 将来の夢や目標をもっていますか

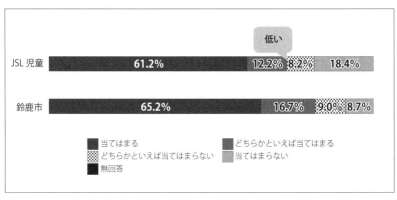

・ 鈴鹿市全体と比較して、「当てはまる」と回答した割合は低い。

・ JSL 児童は「どのような職業があるか」「どのようにしたら、なりたい職業に就けるか」など、わからないことが多い。日本で進路選択をするための情報が少ないこと、親とともに移動していることも、将来の夢や目標を描きにくい要因ではないか。

●土曜日や日曜日など、学校が休みの日に一日どれくらいの時間勉強しますか

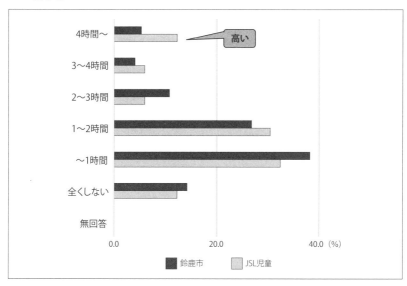

- JSL 児童の土曜日、日曜日の勉強の時間は、「1時間より少ない」が一番多い。
- 「4時間以上」と回答した割合も鈴鹿市全体と比較すると、高い。

●家で学校の宿題をしていますか

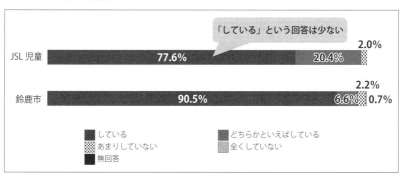

- JSL 児童は「どちらかといえばしている」と回答している割合が高い。

●学校にいくのは楽しいと思いますか

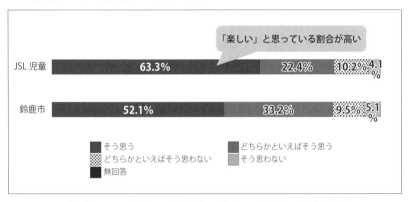

• JSL 児童の 85％以上が「学校に行くのは楽しい」と回答。

●いじめはどんな理由があってもいけないことだと思う

•鈴鹿市全体と比較してやや低い。
•関係を築いていくための日本語の力を育てていくこと、クラスでの
　仲間づくりの視点も意識していく必要がある。

● 授業の中でわからないことがあったら、どうすることが多いですか

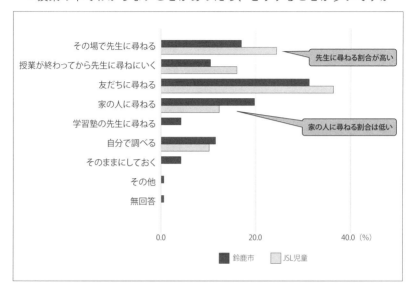

● 国語の勉強は好きだ

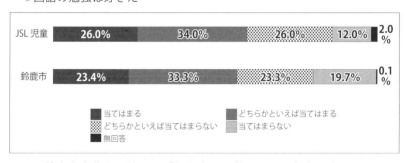

• 鈴鹿市全体と比較して「好き」と回答している割合は高い。

• 在籍学級や取り出し指導で支援を受け、「わかる」ことが「好き」
  につながっていることも考えられる。

● 算数の勉強は好きだ

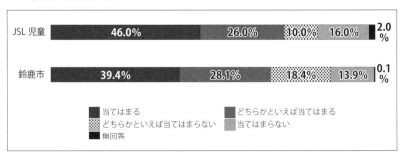

- 算数の勉強が好きだと回答している JSL 児童の割合は鈴鹿市全体と比較すると高い。
- 在籍学級や取り出し指導で支援を受け、「わかる」ことが「好き」につながっていることも考えられる。
- 日本語以外の力、母国での学習経験が生かせることも関係していると考えられる。

　以上の回答から、JSL 児童は、「学習意欲」が低いわけではないことがわかります。ただ、家庭で保護者から学習支援が受けられていない現状が垣間見えます。

　では、中学校の JSL 生徒はどうでしょうか。次に、中学生の JSL 生徒の「学力調査」の結果と「学習状況調査」の結果を見てみましょう。

　この年は、中学校 3 年生の JSL 生徒は 76 名が「学力調査」を受けました。そのうち、在籍学級で学んでいる JSL 生徒が 43 名、取り出し指導を受けている JSL 生徒が 33 名でした。

　「学力調査」の「正答率」は、次の通りでした（表16）。

　この結果から、次の点が指摘されました。

- 2014 年度と比較して、「国語 A：12.7 ポイント」「国語 B：1.6 ポイント」「数学 A：13.1 ポイント」「数学 B：19.2 ポイント」正答率が下がっている。

表 16 2016 年度「学力調査」を受けた JSL 中学生の正答率について

	2016 年度	2014 年度	2013 年度	2012 年
国語 A の正答率	**44.4%（↓ 12.7）**	57.1%	32.7%	41.6%
国語 B の正答率	**29.9%（↓ 1.6）**	31.5%	20.6%	34.1%
数学 A の正答率	**33.5%（↓ 13.1）**	46.6%	27.7%	37.4%
数学 B の正答率	**18.4%（↓ 19.2）**	37.6%	8.8%	19.9%

- 2014 年度と比較して、取り出し指導を受けている JSL 生徒の割合が高いことも、正答率が下がったことの要因と考えられる。

　また、「正答率」において、鈴鹿市全体と JSL 生徒を比較すると、やはり大きな差があることがわかります。

図 14 2016 年度「学力調査」の鈴鹿市全体と JSL 生徒との正答率の比較

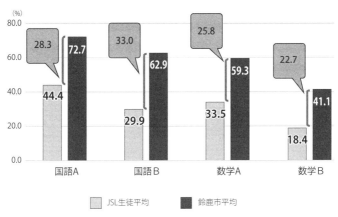

　さらに、「在籍クラスで学習する」JSL 生徒の「正答率」においても、鈴鹿市全体と比較すると依然として 12.9 ～ 28.6 ポイントの差があることも確認されました。

図 15　2016 年度「学力調査」の在籍学級で学習する JSL 生徒の正答率

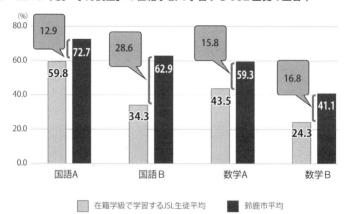

- 在籍学級で授業を受けている JSL 生徒の正答率も 12.9 〜 28.6 ポイントの差がある。
- 在籍学級で授業を受けている JSL 生徒の正答率にも大きな差がある。
- 国語 B については、在籍学級で学習する JSL 生徒も正答率が低い。読解、記述問題に課題が見られる。

　この JSL 生徒の「学力調査」の結果から、JSL 生徒全体の傾向として次の点が指摘されました。

- 記述問題は無回答が増え、正答率が低い。
- 問題文の意味をつかみきれない。
- 問題文を読み取ること、考えることに時間がかかっている。
- 最後まで解答しようとしている。

　また、科目ごとの傾向は以下です。

【国語 A】

- 漢字は苦手な生徒が多い。
- 熟語の使い方が理解できていない。
- 日常生活で活用することは、知識面で定着してきているところもある。
- 知識、経験などが少ない。

【国語 B】

- 長文を読んで理解することが難しい。
- 内容理解をするために必要なことばがわからない（教科学習の用語など）。
- 要約したり、引用したりして書くことが苦手である。
- 「〇字以上、〇字以内で」「条件にしたがって」など、条件に合わせて記述できていない。

【数学 A】

- 計算問題は正答率が高い。繰り返し学習することで定着している様子が見られる。
- 選択問題であっても、日本語の文章を読み取って解答する問題は正答率が低い。

【数学 B】

- 問題文を読み取ること難しい。
- 用語を使って「理由を説明する」「方法を説明する」ことが難しい。
- JSL バンドスケールのレベルが高い JSL 生徒でも正答率は低い。

　では、JSL 中学生の生活にどのような傾向があるのでしょうか。プロジェクト会議では、「学力調査」で実施される「学習状況調査」について、JSL 児童と同様に分析をし、協議しています。

　以下は、そのいくつかの項目とコメントです。

質問紙の回答からみえる JSL 生徒の様子

● 自分にはよいところがあると思いますか

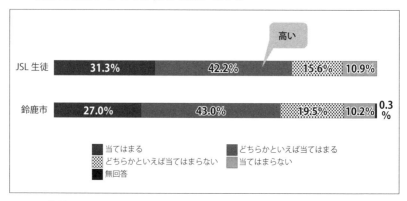

- 自尊感情をもっている生徒の割合は鈴鹿市全体と比べて高い。
- 日本語でのコミュニケーションが十分にとれないことで、不安を感じたり、緊張したり、ストレスをためたりということも考えられる。家庭環境も含め、様々な要因が子どもの自尊感情に影響していると思われる。

● 将来の夢や目標をもっていますか

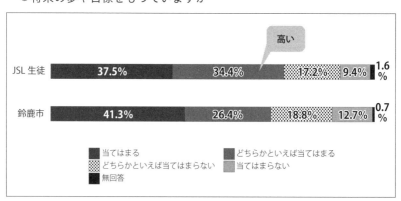

- 「当てはまる」「どちらかといえば当てはまる」と回答した JSL 生徒の割合は、鈴鹿市全体と比較して高い。

●土曜日や日曜日など、学校が休みの日に一日どれくらいの時間勉強しますか

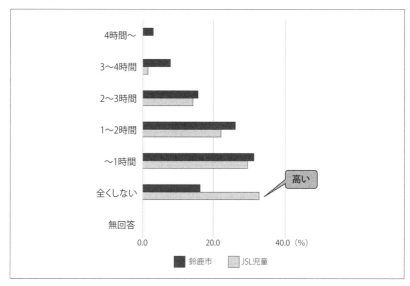

- JSL生徒の土曜日、日曜日の勉強の時間は、「まったくしない」と回答した割合が高い。
- 家庭学習の習慣がついていない生徒も多い。

●家で学校の宿題をしていますか

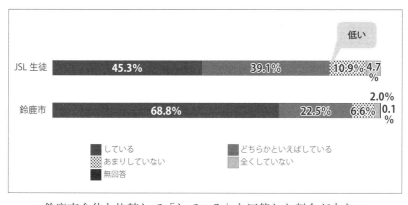

- 鈴鹿市全体と比較して「している」と回答した割合が少ない。

●学校にいくのは楽しいと思いますか

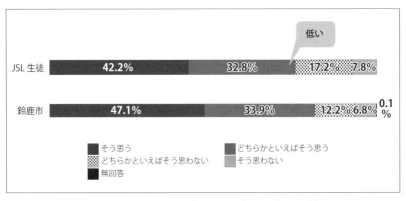

- JSL 生徒の 75%が「学校に行くのは楽しい」と回答。
- 鈴鹿市全体と比較して、6 ポイント少ない。日本語で友だちとの関係を築けないことや、日本語での学習がわからないことが関係していると思われる。

●授業でわからないことがあったら、どうすることが多いですか

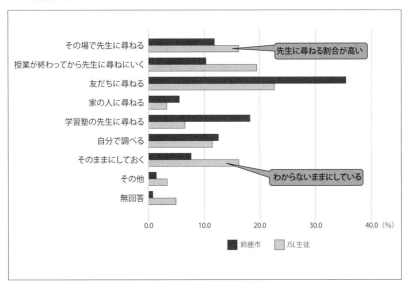

- 「そのままにしておく」と回答した JSL 生徒が多い。わからないことがわからないままになっている。学校以外で学ぶ場が少ない。
- 学校の先生に尋ねるという割合が高い（学習塾に行っていない、家の人にも聞けない）。

● いじめはどんな理由があってもいけないことだと思う

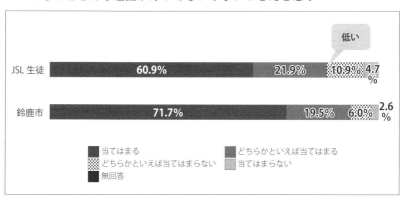

- JSL 生徒の 82％以上が「いじめはどんな理由があってもいけないことだ」と考えている。
- 関係を築いていくための日本語の力を育てていくこと、クラスでの仲間づくりの視点も意識していく必要がある。

● 国語の勉強は好きだ

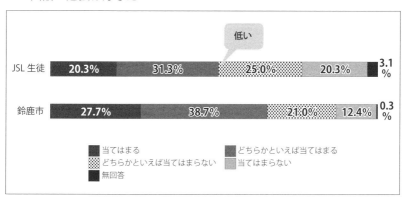

• 鈴鹿市全体と比較して「当てはまる」「どちらかといえば当てはまる」と回答した割合は、少ない。日本語の力が関係していると思われる。

●数学の勉強は好きだ

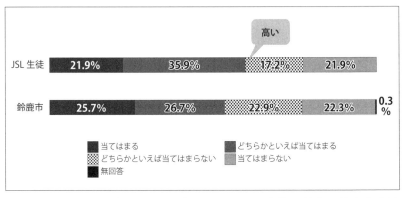

• 数学の勉強が好きだと回答している JSL 生徒の割合は鈴鹿市全体と比較するとやや高い。国語より数学のほうが日本語以外の力、母国での学習経験が生かせることも関係していると考えられる。
• 鈴鹿市全体と比較して 5.4 ポイント高い。

このように、鈴鹿市教育委員会のプロジェクト会議では、「JSL バンドスケール」の判定結果と「学力調査」のデータを合わせて分析する作業を毎年続けてきました。

2-5　2019（平成 31 年）

この年は、小学校 6 年生の JSL 児童 75 名が「学力調査」を受けました。そのうち、在籍学級で学んでいる JSL 児童が 44 名、取り出し指導を受けている JSL 児童が 17 名でした。

「学力調査」の「正答率」は、以下の通りでした（図 16）。

• 算数に比べると、国語の差が大きい。

図16 2019 年度「学力調査」の鈴鹿市全体と JSL 児童との正答率の比較【小学校】

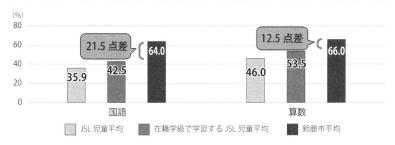

この年は、中学校 3 年生の JSL 生徒 57 名が「学力調査」を受けました。そのうち、在籍学級で学んでいる JSL 生徒が 47 名、取り出し指導を受けている JSL 生徒が 10 名でした。

「学力調査」の「正答率」は、以下の通りでした（図 17）。

図17 2019 年度「学力調査」の鈴鹿市全体と JSL 生徒との正答率の比較【中学校】

• 国語は差が大きいが、英語については差が少ない。

では、この「正答率」の結果を「JSL バンドスケール」の判定結果と重ねると、どうなるでしょうか。次のグラフは、小学校の例です（図 18）。

• JSL バンドスケールの「読む」のレベル判定が、概ね得点率に比例している。

図 18　2019 年度「学力調査」の JSL 児童の正答率と JSL バンドスケールの判定
結果との比較【小学校】

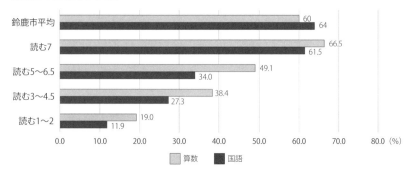

図 19　2019 年度「学力調査」の JSL 生徒の正答率と JSL バンドスケールの判定結
果との比較【中学校】

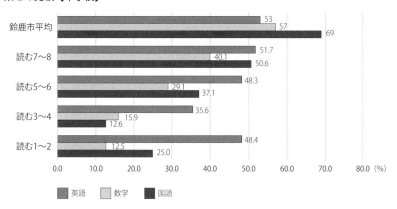

- JSL バンドスケールの「読む」の判定結果が、概ね得点率に比例
  しているが、中には、JSL バンドスケールが高くても、得点率が伸
  びない生徒もいる。
- フィリピンやスリランカなど英語を公用語として生活の中で使って
  いる生徒は、国際教室で取り出しをしている生徒であっても比較的
  点数が高い。

では、教科ごとに、JSL 児童生徒の学力に関する特徴をまとめると、以

下の通りになります。

【国語】

• 日常生活で使う機会がない学習言語の理解が難しい。

• 伝統的な文化が関係する慣用句やことわざなどの日本語が理解できない。

• 資料などを読んで、自分の考えをまとめ、文章にすることが難しい。

【算数・数学】

• 計算問題は比較的できている。

• 文章問題でわからないことばがあると、問題の意図を捉えることが難しい。

• 日常会話に問題のない児童生徒においても、解き方や考え方を求められると書くことができない。

【英語】※中学校のみ

• 文法の知識を問う問題や様々な情報を読み取る読解問題の正答率が低い。

これらの結果から、次のような指摘があった。

○ 全国学力・学習状況調査や「みえスタディーチェック」の際には、取り組みへの十分な説明を行う。

○ 一人ひとりへの丁寧な学習支援や家庭学習の定着を図る取り組みが必要である。

○ JSL バンドスケールのレベルが高い子（国際教室を利用していない子）であっても問題文を読み取ることができない場合があり、放課後や長期休業中に教科別の学習支援が必要である。

3 JSL 児童生徒と「学力調査」

　これまで見てきたように、鈴鹿市の小中学校に在籍する JSL 児童生徒の日本語の発達段階と「学力調査」の結果をどのように捉えるかという課題は、大変重要で、かつ複雑なテーマです。

　第1は、日本語能力が弱い子どもが「学力調査」を受ける意味です。鈴鹿市では、「JSL バンドスケール」のレベルが弱い子どもも、「学力調査」を受けています。これまで、学校の判断でテストを受けるだけの日本語能力がないと判断された場合は、無理に「学力調査」を受けさせていません。

　そもそも、「学力調査」は、どのような意義があるのでしょうか。文部科学省は、「学力調査」の意義と目的について、次のような題目を説明しています。

(1) 国の責務として果たすべき義務教育の機会均等や一定以上の教育水準が確保されているかを把握し、教育の成果と課題などの結果を検証する。
(2) 教育委員会及び学校等が広い視野で教育指導等の改善を図る機会を提供することなどにより、一定以上の教育水準を確保する。

（文部科学省「全国的な学力調査の意義・目的について」）

　したがって、「学力調査」の大きな意義は、国民教育の「検証」であり、「確保」であるということです。さらに、文部科学省は、具体的に、次のように、「学力調査」の目的を説明します。

　　国は、義務教育における機会均等や全国的な教育水準の維持向上の
　観点から、すべての児童生徒の学習到達度を把握するための全国的な
　学力調査を実施することにより、各地域等における教育水準の達成状
　況をきめ細かく適切に把握する必要がある。これにより、国の責務と
　して果たすべき義務教育の機会均等や一定以上の教育水準が各地域等
　において確保されているかどうかをきめ細かく適切に把握することが
　可能となる。

　つまり、「すべての児童生徒」の「学習到達度を把握」することが必要
であると説明します。さらに、

　　また、これに加え、各学校等における教育条件の整備状況や、意識
　調査等の実施による児童生徒の学習意欲、生活の諸側面や学習環境等
　についての状況を把握するとともに、これらと学力との相関関係等を
　多面的に把握・分析することなどにより、これまでに実施されてきた
　教育及び教育施策の成果と課題などその結果の検証を国の責任で行う
　必要がある。

として、「教育及び教育施策の成果と課題などその結果の検証」が大切と
述べています。
　したがって、「学力調査」の目的は、日本国民の「学習到達度」を把握
し、「教育施策」を検証するためであることがわかります。ここでは「す
べての児童生徒」が含まれるとしていますが、基本は国民教育の「学習到
達度」の把握と検証が主眼であることは明確です。
　このことは、別の意味で、日本語母語話者の子どもを想定した「学力テ
スト」であることを意味しています。つまり、「日本人なら、これくらい
は知っておいてほしい」とか、「日本で暮らすために必要な知識や能力を
問う」ことを想定して、「学力テスト」が作られているということです。
　これらのことを踏まえた上で、JSL児童生徒が「学力調査」を受けるこ
との意味を考えておくことが大切です。それは、この「学力調査」を受

けた JSL 児童生徒の結果を、いわゆる「日本語母語話者の子ども」の結果と単純に比較して、「劣っている」とか「不十分」と結論づけないことです。むしろ、「学力調査」を受けたことにより、JSL 児童生徒一人ひとりの「ことばの力」と学力の関係を理解することに役立てることが重要です。たとえば、中学校の JSL 生徒で、「JSL バンドスケール」の見立てが低い生徒が、国語の結果は低くても、英語の結果は比較的高い場合がありました。その背景に、来日前に英語により教育を受けたり、学習経験があることが考えられます。ここから、子どもがもつ複合的な「ことばの力」を理解することが大切です。

　第 2 に考えるポイントは、日本人の子どもを対象にして設定されている「学力調査」により、小学校 6 年生、中学校 3 年生という特定の学年の子どもに期待される「学力」を基準に、JSL 児童生徒をどう見るのかということです。学校の教師の側から見ると、「学力調査」の視点から、JSL 児童生徒を見がちになり、別の視点から子どもの「学力」を見ることができなくなる可能性があるということです。

　この点には、現代社会の特徴も絡みます。「移動する時代」に生きる JSL 児童生徒は、「移動する子ども」（川上 2011）です。この先も、鈴鹿市、あるいは日本に居住し続けるとは限りません。そのような「移動する子ども」の JSL 児童生徒が生きていくための「学力」とは何かという問いもあっていいはずです。

　一方で、第 1 部で見たように、人権教育の基本は、「学力保障」「進路保障」です。日本で高校進学を果たし、学び、就職して働くことは、JSL 児童生徒にとっても大切な選択肢の 1 つです。そのために、しっかり日本語と学力を身につけ、自分の生活を立ち上げていく力を育むことも、教育者の大きな責任です。

　しかし、だからといって、「学力調査」という「評価基準」をもって、JSL 児童生徒を見ることに問題性があることも確かです。将来、JSL 児童生徒が、日本で生きていく場合も、日本以外で生きていく場合も、子どもたちに必要な「ことばの力」と学力とは何か、またそれらを、どのような「評価基準」で捉え、育成していくのかという問題意識は、「学力調査」と

いう「評価基準」だけで JSL 児童生徒を見続ける教師には、生まれてこないばかりか、育つチャンスも与えないでしょう。

　第 3 のポイントは、「学力調査」の結果の分析から、JSL 児童生徒の課題を捉えることは意味がありますが、「学力調査」の結果をよくするために「点をとらせるテクニック」だけを教えたり、テスト前に予備問題を解かせることで、「教育実践」をしていると勘違いする教師を生むことになりかねない点があります。

　さらに、「学力調査」の結果を JSL 児童生徒にどのように説明するかはどこにも明記されていません。たとえば、「このテストは何ですか」「私も受けなければなりませんか」と JSL 児童生徒に聞かれた時、「小学校 6 年生、中学校 3 年生の日本人の子どもを対象にしたテストです」と教師が説明しても、JSL 児童生徒に理解されないばかりか、意味もない説明になるでしょう。

　同じことは、移民受け入れ国でも起こっています。たとえば、オーストラリアで、英語を第 2 言語として学ぶ移民の子どもたちが、英語を母語とするオーストラリア人の子どもと同じ英語のテストを受けさせられているのは、問題があるという議論があります（Creagh 2013）。

　最も重要なのは、日常的な学校文脈にない「学力調査」という鏡から、JSL 児童生徒自身がどのような自画像を描けるかという点でしょう。

　「学力調査」に関わる以上の問題性を十分に踏まえた上で、鈴鹿市での多文化共生教育、JSL 児童生徒への日本語教育の実践を構想することが求められます。

4 これから鈴鹿でどのような実践を行い、どのような力を育成するのか

　本書で見てきたことを踏まえ、今後、鈴鹿市でどのような実践を行い、どのような力を育成するかを考えてみましょう。

人権教育と日本語教育

　本書の第1部、第2部で見たように、鈴鹿市では長年にわたり、人権教育の実践を積み重ねてきました。その基本は、子ども一人ひとり自身とその生活をしっかり理解し、抱えさせられた課題を一緒に考えながら、学力保障、進路保障を実現していくことです。

　一方、鈴鹿市で実践されてきたJSLの子どもへの日本語教育の基本は、「JSLバンドスケール」を活用して、子ども一人ひとりの日本語能力の発達段階を把握し、「ことばの力」とともに自尊感情、他者理解、コミュニケーション・スキル、学ぶ力を育成していく総合的な実践です。第2部で指摘されたように、一人ひとりの子どもをしっかり見て、教育を行うという点において、人権教育と「JSLバンドスケール」を活用した日本語教育実践は、同じ教育観、実践観に立つ思想であることがわかります。

　この点は、今後も、鈴鹿市の多文化共生教育、日本語教育の基本となるでしょう。

多文化共生教育と日本語教育の実践

　子どもへの日本語教育は単に文字や漢字を教えることだけではありません。子どもの第1言語も含め、言葉を使って他者とつながり、また自分と対話しながら、考える力をつけていく総合的な教育実践です。

　第2部で指摘されたように、プロセスを考える力を育成することが大

切です。それは、単に知識を覚える教育ではなく、「なぜ」「どうして」と考える子どもを育てることを意味します。すでに、世界では、「新しい学力観」が議論され、実践されています。学力をつけること、それは、「考える授業」を通じて育成されると考えることが大切です。

文部科学省は新しい「学習指導要領」[1]の中で、小中高等学校などでの授業の創意工夫や教材改善のために、①知識と技能、②思考力・判断力・表現力など、③学びに向かう力・人間性などの3つの柱からこれまでの授業を見直すことを提案しています。さらに学習の基盤となる資質・能力（言語能力、情報活用能力、問題発見・解決能力など）の育成のため、「主体的・対話的で深い学び」（アクティブ・ラーニング）と「習得・活用・探究」のバランスをとることを提案しています。

この新しい「学習指導要領」の背景にある「確かな学力」の議論[2]では、「基礎的・基本的な知識・技能の育成（いわゆる習得型の教育）と自ら学び自ら考える力の育成（いわゆる探究型の教育）（中略）、この両方を総合的に育成することが必要」と述べられています。

この探究型の教育とは、子どもが主体的に課題に関する情報を集め、整理分析をし、結論をまとめ発表するような活動を想定しています。

日本でいう探究型の教育は、海外では Inquiry based learning、または Inquiry based approach として、30 年以上前から議論され、実践されてきました。その背景には、教師中心の講義形式の教育実践から、学習者の主体的な問題意識を中心とする教育実践へのパラダイム転換があります。Inquiry とは、学習者が主体的に問題を発見し、その問題をめぐる調査・考察を行い、結果をまとめ発表する一連の活動を意味します。その活動に、学習者の学びがある、あるいは学びが生まれるという考え方です。

このようなパラダイム転換は、すでにアメリカ[3]、カナダ[4]やオーストラリ

1　文部科学省「平成 29・30 年改訂『学習指導要領』」。

2　文部科学省「教育課程部会審議経過報告（抄）」。

3　Blessinger & Carfora (Eds.) (2014).

4　カナダ・アルバータ州の教育省で発行された教師用ガイドブック（Alberta Learning 2004）。

ア[5]ではカリキュラム全体を支える考え方として広く取り入れられています。これらの実践を推奨する教師用手引書（脚注 3、4）から Inquiry based learning の考え方と実践のポイントをまとめると、以下のようになります。

〈Inquiry based learning の考え方のポイント〉
- 学びのプロセスを重視する。
- 興味や疑問が中心にある。それらは生徒によっても教師によっても生まれる。
- 生徒の疑問や発想はどんなものでも対等に尊重される。
- 生徒のこれまでの知識をもとに新たな学びを構築する。
- 生徒の考えや疑問は、新たな知識や理解につながるものと考える。
- 生徒は自分の体験や調査、話し合いを通じて自分の理解を深める。
- 学びはクラス内やクラス外の他者とのやりとりなど、社会的な文脈の中で生まれる。
- 理解は、一時的で、変化するものであり、繰り返し再考されるものである。
- 省察、メタ認知、深く考えることが高く評価される。
- 評価は過程であり、継続的なものと考える。
- 学びは次の行動や新たな学びへつながると考える。

　これらの考え方は、アクション・リサーチや Design thinking（デザイン思考[6]）に通じるものです。ここで重要なのは、教師の姿勢です。
　教師は、

- 教える人ではなく、ファシリテーターの立場をとる。
- 生徒の考えや疑問が学びの中心にあると考える。
- 教師からの問いはオープンエンドで、生徒が自由に考えられるこ

5　オーストラリア・クィーンズランド州の Lutheran Education Queensland の教師用ガイド。
6　デザインと思考方法が密接に関係しているという捉え方からデザインを通じて思考を深める教育方法をいう。

と。
- クラスで共通テーマへ向かい理解を深める。
- 生徒の調査のやり方を尊重する。
- 生徒が学んだことを多様な方法で発表するように勧める。

という姿勢が求められます。

　このような Inquiry based learning の考え方と教師の姿勢は、今では幼児教育から初等中等教育、そして高等教育まで応用できるとされています。

　この Inquiry based learning の考え方と観点は、今後、鈴鹿市で行われる多文化共生教育、日本語教育を考える上で、欠かせない考え方と観点となるでしょう。そして、それは、結果的には、「学力調査」の正答率を高めることにもつながるでしょう。

教師研修と実践

　これらの教育を実践する上で重要なのが、教師研修です。第 2 部で指摘されたように、学校で、あるいは夏季研修、ネットワーク会議などで、子どもに対する教育実践を、教師みんなで検討するような研修を継続することです。すでに、鈴鹿市では、これまでもそのような研修や検討会が学校現場でも実施されてきました。そのことを、これからも大切にしていくことです。

　そのときに、子どもの生活をホリスティックに（全体的に）捉え、子どもの現状をしっかり理解することが大切になります。その上で、教師同士が研鑽を積むことが求められます。「講義形式」の全国的な研修会に参加しても、実践を抜きにした教師研修は意味がないということです。

　同時に、第 3 部で見たように、鈴鹿市で実践されてきたキャリア教育、小中連携の実践、進路ガイダンス、保護者会など、学校の内外を結びつけた教育実践は大いに発展させていくことが大切です。それは、鈴鹿市における教育的風土を豊かに、そして強度に発展させることになるでしょう。

ともに生きるために

　その上で、JSL の子どもにとって最も重要なことは、幼少期より複数言
語環境で成長し、日本語を含む多様な言語資源と経験をもっていること
を肯定的に捉え、そのような生い立ちをもつ自己と向き合うことです。子
どもたちは、今は、鈴鹿で生活しながらも、将来、どこでも生きていける
力が必要です。そのためには、子ども自身が、日本語だけではなく、複言
語・複文化能力をもつ自己と向き合い、自分の生き方を主体的に探し、自
らのアイデンティティを構築していくことが必要です。そのことを支える
のが、教師であり、クラスメイトであり、家族でしょう。そこにこそ、教
師とクラスメイトとともに学ぶ多文化共生教育の実践が生まれるのです。

　互いを認め合い、ともに支え合う生き方ができる力を、これからも鈴鹿
市の多文化共生教育と日本語教育の実践は目指していく必要があるのでは
ないでしょうか。

参考文献

川上郁雄（2016）「『公共日本語教育学』構築の意味——実践の学の視点から」『早稲田日本語教育学』第 20 号、pp. 33–47。

川上郁雄（2020a）『JSL バンドスケール【小学校編】——子どもの日本語の発達段階を把握し、ことばの実践を考えるために』明石書店。

川上郁雄（2020b）『JSL バンドスケール【中学・高校編】——子どもの日本語の発達段階を把握し、ことばの実践を考えるために』明石書店。

川上郁雄（2021）『「移動する子ども」学』くろしお出版。

川上郁雄編（2006）『「移動する子どもたち」と日本語教育——日本語を母語としない子どもへのことばの教育を考える』明石書店。

川上郁雄編（2009）『「移動する子どもたち」の考える力とリテラシー——主体性の年少者日本語教育学』明石書店。

川上郁雄編（2013）『「移動する子ども」という記憶と力——ことばとアイデンティティ』くろしお出版。

川上郁雄・中川智子・河上加苗（2009）「教育委員会と大学の協働的実践ネットワークの構築——年少者『日本語教育コーディネーター』の役割を視点に」『早稲田日本語教育学』第 4 号、pp. 1–14。

川上郁雄・尾関史・太田裕子（2014）『日本語を学ぶ／複言語で育つ——子どものことばを考えるワークブック』くろしお出版。

川上郁雄・三宅和子・岩﨑典子編（2018）『移動とことば』くろしお出版。

鈴鹿市教育委員会編（1989）『鈴鹿市史』第 3 巻、鈴鹿市教育委員会。

鈴鹿市教育委員会編『教育要覧《教育すずか》』（2004–2018）鈴鹿市教育委員会事務局。

中川智子（2017）「鈴鹿の子どもたちへの日本語教育」川上郁雄（編）『公共日本語教育学——社会をつくる日本語教育』pp. 117–122、くろしお出版。

縫部義憲（1999）『入国児童のための日本語教育』スリーエーネットワーク。

水井健次（2008）「提言『外国人児童生徒の急増に対応する日本語指導のシステム構築による受入体制の整備』」（文部科学省全国市町村教育委員会研究協議会第 1 ブロック口頭発表資料）。

宮野公樹（2018）「【16 歳からの大学論】『探求型学習』に逃げるな。」『大学ジャーナル・オンライン』（2018 年 6 月 2 日号）https://univ-journal.jp/column/201820998/

Alberta Learning (2004) *Focus on Inquiry: A Teacher's Guide to Implementing Inquiry-based Learning*, Learning and Teaching Resources Branch.

Blessinger, P. & Carfora, J.M. (Eds.) (2014) *Inquiry-Based Learning for Faculty and Institutional Development: A Conceptual and Practical Resource for Educator*, Bingley

England: Emerald.

Shimojima, Y. & Arimoto, M. (2017) "Assessment for learning practices in Japan: Three steps forward, two steps back", *Assessment Matters*, 11.

関連資料

文部科学省 「平成 29・30 年改訂『学習指導要領』」
http://www.mext.go.jp/a_menu/shotou/new-cs/1383986.htm （2019 年 11 月 13 日閲覧）

文部科学省「中央教育審議会答申『2040 年に向けた高等教育のグランドデザイン』」
（平成 30 年 11 月 26 日）
http://www.mext.go.jp/component/b_menu/shingi/toushin/__icsFiles/afieldfile/2018/12/20/1411360_1_1_1.pdf （2019 年 11 月 13 日閲覧）

文部科学省「教育課程部会審議経過報告（抄）」（確かな学力の育成）
http://www.mext.go.jp/b_menu/shingi/chukyo/chukyo3/026/siryo/06042004/003/002.htm （2019 年 11 月 13 日閲覧）

文部科学省「スーパーグローバルハイスクールについて」
http://www.mext.go.jp/a_menu/kokusai/sgh/ （2019 年 11 月 13 日閲覧）

文部科学省「外国人児童生徒のため JSL 対話型アセスメント DLA」
https://www.mext.go.jp/component/a_menu/education/micro_detail/__icsFiles/afieldfile/2018/05/24/1405244_1.pdf （2019 年 11 月 13 日閲覧）

文部科学省「全国的な学力調査の意義・目的について」
https://www.mext.go.jp/b_menu/shingi/chousa/shotou/031/toushin/attach/1397243.htm （2019 年 11 月 13 日閲覧）

法務省（2018）「平成 30 年における外国人入国者数及び日本人出国者数等について」
http://www.moj.go.jp/nyuukokukanri/kouhou/nyuukokukanri04_00078.html （2019. 9.29 閲覧）

Lutheran Education Queensland "Approaches to Learning Inquiry Based Learning" https://leq.lutheran.edu.au/lutheran-education-insider-insights/ （2019 年 11 月 13 日閲覧）

鈴鹿市教育委員会「日本語教育ガイドライン」（鈴鹿市教育委員会事務局教育支援課）
https://www.city.suzuka.lg.jp/kouhou/gyosei/plan/kyoiku/pdf/j-edu_guideline.pdf （2020 年 7 月 30 日閲覧）

あとがき

「鈴鹿モデル」が日本語を学ぶすべての子どもたちを
支えるシステムとなることを願って

　本書は、2020年春に鈴鹿市教育委員会の中道公子教育長へ提出された報告書「『鈴鹿モデル』の12年間の実践2008–2019——鈴鹿市教育委員会と早稲田大学の協働実践プロジェクト」がもととなっています。この報告書は、鈴鹿市教育委員会と早稲田大学大学院日本語教育研究科の了解のもと、川上がまとめたものです。

　この報告書が作成された理由は、2008年から12年間の協働実践を振り返り、この「鈴鹿モデル」の経緯と成果そして課題を検証することにありました。そして、1年以上にわたる、その検証作業の中で、子どものための「人権教育」「日本語教育」「多文化共生教育」がこのモデルの基本となっていることがわかりました。鈴鹿市における、この12年間の協働実践の実績を踏まえると、この「鈴鹿モデル」は、今、JSL児童生徒の日本語教育に取り組んでいる全国の自治体や先生方に役立つモデルとなると、私は確信するようになりました。

　一方、12年間の時間が過ぎる中で、市長、教育委員会の教育長を含む管理職、学校長等の交代や定年退職、日本語指導担当教員等の教職員の退職・異動、教育委員会事務局の再編成などが進み、「鈴鹿モデル」を実質的に支え、発展させてこられた人材が大きく入れ替わりつつある現状も本書の作成の動機にありました。組織は人によって支えられ、人が代われば組織も変化します。加えて、国や自治体の教育方針や考え方、社会状況も学校現場に変化をもたらすことがあります。まだ記憶や記録が残るうちに、検証しなければいけないという思いもありました。

　2020年春、本書で紹介した「協定」の5回目の延長が決定されました。2008年から数えて13年目、このまま進むと5回目の「協定」が終了するのは2023年3月、計15年間の「協働実践」の歴史を刻むことになります。

2020年度は、新型コロナウイルスの感染が全国に拡大したため、鈴鹿市にも影響がありました。鈴鹿市教育委員会で開かれる「プロジェクト会議」に早稲田側の教員はリモートで参加することになりました。また、早稲田の大学院生が、鈴鹿市内のJSLの子どもの日本語指導にリモートで毎週参加することも試みられました。コロナ禍の中でも、鈴鹿市と早稲田大学の「協定」による「協働実践」が、さらに発展していくことが期待されます。

　本書を編集する上で、多くの方々のご協力をいただきました。鈴鹿市教育委員会、鈴鹿市の学校に関わる先生方には資料提供のほか、インタビュー、実践執筆等で多大なご協力をいただきました。また、中道公子教育長にはご多忙の中、丁寧な緒言を寄せていただきました。早稲田側の教職員を代表して、心より、感謝の意を表したいと思います。ありがとうございました。また刊行に際しては、『JSLバンドスケール【小学校編】』『JSLバンドスケール【中学・高校編】』（2020）に加え、本書の内容の意義を認め、すぐに書籍化を決定してくださった明石書店の大江道雅社長、そして本書所収の図やグラフ作成など細かい編集作業を丁寧に進めてくださった伊得陽子さんにも、感謝を申し上げます。

　本書の「鈴鹿モデル」が、日本語を学ぶJSLの子どもたちの日本語教育と多文化共生教育を実践する全国の自治体、教育現場の先生方、実践者のみなさまに少しでも参考になれば幸甚です。

　2021年春の陽射しの中で

川上　郁雄

■編著者紹介

川上 郁雄（かわかみ・いくお）

早稲田大学大学院日本語教育研究科教授。
オーストラリア・クイーンズランド州教育省・日本語教育アドバイザー（国際交流基金派遣日本語教育専門家）、宮城教育大学教授等を経て、2002 年より現職。博士（文学、大阪大学）。
専門は、日本語教育、文化人類学。

[主な著書・編著]

『「移動する子どもたち」と日本語教育――日本語を母語としない子どもへのことばの教育を考える』（編著、明石書店、2006 年）。『「移動する子どもたち」の考える力とリテラシー――主体性の年少者日本語教育学』（編著、明石書店、2009 年）。『海の向こうの「移動する子どもたち」と日本語教育――動態性の年少者日本語教育学（編著、明石書店、2009 年）。『私も「移動する子ども」だった――異なる言語の間で育った子どもたちのライフストーリー』（編著、くろしお出版、2010 年）。『「移動する子どもたち」のことばの教育学』（くろしお出版、2011 年）。『移民の子どもたちの言語教育――オーストラリアの英語学校で学ぶ子どもたち』（オセアニア出版社、2012 年）。『「移動する子ども」という記憶と力――ことばとアイデンティティ』（編著、くろしお出版、2013 年）。『日本語を学ぶ／複言語で育つ――子どものことばを考えるワークブック』（共著、くろしお出版、2014 年）。『公共日本語教育学――社会をつくる日本語教育』（編著、くろしお出版、2017 年）。『移動とことば』（共編著、くろしお出版、2018 年）。『JSL バンドスケール【小学校編】――子どもの日本語の発達段階を把握し、ことばの実践を考えるために』（明石書店、2020 年）。『JSL バンドスケール【中学・高校編】――子どもの日本語の発達段階を把握し、ことばの実践を考えるために』（明石書店、2020 年）。

日本語を学ぶ子どもたちを育む「鈴鹿モデル」
多文化共生をめざす鈴鹿市＋早稲田大学協働プロジェクト

2021 年 3 月 31 日　初版第 1 刷発行

編著者	川 上 郁 雄	
発行者	大 江 道 雅	
発行所	株式会社明石書店	

〒101-0021 東京都千代田区外神田 6-9-5
電話 03（5818）1171
FAX 03（5818）1174
振替 00100-7-24505
https://www.akashi.co.jp/
装丁　　　　　　金子　裕
印刷・製本　モリモト印刷株式会社

ISBN978-4-7503-5183-4
（定価はカバーに表示してあります）

JSLバンドスケール
【小学校編】／【中学・高校編】
子どもの日本語の発達段階を把握し、ことばの実践を考えるために

川上郁雄 [著]

◎B5判変型／並製／180頁・132頁　◎各2,000円

日本語を第2言語として学ぶ子どもたちの日本語能力を把握するために開発された「測定基準」で、子どもの日本語の発達段階を把握し、「ことばの力」を育むためどのような実践を行うかを考えるためのツール・JSLバンドスケールのガイドブック。

《内容構成》

【小学校編】

① 初めてJSLバンドスケールを使われる方へ

日本語を学ぶ子どもたちとは／何のために

② JSLバンドスケールを使ってみましょう

フレームワーク／「見立て」／いつ使うのか／「ことばの力」とは何か／実践にどのように役立つのか／「見立て」から実践へ／なぜJSLバンドスケールなのか

③ JSLバンドスケール 小学校 低学年

「聞く」／「話す」／「読む」／「書く」／チェックリスト（小学校 低学年「聞く」「話す」「読む」「書く」）

④ JSLバンドスケール 小学校 中高学年

「聞く」／「話す」／「読む」／「書く」／チェックリスト（小学校 中高学年「聞く」「話す」「読む」「書く」）

⑤ 付録

解説一覧／キーワード解説／Q&A／参考文献

【中学・高校編】

① 初めてJSLバンドスケールを使われる方へ

日本語を学ぶ子どもたちとは／何のために

② JSLバンドスケールを使ってみましょう

フレームワーク／「見立て」／いつ使うのか／「ことばの力」とは何か／実践にどのように役立つのか／「見立て」から実践へ／なぜJSLバンドスケールなのか

③ JSLバンドスケール 中学・高校

「聞く」／「話す」／「読む」／「書く」／チェックリスト（中学・高校「聞く」「話す」「読む」「書く」）

④ 付録

解説一覧／キーワード解説／Q&A／参考文献

《価格は本体価格です》